Wem gehört die Heimat?

Reihe:
Politische Psychologie

Herausgegeben von Helmut Moser

Band 1

Wilfried Belschner/Siegfried Grubitzsch/
Christian Leszczynski/
Stefan Müller-Doohm/(Hrsg.)

Wem gehört die Heimat?

Beiträge der politischen Psychologie
zu einem umstrittenen Phänomen

Leske + Budrich, Opladen 1995

ISBN: 3-8100-1020-0

© 1995 by Leske + Budrich, Opladen

Das Werk einschließlich aller seiner Teile ist urheberrechtlich geschützt. Jede Verwertung außerhalb der engen Grenzen des Urheberrechtsgesetzes ist ohne Zustimmung des Verlages unzulässig und strafbar. Das gilt insbesondere für Vervielfältigungen, Übersetzungen, Mikroverfilmungen und die Einspeicherung und Verarbeitung in elektronischen Systemen.

Satz: Leske + Budrich
Druck: Druck Partner Rübelmann, Hemsbach

Printed in Germany

Inhalt

Vorwort 9

Helmut Moser
Über die scheinbare Selbstverständlichkeit eines Gegenstandes
Wem gehört die Heimat – in Politik und Politischer Psychologie? 13

I. Theoretische Perspektiven: Heimat und Politische Psychologie

Ina-Maria Greverus
Wem gehört die Heimat? 23

Alfred Krovoza
Zum Problem des Politischen in einer Politischen Psychologie.
Am Beispiel Horkheimers, Adornos und Mitscherlichs 41

II. Geschichtlichkeit und Perspektivität von Heimat: Struktur und Funktion einer Orientierung auf Heimat, der kulturelle Gestaltungsprozeß von Heimat und seine Grenzen

Ansgar Häfner
Heimat und Kontinuität
Von der Heimat zu dem Ort, worin noch niemand war 63

Brigitte Rauschenbach
Nun Ade, du mein lieb Heimatland ...
Überlegungen zur Heimat als Grenzbegriff 69

Hans-Joachim Busch
Heimat als ein Resultat von Sozialisation –
Versuch einer nicht-ideologischen Bestimmung 81

Gerhard Winter
Heimat in ökopsychologischer Sicht 87

Wilfried Belschner
Anmerkungen zum Heimatbegriff 95

Rainer Krüger
Gerechte Heimat für alle? 107

Rainer Danielzyk/Ilse Helbrecht
Heimat als Gefahr?
Probleme der Regionalentwicklung im Ruhrgebiet 119

Richard Pieper
Regionalbewußtsein als regionale, kollektive Identität 129

III. Vom Nationalstaat zum demokratischen Verfassungsstaat: Kollektive Identitätsbildung unter den Bedingungen vielfältiger Lebensformen und universalistischer Prinzipien

Arnold Schmieder
Nur neue Innerlichkeit – oder: Ein radikalisiertes Bedürfnis nach Heimat 141

Thanos Lipowatz
Über kollektive Identifizierungen: die Nation 151

Heinz Bude
Die Verwestlichung der Bundesrepublik durch die 45er-
und durch die 68er-Generation 161

Rainer Krieger
Heimat und Familie in der Erinnerung prominenter Zeitgenossen:
Eine Studie zur Anthologie „Mein Elternhaus" von Rudolf Pörtner 167

Thomas Kleinspehn
Heimatlosigkeit und die Flüchtigkeit der Bilder 183

Inhalt 7

IV. Zentraler Sachzwang – regionale Emanzipation und Widerstand: Heimat zwischen politischer Machtsicherung und Autonomie regionaler Lebensgestaltung

Paul Walter
„Mut" zur Heimat? – Strukturmomente konservativer und rechtsradikaler Heimatvorstellungen 193

Marcel van der Linden
Heimatliebe, Patriotismus, Internationalismus 201

Gottfried Mergner
Frühe Kritik von »Links« am sowjetrussischen Zentralismus 209

Siegfried Grubitzsch
Psychologie: fern der Heimat – nah dem Menschen 221

Georg Jäger und Bernd Krewer
Kulturelle Identität und die subjektive Verarbeitung historischer Ereignisse 229

Karin Bott-Bodenhausen
Sinti und Roma in Ostwestfalen-Lippe
Zur Heimatgebundenheit und permanenten Vertreibung einer ethnischen Minderheit 241

Michaela M. Özelsel und Terry Tafoya
Psychosomatische Erkrankungen im Zusammenhang mit Migration 255

Vorwort

1.

Die Zeichen von Krieg, Vertreibung und Flucht, die heute unsere Nachrichten aus Osteuropa beherrschen, verleihen dem Thema dieses Bandes eine grauenhafte Aktualität. Das halbe Jahrhundert gepanzerter Ordnung nach dem Zweiten Weltkrieg hatte fast vergessen lassen, welche Gewalt die unterdrückten Konflikte um Lebensformen und Territorien behalten; wie erbittert sie als Kampf um ethnische oder nationale Identität erlebt und geführt werden.

Es ist wie ein Blick in die brutale Vorgeschichte des Heimatphänomens, dessen materielle Dynamik durch den hegemonialen Fortschritt von Industrie und Weltmarkt – für unsere Weltgegend jedenfalls – gebändigt schien.

Der säkulare Modernisierungsprozeß zerstört ja mit dem Zwang zu Industrialisierung und Weltmarktanpassung unaufhaltsam und unumkehrbar die traditionalen Grundlagen von regionalen Kulturen, von Gemeinschaftlichkeit und kollektiver Identität; wir sahen und sehen fortgesetzt diesen lebensweltlichen Strukturwandel, in dem das Materiale der Heimat untergeht. Den geschichtlichen Individualitäten der Landschaft, der agrarischen, handwerklichen und auch industriellen Arbeitsformen, der Bauformen, der familialen Muster, schließlich der Mentalitäten und Sprachformen wird – im Zuge einer Subsumption unter das Allgemeine des globalen Verwertungsprozesses – ihr Eigensinn genommen. Aber ist es nicht so, daß gerade an diesem Eigenen – Sehnsucht wie Haß stiftend – in unserer Kindheit sich eine psychosoziale Disposition bildete, die unser Wesen durchprägt, in die wir immer schon versetzt sind und die uns nur im nachhinein – in der Bewußtseinsaufgabe, unser Erleben zu reflektieren – zugänglich wird.

So ist Heimat das dem Einzelnen zugefügte Eigene, dem er sich affirmativ oder kritisch, getrieben oder sublimierend widmen oder entziehen kann. Darin ist Heimat verwandt der Sprache, die wir ja auch benutzen, die aber zugleich und vorgängig – im Prozeß ihres Erwerbs – uns durch und durch gestaltet, bis – wie Lacan uns lehrt – in die Bildungen des Unbewußten hinein. Heimat scheint eines jener Phänomene zu sein, vor denen der hybride Machbarkeitsgestus unserer Zeit versagt. Wenn wir sie nicht rationalistisch oder instrumentalistisch auflösen, ist sie Geschenk oder Verhängnis, aber nicht eigentlich Objekt unseres Verfügens.

Aus unseren frühen Identifizierungsprozessen resultiert ein Heimatbegehren, das sich verleugnen, aber nicht löschen läßt und das wie jedes Begehren, ein unstillbares Wünschen des Subjekts darstellt, eine Ausrichtung seines Sehnens, für die Bloch jenen berühmten Ausdruck im letzten Satz von „Prinzip Hoffnung" fand, wonach Heimat etwas ist, das allen in die Kindheit scheint und worin noch niemand war.

2.

Bloch hielt allerdings daran fest, daß eine gesellschaftliche Praxis kollektiver Emanzipation, die gattungsgeschichtlich diesen Namen verdient, die Beheimatung des Menschen verwirklichen könnte. Noch aber setzt sich blind und hinter unserem Rücken der dynamische Kapitalprozeß des „sich selbst verwertenden Wertes" (Marx) als das Gesetz der Weltgesellschaft durch. In dessen Bewegung werden durch Freisetzung – Herauslösung aus naturhaft-historischen Zwängen und Borniertungen – sowie durch Unterwerfung – als Nivellierung jeglicher kultureller Eigenständigkeit durch die Hegemonie des instrumentalistischen Weltbildes – ein polarisierendes Krisensyndrom von im wesentlichen zwei psychosozialen Abwehrformen produziert: nämlich des aggressiv beharrenden Eskapismus, der den gesellschaftlichen Krisen- und Entfremdungserfahrungen durch zwanghaftes Heimatbewahren, bis hin zum Bürgerkrieg, entgegenarbeitet, wie des rationalistischen, kurzschlüssigen Universalismus, der Heimatgefühl und Heimatbegehren unter generellen Ideologieverdacht stellt und beide nur als unaufgeklärtes Bewußtsein wahrnehmen kann.

3.

Wem gehört die Heimat? – Die Autoren dieses Bandes haben die Perspektivik ihrer jeweiligen wissenschaftlichen Disziplinen und – in diesen – ihrer Theorieoptionen auf den Phänomenbezug dieser Frage eingestellt. Die Arbeiten gehen auf Entwürfe und Diskussionen im Rahmen eines gleichnamigen interdisziplinären workshops der Sektion Politische Psychologie des Berufs-

Vorwort

verbandes deutscher Psychologen (BDP) zurück, der kurz nach dem Fall der Mauer in Oldenburg stattfand und eine ungewöhnlich breite Resonanz fand. Sie können beanspruchen, in einem weitgespannten Bogen thematischer Vielfalt den Widerstreit psychischer, sozialer und politischer Dispositionen und Prozesse beobachtet und im Rahmen einer kritischen sozialwissenschaftlichen Hermeneutik verstanden zu haben – und eben dieser materiale Widerstreit ist es, von dem man noch am ehesten sagen könnte: ihm gehört heute die Heimat. Den Einzelnen und den Kollektiven gehört sie nur in den Selbsttäuschungen verleugnender und rationalisierender Abwehrformen.

Dieses Buch hatte eine umwegige und langwierige Publikationsgeschichte. Die Herausgeber danken dem Verlag, daß es bei ihm zuguterletzt eine Heimat finden konnte und nun so ehrenvoll als erstes diese Reihe mit Arbeiten der politischen Psychologie eröffnen darf.

C.L.

Helmut Moser

Über die scheinbare Selbstverständlichkeit eines Gegenstandes
Wem gehört die Heimat – in Politik und Politischer Psychologie?

I.

Die Sozialwissenschaften scheinen zu den Krisengewinnlern der deutschen Vereinigung und ihrer Begleiterscheinungen zu gehören, und namentlich Konzepte aus dem Bereich Politischer Psychologie genießen Hochkonjunktur. Da wird Politische Sozialisation als gleichsam selbstverständliche Ursache des Umbruchs angeführt. Da verweisen Studien über Rechtsextremismus auf biographisch bedingte Schnittstellen von Persönlichkeitsmustern (etwa Autoritarimus) und politischem Handeln. Da werden feuilletonistisch tiefschürfende Überlegungen zur kollektiven Identität der Deutschen angestellt. Da sind – teilweise peinlich trivialisierte – psychologische Konzepte wie etwa „Sündenböcke", „Verdrängung" oder „Projektion" in aller Munde: der „Gefühlsstau" als Verkaufsrenner, die deutsche Vereinigung in den Fängen des Psycho-Booms.

Kann tagespolitische Bedeutsamkeit ein wissenschaftliches Thema ruinieren? Die Sozialwissenschaften haben sich jahrzehntelang nach mehr „Relevanz" gesehnt – zu lange vielleicht, als daß sie nun der Verlockung widerstehen könnten, mehr oder weniger Bedachtes, mehr oder weniger Triftiges zum Zeitgespräch beizusteuern. Kollektive Zugehörigkeitswünsche und deren deutende Beschwörung sind nicht nur als Opium für's Volk aktuell, sondern auch als Droge für die Sozialwissenschaften.

Zunächst können wir also festhalten: Die politische Brisanz von „Heimat" als Gegenstand sozialwissenschaftlicher Forschung ist seit der diesem Band ursprünglich zugrunde liegenden Tagung, dem 11. Workshop-Kongreß Politische Psychologie, schon fast aufdringlich augenfällig geworden. Mythologisch verklärte Schemen von Vaterland, Nation, Familie, gesundem Leben, aber auch die Umkehrung von „ubi bene, ibi patria" zum Wohlstandschauvinismus dienen als Hebelpunkte der Agitation einer immer agileren Neuen Rechten. Geographische Selbstzuordnungen der Menschen werden andererseits zum politischen Steuerungsproblem: als Migration und ihr folgende „Minderheitenfrage", als revolution of rising expectations in Osteuropa, als brain drain ohnehin instabiler, postsozialistischer Konkursgesellschaften.

Und die politische Rhetorik verspricht uns Gemeinsame Häuser, zur Innenausstattung mit Runden Tischen und dergleichen heimeliger Wohnkultur vollgestellt.

II.

Gleichwohl sollte sich Politische Psychologie nicht von der augenscheinlichen Wichtigkeit mancher ihrer Gegenstände und Theoriebestände darüber hinwegtäuschen lassen, daß sie noch hart an sich arbeiten muß, bevor Eingriffe in die Tagespolitik redlicherweise versucht werden sollten. Denn wesentliche Voraussetzungen ihrer Begriffe, Ermittlungen und Empfehlungen sind überhaupt erst zu klären, bevor von Anwendungsreife die Rede sein kann:

Stückwerk-Theoreme, die nur sozialtechnologisch funktionalisierbar sind, zu wissenschaftlichen Erklärungsleistungen aber kaum taugen, müssen als solche erkennbar werden. Dazu bedarf es übergreifender Theoriebildungsversuche, die sowohl die konzeptuelle Brauchbarkeit und den Erkenntniswert vorgeschlagener Ansätze relativieren, wie aber auch Manipulationspotentiale, Legitimationshilfen und methodische Fragwürdigkeit diverser Ansätze kritisch herausarbeiten.

Bei der Suche nach solchen, maßstabbildenden Theorien kommen namentlich zwei Zugriffe in Frage: Einerseits stehen übergeordnete Gesellschaftstheorien zur Verfügung. Diese scheinen sich allerdings mit der Krise der Utopien und der Auflösung verbindlicher Diskurse im Zeichen sog. ‚Postmoderne' selbst in einer Krise zu befinden – eklatant sichtbar am Marxismus, der als wissenschaftlich ausgewiesene Gesellschaftstheorie mancherorts schon gar nicht mehr begriffen werden darf. Auch die unter den hier versammelten Beiträgen wohlvertretene Psychoanalyse läßt sich – bei empirischklinischer Fundierung – als Gesellschaftstheorie explizieren. Ihre Verankerung in der akademisch institutionalisierten Psychologie ist indes schwach, und gegen ihre gesellschaftstheoretischen Potentiale bestehen im Zeichen der Medikalisierung der Psychoanalyse in Deutschland auch starke Vorbehalte in ihren eigenen Reihen.

Andererseits bieten sich vergleichsweise flexible Rahmentheorien an, wie sie z.B. Friedrich LÖSEL (1987) für die Sozialpsychologie charakterisiert hat. Damit sind in unserem Zusammenhang Theorien gemeint, die eine Erscheinung nicht von vornherein streng abgrenzen und damit aus Sinn- und Wirkungskontexten reißen, sondern die sich zunächst mit Erklärungen geringeren Allgemeinheitsgrades begnügen. Die Grenzen zum wissenschaftlichen status quo sind hier allerdings sehr fließend, Erkenntnisgewinne nicht immer erkennbar. Mangelhaft aufeinander bezogene, in ihrer Auswahl nicht weiter begründete Bereichstheorien können auch eine Strategie theoretischer Einigelung werden.

Einen anderen Zugang würde ein wissenschaftsorganisatorischer Lösungsansatz nahelegen (vgl. z.b. MOSER/KLICHE 1984): Nicht eine enzyklopädische, oft genug oberflächlichformelle Kenntnisnahme verschiedener theoretischer und konzeptueller Ansätze entfaltet das dynamische Erkenntnispotential der Politischen Psychologie – dies vermag erst und vor allem der kontroverse Diskurs zwischen solchen Ansätzen. Gerade wer als SozialwissenschaftlerIn zu gesellschaftlichen Herausforderungen wie (greifen wir willkürlich einige Beispiele heraus) Ausländerfeindlichkeit, Nationalismus, gewaltbereitem Rechtsextremismus beratend Stellung beziehen will, darf nicht sein beengtes Spezialwissen einem bewußtlos übernommenen, vermeintlich ‚politischen' Problem überstülpen. Er wird damit der Gesellschaft nur dominante Wahrnehmungsstereotypen bestätigen und ihr zudem seine eigenen blinden Flecken andienen, kurz: eher zur Verblendung beitragen. Die gegenseitige Korrektur der Perspektiven und die Kombination der Erklärungskraft unterschiedlicher Forschungszugänge ist eine Voraussetzung aufklärungsfähiger und gleichwohl politisch beratungs- und handlungsreifer Sozialwissenschaft.

III.

Was hat gerade „Heimat" zu einem so brisanten Gegenstand der Sozialwissenschaft gemacht, daß ein lange und sorgfältig im voraus geplanter Forschungs-Kongreß mit einer solchen, jahrelang anhaltenden Aktualität gesegnet wurde ? Die krisenhafte Zuspitzung mancher Entwicklungen verrät dauerhafte Tiefentendenzen. Was davon erfaßt Politische Psychologie ?

Herrschaft scheint in modernen Industriegesellschaften, wie das in Anknüpfung an Theoreme der Frankfurter Schule namentlich Peter BRÜCKNER, Klaus HORN, Claus OFFE u.v.a. herausgearbeitet haben, nicht ohne die Zustimmung der Beherrschten mehr denkbar und durchführbar zu sein. Damit rücken die Bereitschaft der Menschen zur Identifikation mit lenkbaren Kollektiven, die Ausrichtung ihrer Identitäten in den Bahnen der politischen Berechenbarkeit in den Mittelpunkt der politisch-psychologischen Betrachtung staatlicher und gesellschaftlicher Einregelungen. Erklärungen für das Zustandekommen von Massenloyalität oder wenigstens schweigender Massenduldung, auch und gerade um den Preis ideologischer Verblendung, waren daher von jeher ein zentrales Thema der Sozialwissenschaft und der Politischen Psychologie.

Selbst in den Modernisierungsprogrammen der Comparative-Politics-Schule schwang dabei immer das widerwillige Eingeständnis mit, daß eine Querströmung politischer Orientierungen sich unbeirrbar der Unterordnung unter die politischen, wirtschaftlichen und kulturellen Institutionen und Apparate des zentralistisch industrialisierten und integrierten Staates entzog. ALMOND und VERBA beispielsweise bezeichnen diese Gegenströmung in ihrer feldprägenden Studie über die „Civic Culture" (1963) abfällig als „parochial political culture", als Kirchturmpolitik, die Ausrichtung auf den Lebensbereich der unmittelbarer Erfahrung zugänglichen Gemeinde, deren politische Repräsentanten und Akteure, deren Legitimationsrituale und -erwartungen, deren Handlungs- und Vorsorgehorizont. Und jene Forscher tun solche Kirchturmpolitik als Überbleibsel feudal-vorindustrieller Barbarei ab. Heimat als politische Orientierungsgröße müßte ihnen dieser Tage als altväterisches, kaum erklärliches, obstinates Relikt erscheinen. Reminiszenzen dieser Sichtweise klingen in den seit der „Wende" zahlreichen Reiseberichten an, die die DDR als „Heimatmuseum" charakterisieren, aber auch in den impliziten Modernisierungstheorien vieler sozialwissenschaftlicher Analysen des osteuropäischen Umbruchs.

Ganz anders gerichtet ist der Blickwinkel einer Reihe von Studien, die die Geschichte der Arbeiterbewegung als sozialen Lernprozeß, als Identitätsbildung und -findung eines kollektiven Geschichtssubjekts rekonstruieren (z.B. THOMPSON 1980, VESTER 1970). Hier erscheint die Erinnerung an die überschaubaren, durch gegenseitige Verpflichtungen aller sozialen Akteure gekennzeichneten ländlichen Lebenswelten als Quelle mutualistischer Utopien jenseits der Industrialisierung für die vertriebenen, entrechteten und aus ihren ursprünglichen sozialen Bezügen verdrängten, insofern heimatlos gewordenen, städtischen Proletarier, deren politische Ziele indessen Gerechtigkeitsvorstellungen ihrer verlorenen ländlichen Heimat aufheben. Heimat gewinnt hier den paradoxen Charakter eines rückwärtsgewandten Fortschrittstraumes.

Eigentlich darf es kaum überraschen, daß so ungleichartige Forschungsrichtungen wie Modernisierungstheorien und kritische Sozialgeschichtsschreibung auf Erscheinungen gestoßen sind, die man unter den Heimatbegriff fassen könnte. Auf der gesellschaftstheoretischen Ebene hat sich besonders Jürgen HABERMAS (1981, 229-293, 445-547) in einer Vielzahl von Beiträgen um die ideengeschichtliche und konzeptuelle Rekonstruktion einer Polarität bemüht, die er bei MARX und WEBER, in den Schriften der Frankfurter Schule und der Phänomenologie u.a.m. angelegt fand: Die Kolonisierung der Lebenswelt durch anonyme Zwänge der Rationalisierung nach Maßgabe gesellschaftlicher Agenten und Apparate, ihrer Rollenvorgaben, Ressourcenverfügungen und Verführungskräfte, ruft Widerstand wach. Und solcher Widerstand scheint unter recht heterogenen Bedingungen aufzutreten und dabei die verschiedensten Formen anzunehmen, abhängig eben

Wem gehört die Heimat – in Politik und Politischer Psychologie?

nicht allein von den jeweiligen Kolonisierungsstrategien, sondern auch gewissermaßen dezentral von der Qualität und Färbung der gefährdet-wirksamen Heimat.

Damit stehen wir vor Fragen, die dieser Band vielleicht einer Klärung näher bringen kann. Bewirkt die vereinheitlichende Modernisierung nicht letztlich auch in Gefühlen, Lebensentwürfen und politischer Subjektivität eine kollektive Gleichrichtung auf die eine und einzige Heimat hin? Haben wir es mit verschiedenen Gesichtern eines und desselben Phänemens und Motivs zu tun? Oder laufen unter dem Heimat-Etikett womöglich qualitativ ganz heterogene Prozesse ab, die nur aus Mißverständnis, Bequemlichkeit und Herkommen begrifflich zusammengefaßt auftreten?

IV.

Eine wesentliche Voraussetzung derartiger Klärungen scheint mir darin zu bestehen, daß „Heimat" entdämonisiert wird. Heimat muß vom Vorwurf und Ruch der Irrationalität und der beschränkten Provinzialität freigesprochen werden und als vollgültige rationale und daher sui generis kritische Kategorie in Forschung und öffentlichen Diskurs Eingang finden.

Vielleicht die bezeichnendste Form des Bestrebens, Heimat zu irrationalisieren (und damit als Wunsch und Bedürfnis zu stigmatisieren), ist seit langem seine Verschleierung hinter Eigenarten der Moderne schlechthin, wobei beide, Eigenarten und Moderne, als quasi zwangsläufig und essentiell zueinander gehörig hingestellt werden. Ich meine damit vor allem den Mythos der sogenannten „Komplexität", gegen die die einfachen und überforderten Seelchen der Bürger und Bürgerinnen angeblich verständnislos aufbegehrten. Von älteren Beiträgen aus der Schule der Comparative Politics wie der zitierten Arbeit von ALMOND/VERBA einmal abgesehen, treten derartige Verherrlichungen zwangsläufiger Komplexität beispielsweise in Schriften von Niklas LUHMANN zutage, mindestens in den unterschwelligen Konnotationen und, deutlicher noch, in der raffenden Rezeption seiner Thesen. Sozusagen unter umgekehrten Vorzeichen hypostasieren aber auch erzkonservative Ansichten diese „Komplexität", welche uralte Konditionierungen und genetische Regelkreise menschlichen Verhaltens überspiele und mit der Desorientierung endlich das ökologische Inferno lostrete (vgl. in diesem Sinne diverse Bücher von Konrad LORENZ).

Derartige Ansichten verachten die ungeheuer vielfältigen Kenntnisse und Fertigkeiten vernetzten ökologischen Denkens und klassifizierender Orientierung in und an der Natur, ohne die das Leben vermeintlich „Primitiver" sehr schnell zu Ende wäre. Das entscheidende Merkmal der modernen, industriellen Form von Komplexität, und dasjenige auch, das sie in Gegensatz zu Heimat zu bringen scheint, ist, daß sie eine dem Individuum und der Gruppe weitgehend äußerliche, aufgedrungene geworden ist. Der ‚evolutionäre' Vergleich (hier am Beispiel des Komplexitätsmythos) erweist mithin, daß die wesentliche Differenz zwischen ‚Heimat' und ‚Moderne' nicht nur in der Beschaffenheit der Institutionen und kulturellen Lebensformen außerhalb der Personen liegen kann und daß es sich nicht um zwei voneinander getrennte soziale Prozesse oder Felder handelt. Ganz im Gegenteil – im Heimat-Konzept wird etwas anderes implizit mitverhandelt: die Spielräume der Entfaltung von Subjektivität, persönlicher und sozialer Autonomie.

Die vorgeschlagene Entdämonisierung von Heimat kann also weniger darin bestehen, selbst auf Heimatsuche zu gehen. Das ist ja z.B. bei Teilen einer sich selbst so verstehenden ‚Linken' unter dem Vorzeichen des Utopieverlustes Mode geworden: Man beklagt, „Nation" oder „Heimat" oder „Deutschland" – zumeist ohne genauere Klärung der Gehalte – „der Rechten" überlassen und nicht selbst „entdeckt" oder gar „besetzt" zu haben, und fordert zum Aufspringen auf den fahrenden Zug imaginierter Kollektive auf.

Die vernunftvermittelte Erschließung von Heimat für Politische Psychologie und für eine rationalere öffentliche Verständigung muß m.E. jedoch den mühevolleren Weg gehen: den über die Neubestimmung der Erwartungen, Wünsche und Bedürfnisse, aus denen Identitäten, reale und imaginierte Gemeinschaften ihre Kraft ziehen. Heimat als Handlungsdeterminante und politisches Konstrukt wird sich nur anhand eines theoretischen und empirischen Verständnisses politischer Motivationen erfassen lassen. Ein großer Teil der hier versammelten Beiträge ist diesem zentralen Anliegen gewidmet, und gerade psychoanalytische Gedankengänge mögen hier in Zukunft eine gewichtigere, befruchtende und keineswegs nur heuristische Rolle in der Theorieentwicklung der Politischen Psychologie generell spielen.

V.

Odysseus, Prototypus der Moderne und ihrer malignen Erkenntnis, wie ihn die „Dialektik der Aufklärung" schildert, ist selbst ein Irrender (HORKHEIMER/ADORNO 1988). Trickreich, tückisch und dabei ohne Einsicht in die abwegige Tyrannei launischer Götterbeschlüsse, sucht er die Heimat wiederzugewinnen. Mag sein, daß die Politische Psychologie Landmarken und Orakel zu bieten hat, die ihm ein paar Inselchen weiterhelfen.

Literatur

ALMOND, Gabriel A./VERBA, Sidney (1963), The Civic Culture. Princeton, N.J.: Princeton University Press

HABERMAS, Jürgen (1981), Theorie des kommunikativen Handelns. Bd. II: Zur Kritik der funktionalistischen Vernunft. Frankfurt a.M.: Suhrkamp

HORKHEIMER, Max/ADORNO, Theodor W. (1988), Dialektik der Aufklärung. Frankfurt a.M.: Fischer Taschenbuch Verlag

LÖSEL, Friedrich (1987), Konzeptuelle Probleme und Heuristiken der Angewandten Sozialpsychologie. In: SCHULTZ-GAMBARD, Jürgen (Hrsg.), Angewandte Sozialpsychologie. Konzepte, Ergebnisse, Perspektiven. München, Weinheim: PVU, 29-42

MOSER, Helmut/KLICHE, Thomas (1984), Organisierter Pluralismus. Politische Psychologie als Modell für die Erneuerung der Sozialwissenschaft. In: MOSER, Helmut/PREISER, Siegfried (Hrsg.), Umweltprobleme und Arbeitslosigkeit. Gesellschaftliche Herausforderungen an die Politische Psychologie. Weinheim, Basel: Beltz, 223-240

THOMPSON, Edward P. (1980), Plebeische Kultur und moralische Ökonomie. Aufsätze zur englischen Sozialgeschichte des 18. und 19. Jahrhunderts. Ausgewählt und eingeleitet von Dieter Groh. Frankfurt a.M., Berlin, Wien: Ullstein

VESTER, Michael (1970), Die Entstehung des Proletariats als Lernprozeß. Die Entstehung antikapitalistischer Theorie und Praxis in England 1792-1848. Frankfurt a.M.: EVA

I. Theoretische Perspektiven: Heimat und Politische Psychologie

Ina-Maria Greverus

Wem gehört die Heimat?

Die Frage, die Sie sich für diese Tagung gestellt haben, wird so wohl kaum zu beantworten sein. Denn was ist *die* Heimat? Als Heimat noch Haus und Hof als Grundbesitz war, war die Antwort einfach: „Der jüngst Sun kriegt s Haamet". Die anderen waren dann ohne „Heimat", aber waren sie heimatlos in unserem Sinn? Der Begriff Heimat umfaßt heute keinen rechtlich verankerten Besitzraum mehr, ist auch kein Rechte- und Pflichtenraum mehr, an dessen Gestaltung und Erhaltung der Heimatbürger teilnehmen mußte. Heimat als Phänomen einer – im kulturökologischen Sinne – Tauschgesellschaft hat sich in der verwalteten Welt der Waren- und Dienstleistungsgesellschaft in die Nischen der Heimwelt zurückgezogen. Dieser modernen Entwicklung stehen Gegenbilder gegenüber, die von der nostalgischen Illusion Heimat bis zum Protest Heimat reichen. Anton Zijderveld hatte in seiner Kritik der „abstrakten Gesellschaft" dieser eine typisierte kulturelle Konfiguration vormoderner Gesellschaften gegenübergestellt. Er spricht von einer „sozialen Integration, die auf der Gemeinsamkeit der Kultur bzw. Lebensweise beruht" und den Gegensatz von Integration durch wechselseitige Abhängigkeit im Rahmen eines strukturell differenzierten Gemeinwesens darstellt. Anders ausgedrückt können wir sagen, daß auf der einen (Gegenbild-)Seite die personale Identität sich über kulturelle Identität definiert, und auf der anderen Seite, im Zusammenhang der strukturell hochdifferenzierten Gesellschaft, die Stabilisierung der personalen Identität über ein gekonntes Rollenverhalten in der Zuteilung und im Empfang partieller Loyalitäten und Sinnerfülltheiten entsteht.

Gegenbilder erwachsen aus dem Unbehagen in der eigenen Gesellschaft, sie tendieren als eben Gegenbilder zur Selektion der als positiv betrachteten Elemente einer rekonstruierten Kultur. Sie können die Bausteine für einen auf Wandel der eigenen Gesellschaft gerichteten Protest darstellen, der sich an einem „allgemeinen menschlichen Grundmuster" orientiert, dem wir uns beim Stand unseres Wissens und Denkens allerdings meines Erachtens nur in Blochs Sinn des „Aufscheinens" von „etwas, worin noch niemand war" nähern: Bloch nennt es Heimat.

Solche angenäherten Heimaten als Modelle haben Völker- und Volkskundler über ihre historische Aufarbeitung gewissermaßen immer wieder zur Verfügung gestellt, allerdings zumeist ohne sie selbst als ein Potential für Protest zu betrachten oder gar fordernd einzubringen oder in der Gegenwärtigkeit der eigenen Gesellschaft als Elemente aufzuspüren. Das „Heimweh nach dem verlorenen Paradies", das Richard Weiß als den stärksten Antrieb der Volkskundler bezeichnete (und dem wir Rosaldos „Imperialist Nostalgia" für die Völkerkundler gegenüberstellen können), war konservativ in einem doppelten Sinn: es konservierte – durchaus nostalgisch-retrospektiv – eine bäuerliche Vergangenheit in idiographischer Beschreibung „verlorener" Gegenbilder, die sie „Heimat" nannten, und konservierte bürgerliche Gegenwart, die ihnen „Heimat" war. Beides verhinderte eine wissenschaftliche Annäherung an ein zukunftsrelevantes Protestpotential A.M.M. (Allgemeines menschliches Muster) über eine vergleichende und systematisierende Humanwissenschaft.

In Auseinandersetzung mit dem Konservativismus in der Volkskunde hatte ich 1969 Romeins Definition des Konservativismus als Nostalgie nach dem A.M.M. sowohl aufgegriffen als auch auf ein zeit- und kulturspezifisch bedingtes Idealbild von einem „Menschlichen Muster" (das durchaus nicht immer ein allgemeines, sondern ein nationales, ständisches usw. sein kann) relativiert. Zu dieser Relativierung stehe ich auch heute noch, da sie durch unser Eingebundensein in den je gesellschaftlich konstruierten Sinn bedingt ist. Allerdings, wenn ich die Entlassung aus der bindenden Sinnerfülltheit in der Moderne – als unserem „menschlichen Muster" – ernstnehme, dann kann ich dieses auch in eine Chance wenden: die Chance nämlich, mich sowohl auf die Suche nach der Vielfalt gemeinten Sinns zu begeben, als auch über Vergleiche zu den transkulturellen Merkmalen eines intendierten allgemeinen menschlichen Grundmusters vorzustoßen und weiterhin dann zu fragen, in welcher Kultur es sich diesem „Prinzip Hoffnung" am dichtesten nähert. Meine eigenen langjährigen Untersuchungen zum subjektiv gemeinten Sinn von „Heimat" (bzw. äquivalenten Begriffen für diese spezifische Wertorientierung) und ihm gegenüber oder entgegen stehenden „objektiven" gesellschaftlichen Konstruktionen von Heimat kamen trotz der verschiedensten Untersuchungsgruppen und untersuchten Medien immer wieder zu dem Ergebnis, daß als Heimat ein Lebensraum verstanden bzw. intendiert wird, in dem die Bedürfnisse nach Identität (dem Sich-Erkennen, Erkannt- und Anerkanntwerden), nach materieller und emotionaler Sicherheit, nach Aktivität und Stimulation erfüllt werden, ein Territorium, das sich die Menschen aktiv aneignen und gestalten, das sie zur Heimat machen und in dem sie sich einrichten können.

Der reflektierenden Beschäftigung mit Heimat scheint nun immer deren Infragestellung durch den Einbruch der Fremde, des Fremden und durch Entfremdungsphänomene vorauszugehen. Heimat wird erst als verlorene zum

Problem. Das hat Heimat mit Identität gemeinsam. „Auf der Suche nach Identität" und „Auf der Suche nach Heimat" sind offensichtlich parallele Suchen nach einem Ort des Vertrauens, einer gelebten Welt oder einer Lebenswelt, in der die Identitätsfrage „Wer bin ich? Wohin gehöre ich?" wieder eine Antwort findet. „Ich bin" als Selbstdefinition der Identität bedarf des „Dorthin gehöre ich". Wenn wir Heimat mit dem „Haushalt des Lebens", dem Oikos, gleichsetzen, dann können wir stärker noch als das „Worin noch niemand war" die fortschreitende Entfernung der Menschen von Heimat im Prozeß der Zivilisation feststellen. Und in diesem Prozeß wurde aus dem Verlorenen dann eben jenes Wort Heimat für immer neue Legitimationen gesellschaftlichen Sinns verfügbar.

Heimat wurde nach dem Zweiten Weltkrieg zunächst eine verbannte Vokabel sowohl auf der oberen politischen Ebene als auch hinsichtlich des „nicht gemeinten Sinns" einer „skeptischen Generation". Mit Heimat beschäftigten sich vor allem diejenigen, die „Haus und Hof" verloren hatten. Aber auch ihr Trend ging letztendlich konform mit dem der „Einheimischen" zum staatlich legitimierten und unterstützten Rückzug in eine garantierte private Heimat, eine „Heimwelt", in die der Moloch Moderne scheinbar nicht hineingreifen konnte. Die Trennung zwischen Privatem und Öffentlichem allerdings wurde und wird erst dann als „Tyrannei der Intimität" (Sennett) empfunden, wenn der Schein der Selbstregulation und Sinnerfülltheit dieses Schrumpf-Haushalts des Lebens durch das Ausbleiben der materiellen Garantien aus dem Staatshaushalt bewußt wird oder die materiellen und sozialen „Schadstoffe" aus der fehlregulierten größeren Umwelt in die Heimwelt eindringen. Wenn wir seit den 70er Jahren wieder einen Protest in Richtung Heimat haben, dann zielt dieser mehr auf Heimat im Sinne eines mitzuverantwortenden und mitzukontrollierenden überschaubaren „Haushalts des Lebens". Regionale und lokale Proteste stellen Selbstverwaltungen gegen Zentralisierung, eigene Kultur gegen Einheitskultur, sparsame eigene Nutzung der eigenen Ressourcen gegen zentralisierte Ausbeutung und Lieferung, Gegenseitigkeit des Handelns gegen Wohlfahrtsabhängigkeit und Bürokratisierung. Ich habe diese Forderungen als Redefinition einer Lebensform „Kommunität" bezeichnet.

Kommunität umfaßt fünf Aspekte der Begriffe „communitas/commune": den sozialen der interaktiven menschlichen Gruppierung, den kulturellen des Einstellungs- und Handlungskonzepts, den lokalen des Handlungsraums, den ökonomischen im Sinne von „commune" als Gemeingut und den ökologischen, der das wechselseitige Verhältnis der vorausgehenden vier Aspekte untereinander betont. Idealtypisch ist die Kommune eine interdependente Konfiguration mit einem dynamischen Gleichgewicht und der Fähigkeit zur Selbstregulation (ökologische Nische) in einem dafür günstigen Lebensraum (Umwelt). Ausgehend vom Menschen als handelndem Wesen, lege ich das Schwergewicht auf die Handlungsperspektive im Sinne von Parsons Kollektivität, die Solidarität, Verantwortung und Verpflichtung des einzelnen gegenüber dem gemeinsamen Handlungssystem voraussetzt und das Merkmal „bekannt in Gemeinsamkeit" umfaßt. Als typische Form der modernen Gesellschaften können wir die „legitimatorische Kommunität" betrachten, die jenem Modell der „notwendigen Kommunität", das aus den Realordnungen der archaischen, primitiven und Folk-Gesellschaften entwickelt wurde, diametral gegenübersteht. Als legitimatorische Kommunität wird die nur formelle Selbstverwaltungsgarantie von lokalen Gruppen innerhalb der faktischen Subordination unter zentralstaatliche (wirtschaftliche und politische) Steuerungsintentionen gesehen. Diese Kommunität dient als Legitimitätspuffer (Offe) im Rahmen von ideologischen Funktionen und zur Konfliktabsorption. Von den fünf communitas/commune-Aspekten ist faktisch nur noch der lokale vorhanden.

Diese Kommune ist keine Heimat im Sinne eines mitzugestaltenden und mitzuverantwortenden „Haushalt des Lebens". Die gesellschaftliche Entwicklung zu Arbeitsteilung, Zentralisierung und Bürokratisierung in der „abstrakten Gesellschaft" (Zijderveld) hat die notwendige Kommunität der kleinen, sich selbst regulierenden Einheiten politisch und wirtschaftlich scheinbar überholt. Die soziokulturellen Defizite werden in Heimwelt und Freizeitmobilität ausgeglichen. Die Gegenbilder einer neuen freiwilligen Kommunität sind oft nur Rückzugsorte aus der Gesellschaft. So müßte, wenn für die freiwillige Komunität die konzipierte Ordnung des Idealtypus comunitas, zumeist einschließlich des Gemeingutgedankens zentral ist, der behauptete Paradigmenwechsel zu einer neuen Kommunität sich über eine neue „moralische Kommunität", die von der jetzt nicht nicht mehr nur lokalen/regionalen, sondern weltweiten Limitierung der Ressourcen ausgeht, kognitiv – und das heißt über die Erweiterung des Wissensvorrates – der „notwendigen Kommunität" als jenem „Haushalt des Lebens" nähern, in dem die materielle, soziale und ideationale Existenz des einzelnen interdependent zu allen und allem anderen ist, in dem auch der objektive Sinn (der intersubjektiv wahre) mit dem subjektiv gemeinten übereinstimmen kann. „Bekannt in Gemeinsamkeit" als geteilter Sinn wäre dann nicht die Sache der weltweiten „geheimen Verschwörung" einer privilegierten Schicht, sondern die Voraussetzung für den alltäglichen Handlungsvollzug einer freiwillig-notwendigen Kommunität, deren Solidarität durch eine ökologisch motivierte (im Sinne des kulturökologisch entwickelten Haushalt des Lebens) moralische Kommunität bestimmt wird.

Meine Benutzung des Begriffs „moralische Kommunität" geht über seine ursprüngliche Bedeutung hinaus. Der Begriff bezog sich auf die Weltsicht der beschränkten Ressourcen in Bauerngesellschaften (Foster, Bailey). Moral ist in diesem Kontext weniger eine ethische Kategorie als vielmehr ein handlungsleitendes Wissen, daß die natürlichen und sozialen Ressourcen der Gemeinde und ihrer nahen Umwelt beschränkt sind und innerhalb des relativ geschlossenen Gemeinwesens nicht beliebig erweitert werden können. Somit destabilisiert jede individuelle Bereicherung das Gleichgewicht dieses gesamten Gemeinwesens und letztlich auch im Feedback den nur scheinbaren Profitgewinnler. In unseren sogenannten offenen, von kurzfristig-zukunftsorientierter ökonomischer Rationalität gelenkten Gesellschaften wird Denken und Handeln von den Möglichkeiten der Grenzüberschreitungen jener Regionen beschränkter Ressourcen bestimmt, um individuellen und/oder Interessengruppen-Gewinn zu maximieren. Für die wenigen Mächtigen bedeutet es Zunahme an ökonomischen Gewinn und an Kontrolle über die Gemeinwesen aller Art. Für die Natur und die machtlose Mehrheit bedeutet es Verlust an Ressourcen. Und in diese Verlustbilanz schließe ich auch jene machtlos zwischen den Regionen und Nationen Wandernden auf der Suche nach ökonomischen Ressourcen ein. Soziale, kulturelle und lokale/regionale Enteignung von Verantwortung in Gegenseitigkeit sind die Folge. Um die Begrenztheit der Ressourcen (und eben nicht nur der ökonomischen) für eine befriedigende Wechselseitigkeit zwischen den Menschen und den Menschen mit ihrer Umwelt zu erkennen, bedarf es der Verantwortlichkeit. Diese Verantwortlichkeit bedarf der zugelassenen Mitbestimmung und Selbstkontrolle in neuen moralischen Kommunitäten, in denen ökologische Vernunft und soziokulturelle Phantasie die beschränkten Ressourcen entfalten könnten, in denen dem kulturellen Tod der Gemeinwesen und ihrer Bürger entgangen werden könnte – und damit vielleicht doch noch dem Moloch Moderne.

Modelle in dieser Richtung sind entworfen worden, konkrete Versuche über regionalistische Bewegungen, über Dorfrevitalisierung und städtische Quartiersarbeit, über städtische und ländliche Kommunen gemacht worden. Wir haben Planung von oben und Planung von unten und Scheitern von oben und von unten, weil der globale Feind einer neuen Kommmunität ebenso wie der personale die Überhand haben. Der globale Feind beinhaltet die Verlagerung der „Verantwortung und Verpflichtung" auf überlokale, ja übernationale (Fach-)Instanzen. Lokale Kommunität wird nur noch legitimatorisch erfahren. Desinteresse, Resignation, Wohlfahrtshaltung und der Übergang (Rückzug) zum personalen Feind sind die Folgen. Der personale Feind heißt Heimwelt, Privatisierung, Familismus, aber auch Personalismus, einschließlich der global-personalen Varianten der spirituellen Selbsterlösung. Heimat als sinnerfüllte neue Kommunität bedarf heute einer multikulturellen Gesellschaft, die eben jener günstige Lebensraum wäre, der nicht nur materielle Satisfaktion bietet, sondern in jenen vielen „Kulturtopen" Selbstregulation ermöglicht und damit den kulturellen Tod (als Enteignung von Mitgestaltung und Miterhaltung im Haushalt des Lebens) verhindert.

Der französische Surrealist, Dichter und Ethnograph Michel Leiris hatte 1929 seine „Heimat" Paris unter dem Titel „Zusammenbruch" in einem Umkehrverfahren beschrieben. Die Seine und andere sentimentale Flüsse unserer Heimatdichtungen werden zu „Arterien voll erkalteten Blutes": „Letztendlich befindet sich das heutige Leben eingebunden und eingefroren im dicken industriellen Eis, das uns in Kadaver verwandeln möchte. Die Flüsse der wirklichen menschlichen Beziehungen sind unbeweglich und tot, die Kälte gewinnt, die Luft gerinnt, und, ebenso wie in diesem Winter 1870/71, an den sich die schrecklichsten Greise gern erinnern, hält die befestigte Seine ihr abgehärtetes Wasserrückgrat den Autoüberfahrten, den Passanten und den Lastwagen hin; unsere sentimentalen Flüsse wandeln sich in Arterien voll erkalteten Blutes, das gerinnt; Straßen für die zähen Bakterien eines Zustandes, in dem es keine andere Daseinsberechtigung gibt als die der Ökonomie; soziale Beziehungen, armselig und schmutzig wie Flöhe, schwieriger zu ertragen von unseren Wirbelsäulen als ganze Ladungen der Gemüseautos oder als brechendvolle Autobusse. Gefangen von dieser Kälte wie die Mumien in ihren steifen Bändern, in den grimassenhaften Posen der schandhaft Gelähmten, bewegen wir uns nicht, bleiben wir bewegungslos, fühlen uns selbst wie Holzbalken ... Um diesem verstaubten Gerümpel zu entkommen ... müßten die Wasser unserer Herzen ... ihre ursprüngliche Gestalt wiederfinden, die Gewalt der Zeit der Sintfluten, ... um sich auszubreiten quer durch die Länder, seien es Brachländer, Felder, Städte, Dörfer, alles überschwemmend auf ihrem Durchgang, was nichts Humanes hat ..." (Leiris 1929, 382).

Kann man Heimat so beschreiben? Ja, wenn wir Heimat nur als einen gegebenen Raum, in einer gegebenen Zeit und einer gegebenen Mitwelt sehen. Nein, wenn wir Heimat als eine gedachte Ordnung menschlichen Strebens nach Sicherheit, Aktivitätsentfaltung und Identität definieren (Greverus 1972). Dann aber ist Leiris Text der notwendige Aufweis einer Anti-Heimat.

Der Mensch als Art ist ein bewegliches Wesen. Ja, er braucht diese körperliche und geistige Beweglichkeit, um seiner Bestimmung, sich Umwelt erst zur Heimat zu machen, gerecht werden zu können. Gleichzeitig aber braucht er einen Ort, ein Territorium, wo er hingehört, das ihm seine Identität gibt. Hier ist er der Mensch, der sich kennt und auskennt, der erkannt und anerkannt wird. Identität steht gegen Anonymität.

Im Zentrum jener von mir gemeinten „Heimatbewegung" stand eigentlich wieder ein „Zurück zur Provinz", das allerdings eine andere – oder vielleicht die richtige? – Provinz meint, nämlich Provinz als Redefinition einer reziproken ökologischen Gesellschaft. Diese Provinzbewegung ist Protest gegen ihre Vereinnahmung durch den, wie es Lars Gustafson ausdrückte, „industriellen Zentralismus, der die Provinz behandelt, als sei sie gar nicht mehr da, wo sie ist." Die Trauer um die verlorene Provinz als jenem heimatlichen Territorium, in dem regionale, sprachliche, soziale und kulturelle Autonomie die Identitätsfrage des einzelnen nach dem „Wohin gehöre ich" beantwortet, ist nicht nur deutsch-schweizerische Reorientierung an einer „Heimattradition", sondern lebt auch in Schweden, in Frankreich, in Italien. Pasolini hat dieser Trauer beredten Ausdruck gegeben, wenn er gegen den Terror der nivellierende Konsumzivilisation die vorbürgerlichen kulturellen Eigenwelten der Bauern und Subproletarier stellt. „Völkermord" oder „an-

Wem gehört die Heimat?

thropologische Mutation" nannte er die regionen- und klassenübergreifende kulturelle Gleichschaltung und zitierte den sizilianischen Dialektdichter Ignazio Buttitta:

„Ein Volk ... wird arm und geknechtet
wenn ihm die Sprache geraubt wird
das väterliche Erbe
dann ist es verloren für immer. – Es wird arm und geknechtet
wenn die Worte keine Worte mehr gebären
und sich gegenseitig verschlingen. – Ich merke es
während ich die Gitarre des Dialekts stimme
die jeden Tag eine Saite verliert."

Die eigene Sprache als Symbol für die selbstgestaltete Kultur fehlt auch kaum in einer jener Bewegungen, die als ethnische oder regionalistische den „Aufstand der Provinz" gegen die Zentralisierung als Aufgabe Heimat in tätigen Protest umsetzen. Und auch die regionalen und lokalen Widerstandsbewegungen gegen die Zerstörung je eigener Umwelt setzen die Dialekt- oder Umgangssprache als symbolisches Idiom des Kampfes ein. Sprache schafft die Grenze zum Draußen und stiftet Gemeinschaft und Solidarität nach innen; ebenso wie jene versuchte historische Besinnung oder Rückwende zu einer gemeinsamen Geschichte in diesen Bewegungen – aber auch in städtischer Quartiersgeschichtsschreibung und ländlicher Heimatgeschichtsforschung, die wir heute mit „Spurensicherung" zu benennen pflegen.

Hier könnt man einhalten und sagen: gut, wenn die Schwierigkeit Heimat im Verlust der kulturell autonomen, territorial stabilen Gemeinschaft besteht, dann muß die Aufgabe Heimat eben diese zurückgeben. Aber so einfach ist es nicht! Da gibt es noch andere Spurensicherungen, die sowohl aus der sozialisierten Gemeinschaft als auch aus dem vertrauten Territorium hinausstreben – und trotzdem Heimat meinen.

Ich blende ein: Spurensicherung auf einer kunstpädagogischen Exkursion in die Provence in Frankreich. Die Leiter – Wissenschaftler und Künstler – hatten jene Landschaft – „ohne Bauwerk, ohne Haus und Mauer, nur Felsen, Himmel, reißender Fluß" – entdeckt, die für einen Tag Ort der Spurensicherung von 30 Studierenden werden sollte. Diese fremde Landschaft wird als Mythos – im Sinne der Wiederholung und Aktualisierung von urzeitlichen Taten – angeeignet. Das von Anthropologen so genannte „historische Gedächtnis" wird in freier Umdeutung als individuelles Bewußtsein wachgerufen, das in den Naturzustand der Menschheit eintaucht. Mit Lévi-Strauss wird die bricolage des Mythen bastelnden „wilden Denkens" freigesetzt. Kollektive und individuelle Mythen werden geschaffen. So die jene Gestaltung lenkende Animation der Künstler-Leiter.

Was hat man getan: aus mitgenommenen „Kulturresten" und gefundenen Naturmaterialien wurden Heiligtümer, mythische Orte gebaut – es ist die Rede vom unwiderstehlichen Wunsch zu bauen, vom urgeschichtlichen Heiligtum, von „weiterer Eroberung" einer Insel durch eine „zweite Kultur" malender Frauen, von mythischen Naturreligionen. Einzelne setzen – unbemerkt von anderen – ihre individuellen Spuren: ein Fensterflügel im Flußschlamm, ein gesponnenes Fadennetz in den Bäumen. Und schließlich eine Körper-Schlammaktion – „man gleicht sich der Landschaft an": Besichtigung als „Prozession"; Worte wie „Urmenschentum" und „Auferstehung" und „Traumreisen".

Diese Form der Spurensicherung geht auf eine bei uns über die documenta 1977 popularisierte Kunstrichtung zurück, die auch als „Archäologie des Humanen" bezeichnet wird und sicher enge Beziehungen zu jenen „Individuellen Mythologien" eines Broodthaers, eines Filliou und Beuys hat, die seit Anfang der 70er Jahre über ihre Spurensicherung eine Kunst propagierten, die permanente Kreation, Wiederholung der „ursprünglichen Geste des Schöpfers" (Filliou) sein soll. Die Spurensicherung der Künstler nimmt die Kulturreste der Gegenwart, die Dinge der Natur, geht – vor allem – in die Vergangenheit fremder Kulturen und das Land Utopia neuer menschlicher Umweltgestaltungen, sie geht durch die unscheinbare Gegenwärtigkeit eigener Heimaten und das eigene Dasein: „Zu Ergründern ihrer eigenen Kindheit, Herkunft, ihrer sozialen Ver- und Entwurzelung geworden, richten sich die Künstler in einer wissenschaftlichen Mimikry ein" (Metken). Diese wissenschaftliche Mimikry beruft sich auf den französischen Strukturalismus, auf Lévi-Strauss' bricolage-Technik, auf Archäologie und Anthropologie. Allerdings: die Suche nach dem „historischen" oder „kollektiven" Gedächtnis ist eben fiktive Wissenschaftlichkeit, ist „Suche nach dem Fremden im Menschen in eigener und fremder Kultur" (Heinrichs), ist individuelle Identitätssuche, die als Definitionspart nicht die historische Gemeinschaft, sondern das (Ur-)Menschsein in seiner direkten (mythischen) Verbindung zum Göttlichen hat; die als Definitionsort" nicht die vertraute Heimat, sondern den leeren und fremden „Schöpfungsort" hat. Der Raum, die Zeit und die Gruppe des kollektiven Gedächtnisses im Sinne von Halbwachs, das wir als Anthropologen mit seinem gemeinten Sinn, seiner Bedeutung für eine historische Gemeinschaft zu erforschen suchen, erfährt hier geradezu eine Umkehrung. Dieses individualisierte „historische Gedächtnis" überspringt die kollektive Realität und verbindet das Individuum in einem Mythos mit Urzeit und Urraum, mit Endzeit und Endraum.

Und hier vereinigt sich die Spurensuche der individuellen Mythologien mit der neuen sozialen Bewegung, die sich als New Age-Bewegung, geheime Konspiration im Zeitalter des Wassermanns, „Ökologie des Geistes" oder spirituelle Bewegung bezeichnet. Ihr „Manifest der Person" (Roszak) verbindet – zumeist über das kollektive Ritual der Workshop-Gemeinschaft – das Individuum mit dem Kosmischen, dem All-Einen. Identität und Heimat werden entpersonalisiert, entzeitlicht und enträumlicht – grenzenlos und fließend, verschmelzend in ein einziges Bewußtsein: kosmische Heimat. Ist

Wem gehört die Heimat? 31

es das? Hat die „Ökologie des Geistes" die Aufgabe Heimat erkannt? Hinken die anderen Menschen, die nicht spirituell Bewegten, hinken die Wissenschaftler aus den verschiedenen Disziplinen dieser Erkenntnis einfach hinterher?

Ich blende ein kleines Symposium (1985) ein. In der Schweiz, dem Land des „Heimatbewußtseins" par excellence! Es war ein Schweizer Soziologe, der unsere Bemühungen um den Heimatbegriff über seine repräsentativen Daten aus seiner Untersuchung zur regionalen Identität aufs schwerste attackierte. Er sagte: „Die Mäuse finden weder eine Wand, gegen die sie anrennen, noch ein heimatliches Mauseloch." Dieses Bild galt den heimatsuchenden wissenschaftlichen und unwissenschaftlichen „Nostalgikern", denen die zeitgemäße Heimatkonzeption der Soziologen: analytisch, objektiv, meßbar, rational, planbar, entgegenstehe.

In der quantifizierenden soziologischen Untersuchung zur räumlichen Identität der Schweizer erscheint als Ergebnis ein diffuses Grenzgefühl im Hinblick auf die Identifikation mit den politischen Territorien Gemeinde, Kanton, Bund. Dabei wird betont, daß die segmentelle Beziehung zwischen Heimat (im historischen und nostalgischen Sinn: das heimatliche Mauseloch) und Nicht-Heimat durch die hierarchischen und konzentrischen Strukturen immer mehr verbaut wird. Und wir hören, daß in den Zentren die Grenzen durchbrochen und ausgedehnt werden, während die peripheren Reliktheimaten zu Widerstandsnestern – darf man hier von einer Mauselochstrategie sprechen? – werden. Als Phänomen des Labyrinths oder der hochkomplexen sozialen Realität kann man diese Zentrum/Peripherie-Attitüden über die politischen Territorien (Gemeinde, Region, Staat) hinaus bis zu familiären, nachbarschaftlichen, schichtenspezifischen und beruflichen Territorien bestätigen. Ist diese zeitgemäße Heimatdefinition aber auch eine Heimatkonzeption im Sinne eines Handlungsentwurfs, einer Aufgabe? Sollen die Grenzen der Mauselochheimaten, der Widerstandsnester gesprengt werden, und bis wohin sollen die Grenzen überschritten werden? Unsere Heimat ist im Staat? In der Klasse? In der Welt? Im Himmel? Im kosmischen Alleinen? Im Individuum als Rollenkünstler?

Während in dem soziologischen Beitrag die Grenzüberschreitung von der Gemeinde in Richtung Nation aufgezeigt wurde und der mobile Mensch, der sich überall einrichtet (sofern eben diese Nation die Angebote dafür zur Verfügung stellt), als der neue Heimattypus vorgestellt wurde, plädierte der Kollege aus der Philosophie – wenn auch „ganz schüchtern" – für die Abschaffung des Vaterlandes. Hier wurde Heimat als conditio humana im anthropologischen Sinne: als Ort des Vertrauens, der Geborgenheit, der Sinnhaftigkeit, der Identität – alles Begriffe, die nach Meier-Dallach der soziologisch meßbaren Objektivität entbehren – gefaßt. Diese kleinräumige irdische Heimat wird gleichzeitig als Erfüllung und als Ersatz für den „kosmisch heimatlosen" Menschen gesehen. Und damit auch als ein Mythos, den Kuenzli als

„verklärte und in der Erklärung mit Sinn versehene Erinnerung" bezeichnet. Da hier diese Erinnerung in die individuelle Kindheit verlegt wird (als Ort der voremanzipatorischen Unmündigkeit und der „primären Liebe" im Sinne Balints), sieht der Autor auch deutlich die regressiven Gefahren der kompensierten metaphysischen Einsamkeit.

Spurensicherung im All, Spurensicherung im „Urmenschlichen", Manifest der Person, Mauselöcher rückwärtsgewandter Kindheitsheimaten, Rückkehr in die Provinz, regionale Autonomiebewegungen, Heimat in der mobilen Einrichtung des Wohlfahrt fordernden homo regionalis im gesellschaftlichen Labyrinth. Das alles steht für Heimatfindung heute! Bleibt unser Versuch zum Problem Heimat also nur in der Widersprüchlichkeit einer Fragestellung stecken?

Diese Gedanken der Gegenwart zur Begrenzung und Entgrenzung von Heimat haben Ihnen vielleicht meine Schwierigkeiten gezeigt, Heimat zu fixieren. Und doch möchte ich für den Verlauf unserer Tagung einen – meinen – Weg zur Fragestellung und Aufgabe Heimat vorstellen.

1. Ich halte nach wie vor den territorialen Imperativ für eine conditio humana. Dieser territoriale Imperativ meint die intentionale und von existentiellen Bedürfnissen ausgehende Orientierung auf ein Satisfaktionsterritorium, das Sicherheit, Aktivitätsentfaltung und Identität gewährt.
2. Das menschliche Potential, um sich diese Satisfaktionsterritorien zu schaffen, heißt Kultur. Kultur wird deshalb von einigen Autoren auch als problemlösende Erfindung bezeichnet. Als Erfindung bedeutet Kultur aber auch die intersubjektive Konstruktion der Wirklichkeit von Lebenswelten.
3. Das Problem Sicherheit stellt sich dem im Herderschen Sinne „einsamen, nackten und instinktlosen" Wesen als eine existentielle Sicherung, die von der Stillung des Hungers bis zur Sinnfrage reicht. Ernst Bloch hatte das Prinzip Hoffnung – und er nennt es Heimat – aus dem verläßlichsten aller Grundtriebe, nämlich Selbsterhaltung, hergeleitet. Und dazu gehört auch Identität als Sich-Erkennen, Erkannt- und Anerkanntwerden.
4. Es ist unumstritten, daß der Mensch zur Lösung seiner materiellen Existenzsicherung sowohl der Intersubjektivität als auch des Raumes bedarf. Bedarf er dessen aber auch hinsichtlich der Sinnfrage?
5. Wenn sich in den segmentellen Gesellschaften (den archaischen, primitiven, folk-Gesellschaften) Identität und Sinn nicht als Problem stellten, dann heißt das nicht, daß es keine Identität und keinen Sinn gab, sondern daß der „allgemein geteilte Sinn" in der vernakulären oder gemeinen Kultur, die auf einen vernakulären Raum begrenzt war, kein „Wir alle spielen Theater" (Goffman) zuließ und Identitäten erkennbar machte. In dieser vernakulären Ordnung hatten auch die Toten und die Götter ihre Identitäten in der Lebenswelt. Sie waren an der sozialen Gegenseitigkeit

in Raum und Zeit beteiligt. Sie gehörten zur kollektiven Erinnerung, zur zyklischen Geschichtlichkeit des Erfahrungsraums.
6. Diese Geschichtlichkeit ist kollektiver Mythos oder eben allgemein geteilter Sinn. Die lineare Geschichte (und ihr Bewußtsein) hat diese Geschichtlichkeit ebenso zerstört wie den vernakulären Kulturraum und die Selbstverständlichkeit von Identitäten, einschließlich derjenige der zu den Menschen kommenden, menschlich lebenden Göttern. Der Prozeß der Zivilisation hat die segmentellen Heimaten in eine segmentierende Abhängigkeitskultur verwandelt. Der allgemein geteilte Sinn ist dem Spezialwissen gewichen und den Wertsetzungen dominanter Kulturträger. Die Grenzen sind scheinbar für die Individuen geöffnet, aber die horizontale und die vertikale Mobilität, einschließlich derjenigen zu dem ferngerückten Gott, gelingt nur mit Hilfe der Meister, der Wissenden. Und diese sitzen an den Schalthebeln der ideologischen Zentren: von der Nationalkultur über die Weltkultur zur planetarischen Kultur.
7. Ich unterschreibe die Feststellung, daß die Enge der gemeinen, historischen Heimaten sich für die mobile neue Mittelschicht geöffnet hat. Aber der urbane homo regionalis (besonders in den Ballungsräume anzutreffen) läßt sich die Region für den Alltag und die Welt für den Urlaub aufbereiten, seine Aktivitätsentfaltung ist die des Konsumisten. Woher gewinnt er seine Identität? Oder auch die Sicherheit eines Mauselochs? Zentral ist wohl seine positive Einordnung in die Werthierarchie als die tragende Schicht unserer Gesellschaft. Man versteht sich als Individualist, der den Balanceakt des Rollenwechsels beherrscht – und die Rollenbestätiger besitzt: Beruf, Familie, Haus und Auto, Kulturangebote, Freizeitbeschäftigung, gleichgesinnte Freunde und einen öffentlichen Posten: vom Elternbeirat bis zum Aufsichtsrat. Vielleicht stellt sich auch hier die Identitätsfrage nicht, denn man weiß, wer man ist, wird erkannt und anerkannt und hat viele Mauselöcher.

Und hier wird spätestens deutlich, daß die Grenzen eigentlich enger geworden sind: die Enge der historischen Heimat geteilten Sinns beinhaltet zwar nicht die Gleichheit der Geschlechter, der Schichten, der Altersgruppen, der Arbeit und der Besitzverhältnisse, aber sie anerkannte eher die Zugehörigkeit der Ungleichen. In den temporären und getrennten Heimaten der erworbenen Identitäten wird nur Gleiches anerkannt, die Grenzen sind hermetischer. Ist man nicht mehr gleich, wird man auch nicht mehr anerkannt, und damit ist man auch kein definiertes Ich mehr in einer Gruppe mit einer gemeinsamen Raum-Zeit und einem gemeinsamen Lebensplan (Erikson).
8. Hier bleibt dem homo regionalis der Rückzug in die Familie, dem liebsten Wert des gescheiterten Bürgertums. Oder – wenn er auch diese nicht hat – die nostalgische Regression in eine Kindheitsheimat oder, wie es in einer Arbeit aus unserem Institut über Frauenbilder nichtseßhafter Män-

ner (Lutz) genannt wurde, die Suche nach dem „Mythos der Wiedergefundenen" (hier der von einer die Heimwelt gestaltenden Frau). Es ist der konformistische und konservative Anpassungstyp im Sinne Mertons, der die kulturellen Ziele und Mittel akzeptiert, aber von den Mitteln ausgeschlossen ist. Seine Mobilität wird mit „Wanderung als Rückkehr" beschrieben, als Rückkehrversuch in die identitätsbestätigende Intersubjektivität des Heims als Heimat. Während der stigmatisierte unfreiwillige homo regionalis seinen Traum nach Rückwärts zumeist allein auf der Straße beendet, bleibt dem bürgerlichen homo regionalis, wenn er mit dem Mauseloch-Wechsel nicht mehr zurecht kommt, noch immer die in seinen Kreisen bereits positiv sanktionierte Regression in die primäre Liebe beim Psychiater.

9. Diese Psychotherapie wird jetzt als Wandlung angeboten und im Zusammenhang der spirituell-transformativen Bewegung des New Age als „Tod im Leben". Hier werden die Grenzen der kulturellen Räume oder Heimaten bis zum Kosmos aufgestoßen und gleichzeitig in die Person verlagert. Die geheimen Verschwörer bezeichnen sich selbst als Revolutionäre. Gehören sie zum Mertonschen Typus der Rebellion, bei dem die gesellschaftlichen Ziele und Mittel abgelehnt werden und durch neue ersetzt werden? Gilt das für Heimat: globales irdisches Dorf mit geteiltem Sinn oder Personalisierung eines kosmischen Heimat-Bewußtseins? Nach innen verlagertes Mauseloch, von Gurus und Verschwörern bestätigt und nicht mit dem Gang in die Hauslosigkeit verbunden? Es bleibt konkret beim homo regionalis mit nationaler Grenzüberschreitung, insbesonders als Leader von Workshops, internationaler sekundärer Kommunikation in einer Ingroup und personaler Heilserwartung über kosmische Kommunikation.

10. Auch die individuelle Mythologie der Spurensicherung in alternativträchtigen Orten (der Fremde), ihre kollektive Ritualisierung in freigesetzten Gruppen, die Suggestion eines „historischen Gedächtnisses" aus Ur-Menschlichem schafft in der zeitlichen und räumlichen Ausnahmesituation nur eine elitäre Ur-Heimat-Findung in einem Mythos, der nicht in einen identitätsstabilisierenden Alltag des geteilten Sinns integriert ist. Auch dieser Spurensucher bleibt der mobile homo regionalis im Labyrinth, wenn er nicht die Grenzüberschreitung zur kreativen Einrichtung in einen lebensweltlichen Alltag und Allort einer die Ungleichheiten (des Alters, des Geschlechts, der Schichten, der Positionen) integrierenden, d.h. durch Rechte und Pflichten verbindenden Gruppe nutzt.

11. Der homo regionalis (bis zum spirituellen Kosmopoliten) ist kein Regionalist oder Tribalist oder Kulturalist. Deren Weltbild ist an einer Reorganisation segmenteller Heimaten orientiert, ist auf Reterritorialisierung ausgerichtet. Ziel ist dort die kulturelle Autonomie, wobei Kultur nicht die Konsumkultur des homo regionalis und nicht die spirituelle Kultur

Wem gehört die Heimat? 35

der Transformationsverschwörer meint, sondern von der Wirtschaft bis zum Glauben reicht. Die Orientierung an fremden historischen Kulturen ist hierfür ebenso kennzeichnend, wie diejenige am Mythos der eigenen Geschichtlichkeit. Die Skala dieser Heimatsucher reicht von den neuen Landkommunen über Dorferneuerer, Stadtviertelautonomisten bis zu regionalistischen und ethnischen Bewegungen. Die Skala reicht auch von den Konservativsten (Wiedergewinnung oder Erhaltung des bevorrechteten status quo) über die Marginalisten (Angleichsforderung unter. Beibehaltung der je eigenen Kultur) bis zu den Progressisten: Verwandlung der Welt in eine ökologische Gesellschaft der Zukunft, einen günstigen Welt-Lebensraum, der eine Vielzahl ökologischer Nischen zuläßt.

12. Meine anthropologische Utopie oder meine Hoffnung Heimat zielt auf eine solche ökologische Gesellschaft, die menschlich eine multikulturelle Gesellschaft wäre oder sich im Sinne Illichs an vernakulärer Kultur reorientieren würde, und in der sich der einzelne nicht über Gleichheit oder Verschmelzung definieren muß, sondern über die Anerkennung der Ungleichheit. Das erfordert Gegenseitigkeit im Binnenraum und Vertrautheit mit den Menschen und den Dingen, woraus Sicherheit erwächst. Die Kompetenzerweiterung in Richtung Welt geschieht meines Erachtens nicht in einem Übergang zum grenzenlosen „Dorf Welt", sondern aus dem Gehaltensein in Dörfern der Welt, in denen Menschen gelernt haben, in aktiver Verantwortlichkeit und Gegenseitigkeit Welt zu ordnen, sich einem Alltag als Mündige zu stellen und aus gewonnenem Vertrauen Grenzen zu überschreiten, Gast zu sein und Gäste zu empfangen.

Die Antwort auf „Wer bin ich" kann der Mensch nicht allein finden. Sich erkennen heißt erkannt und anerkannt werden. Oder, wie es Erikson ausdrückt: Ein definiertes Ich in der Raum-, Zeit-, Lebensplan-Perspektive einer Gruppe zu sein, die eine eigene Identität hat. Im Prozeß der Identitätsfindung bin ich von Kindheit an nicht allein, sondern umgeben von Dingen und Handlungen und Menschen, die mir die Möglichkeit geben, mich zu erkennen, und das heißt: mich zu finden. Diesen Selbstfindungsprozeß bezeichnen wir auch als Individuation. Individuation meint aber gerade nicht jene Form von balancierender Identitätsarbeit des Individuums, die der Sozialpädagoge Krappmann als einen individuellen Lernerfolg bezeichnet: „Die Erwartungen der anderen zugleich akzeptierend und sich von ihnen abstoßend, seine besondere Individualität festhalten und im Medium gemeinsamer Sprache darstellen." Der Identitätsprozeß wird hier als eine ständige individualistische Konfliktstrategie interpretiert, die aus unserer spezifischen gesellschaftlichen Situation verständlich wird, in der der einzelne nicht in Übereinstimmung mit dem Lebensplan einer Gruppe seine Identität entwickeln kann, sondern als Vereinzelter der Anonymität der totalen Institution gegenübersteht.

Aber diese Identitätsarbeit ist keine wünschenswerte. Und die Suche der Menschen nach Identitätsangeboten in überschaubaren Räumen, die man mitgestalten kann, in kleinen Gruppen, mit denen man einen gemeinsamen Lebensplan haben kann, ist Zeugnis, daß Menschen in der individuellen Isolation balancierender Identität nicht leben können. Ich plädiere nicht für die Genügsamkeit des Sich-Einordnens in das Korsett einer einmal festgelegten Lebensperspektive. Im Gegenteil, der Lebensplan, sich mit anderen Heimat zu schaffen, ist ein ständiger, kreativer Prozeß fortschreitender und auch immer wieder überschreitender Verwirklichung. „Ein Maler ist verloren, wenn er sich findet", hat Max Ernst einmal gesagt. Diese Worte gelten nicht nur für einen Maler, sondern für den Menschen als homo creator überhaupt. Und der gleiche Max Ernst hat im bezug auf seine Collagetechnik einmal von der „systematischen Ausbeutung des zufälligen und künstlich provozierten Zusammentreffens von zwei oder mehreren wesensfremden Realitäten auf einer augenscheinlich dazu ungeeigneten Ebene" gesprochen – und „dem Funken Poesie, welcher bei der Annäherung dieser Realitäten überspringt".

Das aber ist die menschliche Fähigkeit, Dinge ihrer Umwelt als Ressourcen für neue, verwandelte Energien zu erkennen und zu nutzen, um sich ihre Welt ihren Bedürfnissen entsprechend zu gestalten. Diese Bedürfnisse allerdings waren, wie es Lefèbvre ausdrückt, in die Prosa der Welt gefallen. Diese Prosa der Welt war der vereinseitigte technologisch-wirtschaftliche Fortschritt, dessen graue Gefolgegespenster von zerstörten Heimaten man erst spät erkannte. Diese Heimaten, in denen der Mensch weiß, wohin er gehört, wiederzugestalten, muß eine Aufgabe unserer Gegenwart werden. Wenn diese Heimaten Collagen aus Vergangenem, Gegenwärtigem und Zukünftigem, aus eigenen und fremdkulturellen Erfahrungen sind, d.h. auch aus disparaten Wirklichkeiten, dann muß das kein Zeichen für diskontinuierlichen Lebensstil sein, wie es der anthropologischen Konzeption des Lebens als Collage vorgeworfen wird. Entscheidend ist die schöpferische Fähigkeit, aus den disparaten Realitäten einen neuen Sinnbezug zu schaffen. Und entscheidend ist wohl jener „Funke Poesie", der identitätgebende Heimat schafft und nicht nur der Kompetenz von professionellen Künstlern überlassen werden sollte, sondern allen Menschen als Partizipationsmöglichkeit am Menschsein zurückgegeben werden muß.

Allerdings, der Collage muß die Decollage eines in zeitblinder Heimatillusion erstarrten Menschseins vorausgehen, jene „Aggressivität gegenüber dem Schein ‚lebendiger' Harmonie", wie sie uns die Surrealisten gezeigt haben.

Nachwort

Dieser 1989 gehaltene Vortrag war schon damals eine Art „Nachruf" auf den „Kampf" von Menschen um eine selbstverwaltete und selbstgestaltete Heimat. Er war getragen von dem Geist einer gemeinsamen Untersuchung, die wir „ÖKOlogie – PROvinz – REGIONalismus" (1984) nannten. Es ging um

Wem gehört die Heimat?

den „Aufstand der Provinz" (Gerdes in ebd. 18), um den „langen Weg zur Heimat" und die „Chancen von Region als Handlungslandschaft" (Schilling in ebd. 235ff.), es ging um ein „Plädoyer für eine multikulturelle Gesellschaft" (Greverus in ebd. 309ff.), um den „Kampf um Leben in den Wäldern" oder „Keine Startbahn West" (ebd. 24ff.) und einen „selbstverwalteten Sozialismus der Regionen" (Kritisches Oberwallis in ebd. 21ff.). Es ging um die verspätete Erkenntnis der neuen Linken, daß es „ohne Heimat keine Zukunft geben kann", und ihren Rückblick, daß sie „sozusagen kampflos die Heimat der Rechten überlassen habe. Und das rächt sich bitter" (ebd. 287f.).

Heute, 1994, wird uns dieses erschreckend verdeutlicht. Die Begriffe Heimat, eigene Kultur und Sprache, Ökologie, Regionalismus haben sich in der Sprache und im Handeln der Rechten zu ausschließenden, fremdenfeindlichen, nationalistischen und rassistischen Grenzziehungen der „Habenden" (und Haben-Wollenden) gegen die „Nicht-Habenden", die Anderen, gewandelt (vgl. u.a. Bielefeld 1992; Rassismus und Migration 1992): die Anderen, das sind die armen Regionen und die armen und die „andersartigen" Fremden. Heimat entfernt sich hier von dem kreativen, gemeinsamen Lebensplan in wechselseitiger Verantwortung als gekonnter Collage zur aggressiven Verteidigung eines neuerlichen „Rechtes auf eine ‚angestammte' Heimat".

1984 konnten wir noch warnend, aber beinahe ungläubig, auf diese andere, diese rechtsradikale Möglichkeit eines „Europa der Völker" am Beispiel von Henning Eichbergs Gedanken zur „nationalen Identität" (1978) hinweisen (Greverus, Haindl 1984, 279ff.), heute, 1994, müssen wir „die Festung Europa" als Tatsache (und Alptraum) sehen: „Als um 1991 die Auseinandersetzung um ‚Einwanderung' europaweite Kreise zog, galt das Bild vom ‚vollen Boot'. Nur ein Jahr später hatte sich eine ganz andere Metapher durchgesetzt – jene der ‚Festung Europa'. Der Wechsel ist grundlegend. Ein Boot ist den Launen der Wellen, die es treiben, weitgehend hilflos ausgesetzt. In einer Festung rüstet man sich zum Kampf. Die Verteidiger einer Festung empfinden sich als Helden, ganz im Gegensatz zu den potentiellen Opfern im Boot. Und noch eines – ein Kampf um eine Festung bedeutet Krieg, und im Krieg gelten andere Regeln als im zivilen Leben. Unverändert blieb unterdessen in beiden Fällen die klare Grenze zwischen jenen „draußen" und uns. Europa – im Sinne von ‚die drinnen' – ist, so gesehen, ein Kontinent, der sich überhaupt erst über die Ausgeschlossenen definiert" (Wischenbart 1994).

Literatur

Bailey, F .G.: The Peasant View of the Bad Life. In: Advancement of Science, 12/1966, 399-409
Balint, M.: Therapeutische Aspekte der Regression. Stuttgart 1970
Bateson, G.: Ökologie des Geistes. Anthropologische, psychologische und epistemologische Perspektiven. Frankfurt/M. 1983
Bielefeld, Uli (Hg.): Das Eigene und das Fremde: neuer Rassismus in der alten Welt? Hamburg 1992
Bloch, E.: Das Prinzip Hoffnung. Frankfurt/M. 1967
Cladders, J.: Die Realität von Kunst als Thema der Kunst. In: documenta 5, Abt. 16, Kassel 1972
Eichberg, Henning: Nationale Identität. Entfremdung und nationale Frage in der Industriegesellschaft. München, Wien 1978
Erikson, E.H.: Identität und Lebenszyklus. Frankfurt/M. 1971
Ernst, M.: Jenseits der Malerei. Wilhelm-Hack-Museum, Ludwigshafen 1986
Ferguson, M.: Die sanfte Verschwörung. Basel 1982
Foster, G.M.: Peasant Society and the Image of Limited Good. In: American Anthroplogist 67, 1965, 293-315
Führ, E. (Hg.): Worin noch niemand war: Heimat. Wiesbaden, Berlin 1985
Goffman, E.: Wir alle spielen Theater. München 1973
Greverus, I.-M.: Zu einer nostalgisch-retrospektiven Bezugsrichtung der Volkskunde. In: Hessische Blätter für Volkskunde 60, 1969, 11-28
Greverus, I.-M.: Der territoriale Mensch. Frankfurt/M. 1972
Greverus, I.-M.: Kultur und Alltagswelt. München 1978
Greverus, I.-M.: Auf der Suche nach Heimat. München 1979
Greverus, I.-M.: Kulturökologische Aufgaben im Analyse- und Planungsbereich Gemeinde. In: Wiegelmann (Hg.): Gemeinde im Wandel. Münster 1979, 87-99
Greverus, I.-M. & Schilling, H. (Hg.): Heimat Bergen-Enkheim. Lokale Identität am Rande der Großstadt. Frankfurt/M. 1982
Greverus, I.-M., Kiesow, G., Reuter, R. u.a. (Hg.): Das hessische Dorf. Frankfurt/M. 1982
Greverus, I.-M., Haindl, E. u.a.: Ökologie – Provinz – Regionalismus. Frankfurt/M. 1984
Greverus, I.-M.: Wohnstätten des Seins. In: Führ 1985, 42-52
Greverus, I.-M.: The „Heimat" Problem. In: Seliger, H.W. (Hg.): The Concept of Heimat in Contemporary German Literature. München 1987, 9-27
Greverus, I.-M.: Kommunität. In: Bringéus, N.-A. u.a. (Hg.): Wandel der Volkskultur in Europa. Münster 1988, 193-204
Greverus, I.-M.: Neues Zeitalter oder Verkehrte Welt. Anthropologie als Kritik. Darmstadt 1990
Gustafsson, L. (Hg.): Tintenfisch 10, Thema: Regionalismus. Berlin 1976
Halbwachs, M.: Das kollektive Gedächtnis. Stuttgart 1967
Heinrichs, H.-J.: Einleitung zu Leiris: Die eigene und die fremde Kultur. Frankfurt/M. 1977
Herders sämtliche Werke. Hg. v. B. Suphan. Berlin 1877-1913
Illich, I.: Genus. Zu einer historischen Kritik der Gleichheit. Hamburg 1983
Köstlin, K. & Bausinger, H. (Hg.): Heimat und Identität. Neumünster 1980
Krappmann, L.: Soziologische Dimensionen der Identität. Stuttgart 1973
Kuenzli, A.: Dialekt der Heimat. Vortragsmanuskript Fribourg 1985

Wem gehört die Heimat? 39

Leiris, M.: In: Documents. Archéologie, Beaux-Arts, Ethnographie, Variétés. Magazine Illustré. Paris 1929
Lefèbvre, H.: Das Alltagsleben in der modernen Welt. Frankfurt/M. 1972
Lévi-Strauss, C.: Das wilde Denken. Frankfurt/M. 1973
Lutz, R.: Weibsbilder. Frauenvorstellungen nichtseßhafter Männer. Frankfurt/M. 1987
Lynd, H.M.: On Shame and the Search for Identity. New York 1958
Meier-Dallach, H.-P., Hohermuth, S., Nef, R., Anliker, R.: Zwischen Zentren und Hinterland. Diessenhofen 1982
Meier-Dallach, H.-P.: Heimat und Komplexität der modernen sozialen Welt. Vortragsmanuskript Fribourg 1985
Merton, R.K.: Social Theory and Social Structure. Glencoe 1957
Metken, G.: Schöne Wissenschaft oder die Archäologie des Humanen. In: documenta 6, Kassel 1977, Bd. 1
Metken, G.: Spurensicherung. Köln 1977
Neu, T. (Hg.): Impressionen einer Exkursion in die Provence. Institut für Kunstpädagogik. Frankfurt/M. 1985
Offe, C.: Zur Frage der „Identität der kommunalen Ebene". In: Grauhan, R. & Lindner, R. (Hg.): Politik der Verstädterung. Frankfurt/M. 1974
Parsons, T.: The Social System. New York 1951
Pasolini, P.P.: Freibeuterschriften. Berlin 1978
Rassismus und Migration in Europa. Beiträge des Hamburger Kongresses ‚Migration und Rassismus in Europa'. Argument Sonderband 201, Hamburg, Berlin 1992
Romein, J.: Het Algemeen Menseleijk Patroon. In: Eender en Anders. Amsterdam 1964, 63-85
Romein, J.: Über den Konservativismus als historische Kategorie. In: Wesen und Wirklichkeit des Menschen. Göttingen 1957, 215ff.
Rosaldo, R.: Imperialist Nostalgia. Ms. Department of Anthropology, Stanford University 1987
Roszak, T.: Mensch und Erde auf dem Weg zur Einheit. Soyen 1982
Schelsky, H.: Die skeptische Generation. Düsseldorf, Köln 1958
Sennett, R.: Verfall und Ende des öffentlichen Lebens. Frankfurt/M. 1983
Spies, W.: Max Ernst – Collagen. Köln 1974
Weber, M.: Wirtschaft und Gesellschaft. Tübingen 1956
Weber, M.: Über einige Kategorien der verstehenden Soziologie. In: Logos Bd. 4, 1913
Weiß, R.: Volkskunde der Schweiz. Erlenbach, Zürich 1946
Wischenbart, Rüdiger: „Die" und „wir". Festung Europa: Nach dem Fall des Eisernen Vorhangs zerschneidet eine neue Trennlinie den Kontinent. In: Die Zeit Nr. 15 vom 8. April 1994, 48
Zijderveld, A.C.: Die abstrakte Gesellschaft. Frankfurt/M. 1972

Alfred Krovoza

Zum Problem des Politischen in einer Politischen Psychologie.
Am Beispiel Horkheimers, Adornos und Mitscherlichs

Im Juni 1969 finden sich in einem Brief von Herbert MARCUSE an Theodor W. ADORNO die folgenden Zeilen: „Du weißt, daß wir einig sind in der Ablehnung jeder unvermittelten Politisierung der Theorie. Aber unsere (alte) Theorie hat einen inneren politischen Gehalt, eine innere politische Dynamik, die heute mehr als zuvor zu einer konkreten politischen Position drängt." (WIGGERSHAUSEN 1986, S. 703). Das Ereignis, auf das sich diese Bemerkung bezieht, ist die Besetzung des Frankfurter Instituts für Sozialforschung durch Studenten im Januar 1969 und seine Räumung durch die Polizei, die auf Wunsch der Institutsleitung erfolgte, zu der bekanntlich auch ADORNO gehörte.

Diese Zeilen im Ohr und vor Augen möchte ich mein Thema – zunächst ganz unabhängig vom Rahmenthema dieser Tagung „Wem gehört die Heimat?" – so auffassen, daß ich in der Nachzeichnung bestimmter Positionen einer Politischen Psychologie und ihr inhärenter methodischer Probleme den inneren Verweisungszusammenhang von Politischer Psychologie und Theorie einerseits und Theorie und außertheoretischem Bezugspunkt andererseits – den „inneren politischen Gehalt" der Theorie, wie MARCUSE es nennt – deutlich mache. Dabei werde ich Max HORKHEIMER und Theodor W. ADORNO einerseits und Alexander MITSCHERLICH andererseits als exemplarische wie auch komplementär zueinander sich verhaltende Positionen darstellen. Den Gewinn, den ich mir für eine Standortbestimmung und Selbstreflexion einer Politischen Psychologie dabei verspreche, möchte ich eingangs in einer These zusammenfassen.

Diese These lautet: In einer Politischen Psychologie kann sich ein emanzipatives Erkenntnisinteresse nur dann Geltung verschaffen, wenn sie in eine Gesellschaftstheorie oder Geschichtsphilosophie eingespannt ist, zu der sie in einem ergänzenden, korrigierenden oder kompensatorischen Verhältnis steht, und wenn sie nach Maßgabe dieses Verhältnisses auf psychologisch erklärungsbedürftige, krisenhafte Entwicklungen der Gesellschaft bezogen wird. Sind diese beiden Bedingungen nicht erfüllt, kann sie als Bindestrich-Psychologie nur Manipulationswissenschaft oder Sozialtechnologie sein. Jenseits der technisch-instrumentellen Handlungsdimension wird sie dann keinerlei Erklärungswert besitzen.

Einer der scharfsinnigsten Theoretiker dieses Jahrhunderts hat mit dem ihm eigenen apodiktischen Gestus das genuine politische Denken einer pessimistischen Anthropologie zugeordnet und mit der „merkwürdige(n) und für viele sicher beunruhigende(n) Feststellung, daß alle echten politischen Theorien den Menschen als ‚böse' voraussetzen, d.h. als keineswegs unproblematisches, sondern als ‚gefährliches' und dynamisches Wesen betrachten" (SCHMITT 1932, S. 61), zugleich eine implizite thematische Festlegung für alle jene Formen der Reflexion getroffen, die unter dem Gesichtspunkt des Politischen das Verhalten von Menschen untersuchen. Eine solche wäre, ihrem Etikett nach, zweifellos die „politische Psychologie". Ob und wieweit sie es tatsächlich ist, soll Teil meiner Überlegungen sein. Das Diktum Carl SCHMITTs allein aber wäre ein hinreichender Grund, die These aufzustellen, daß politische Psychologie nicht der Notwendigkeit entgehen *kann*, sich Rechenschaft über die Bedeutung ihres Attributs abzulegen.

Das, was in der Bundesrepublik lange Zeit unter der Fahne „politische Psychologie" segelte, läßt sich zwanglos als der Versuch begreifen, die Frage nach dem Politischen durch den Rekurs auf das Wertfreiheitsideal der Wissenschaft zu neutralisieren. Ich beziehe mich dabei vor allem auf die Position von Walter JACOBSEN, wie er sie als Herausgeber der ab Anfang der 60er Jahre in der EVA erscheinenden Sammelbände „Politische Psychologie" vertreten hat.

Bezogen auf die Vergangenheit und die Virulenz des faschistischen Syndroms läßt sie sich auf die Kurzformel bringen: „Das wächst sich langsam aus." Der bösartige Krankheitserreger scheint wirkungslos geworden: „Die Deutschen sind", so das Fazit seiner Analyse, „wie es also scheint, zu einem Volk von Pazifisten geworden, freilich zu solchen, die sich nicht wehrlos einem Eroberer mit neuen Diktatur- und Totalitätsansprüchen zu beugen gewillt sind." (1963, S. 55) Mit dem Ende der politischen Krankheit ist also auch der deutsche Mensch wieder der allgemeinen Anthropologie zu subsumieren, die den Menschen schlechthin als im Kern gutes Wesen qualifiziert.

Eine derart verstandene politische Psychologie erweist sich als ein komplexes Verschränkungsverhältnis von wertneutraler Wissenschaftsattitüde und verschwiegener Normativität, entstrukturiertem Politikbegriff und positiver Anthropologie, schließlich, auf der methodischen Ebene, einer für den Forscher entlastenden Zurichtung des Gegenstandes als vorgegebenes „Außen", dem er sich nicht selber zurechnen muß, und einer Binnenperspektive, in der er – als „Mensch" – den Druck der Verhältnisse spürt, ohne jedoch daraus die Nötigung ableiten zu müssen, die auf diese Weise gewonnenen Eindrücke einer wissenschaftlichen Reflexion zugänglich zu machen. Alle diese unverarbeiteten Spaltungen lassen sich in dem Bild verdichten, die Gegenwart sei die

Epikrise einer politischen Krankheit. Aufgabe der politischen Psychologie bleibt dann, das gesammelte Datenmaterial in einen Katalog auxiliärer Ratschläge für die Beförderung eines ohnehin ablaufenden Rekonvaleszenzprozesses umzusetzen. Eben diese Sichtweise hat es ermöglicht, das Problem der sogenannten „Vergangenheitsbewältigung" in Analogie zum medizinischen Rehabilitationsbegriff zu behandeln. Eine politische Psychologie, die sich diese Sichtweise zu eigen macht, kann daher kaum etwas anderes sein als ein Beschwichtigungsversuch.

Noch wenn wir uns die in jüngster Vergangenheit ergangenen Äußerungen prominenter Politiker zum sogenannten „Soldaten-Urteil" des Frankfurter Landgerichts – von Reaktionen aus der Bevölkerung einmal ganz zu schweigen – anhören, drängt sich der Eindruck auf, daß die jahre-, ja inzwischen jahrzehntelang praktizierte Herrschaftsform der Demokratie den Charakter von Fremdherrschaft in Wirkung auf Gemüt und Urteilskraft vieler Mitbürger nicht hat abstreifen können.

Das Strukturelle, die zeitlicher Veränderung enthobene Handlungsdisposition, die den Wechsel von politischen Herrschaftssystemen unangetastet überdauern kann, tritt deutlicher als noch vor 20 Jahren, als „Die Unfähigkeit zu trauern" erschien, hervor. Nicht vielleicht so sehr im Sinne des immer noch fruchtbaren Schoßes, der immer wieder Artgleiches hervorbringt, sondern so, daß aus dem Produkt des „psychosozialen Immobilismus", der Diagnose des Ärzteehepaares MITSCHERLICH, das Produktionsmittel „postfaschistisches Syndrom" geworden ist. Die in der Abwehr und Realitätsverleugnung der ersten 20 Jahre der westdeutschen Republik erzeugte Motivlage wird selber zum Bestandteil des psychischen Apparats, der nun mit neuer Unbefangenheit und viel aktiver und weniger reaktionsförmig als in der affektbedingten Tabuzone sich seiner Vorgeschichte annimmt. Durch psychische Arbeit, die auf dem Willen und Leiden des „Patienten" beruht, scheint das postfaschistische Syndrom jedenfalls nicht mehr auflösbar zu sein. Immer irrealer wird die antifaschistische Anklage als Waffe der Kritik. Vielleicht konnte sie in der Protestbewegung zum letzten Mal aussichtsreich genutzt werden. Ein Kanzler, der sich mit Altersgründen entschuldigt – „Gnade der späten Geburt" – , und ein FAZ-Redakteur, der den Genozid an den Juden zum Anlaß nimmt, um am 14.3.1985 anläßlich des Plans, die Verharmlosung von Auschwitz als Straftatbestand zu fassen, den Geschichtsverlauf insgesamt zu beklagen, werden sie jedenfalls kaum auf sich beziehen, und zwar ohne Verleugnungs- oder Abwehrarbeit daran verschwenden zu müssen.

Jene Glosse in der FAZ vom 14.3.1985 bringt den diskreten Charme dieser Pathologie unnachahmlich zum Ausdruck: „Wenn schon eine besondere Strafbarkeit des ‚Verharmlosens' von Auschwitz geboten ist, dann müßten andere Verbrechen des Völkermordes einbezogen werden. An solchen ist die Geschichte leider nicht arm. Die Judenverfolgung – die HITLERsche, aber auch andere. STALINs Säuberungen? Das, was Millionen geschah bei der

Vertreibung aus den ehedem von Deutschen bewohnten Gebieten?" Leider wird das Gesetz, fügt der Autor hinzu, dadurch sehr unbestimmt, da wäre es schon besser, ganz auf es zu verzichten.
Bitburg, Börneplatz Frankfurt, JENNINGER-Rede etc. etc. scheinen einer auf erweiterter Stufenleiter – hinsichtlich ihrer Qualität – sich reproduzierender Symptomatik anzugehören.
Aber ich bin weit vorausgeeilt und rede wie jemand, der es besser weiß, nachdem er vom Rathaus kommt. Aber es will mir scheinen, daß man auch in der Periode, zu der ich jetzt zurückkehren will, es ein klein wenig besser hätte sehen können.

Für eine kritische politische Psychologie mußte doch das Beunruhigende gerade darin bestehen, daß bestimmte Einstellungen, Dispositionen und Verhaltensstile mit ihren großen Anteilen unbewußter Identifikationen den gründlichen Wechsel des politischen Herrschaftssystems, den Aufbau eines Verfassungsstaates, die Westintegration, verbunden mit der offiziellen Übernahme von demokratischen Normen der Politik, offenkundig überdauert hatten. Peter BRÜCKNER sollte sie als „postfaschistisches Syndrom" bezeichnen. Gerade die Persistenz dieses Syndroms, die sich der scheinbar so politikfernen Sphäre von Alltag, Familie und Sozialisation verdankt, führte in ihrem Spannungsverhältnis mit dem verordneten Wechsel des politischen Herrschaftssystems zu der dann häufig beklagten politischen Apathie der Masse der Bevölkerung insbesondere in den 50er, aber auch noch in den 60er Jahren, – eine Apathie, die ihrerseits wieder zur Bedingung der Möglichkeit restaurativer Entwicklungen wurde. Gerade eine politische Psychologie in der Bundesrepublik hätte wegen dieses Sachverhaltes fast bruchlos an bestimmte kritische Positionen, wie sie vor 1933 in Deutschland und auch noch in der Emigration existiert hatten, anknüpfen können, ja sogar müssen. Das geschah nicht bzw. erst in einer sehr viel späteren Phase politisch-psychologischen Denkens in Vorfeld und Umkreis der sogenannten Protestbewegung Ende der 60er Jahre.

Selbst die aus der Emigration zurückgekehrten Repräsentanten der kritischen Theorie HORKHEIMER und ADORNO, verfehlten, wie im folgenden gezeigt werden soll, mit ihrer geschichtsphilosophischen Rekonstruktion der im Faschismus kulminierenden epochalen Krise die Dimension des Politischen, die eben in der Bearbeitung des postfaschistischen Syndroms bestanden hätte. So war es Alexander MITSCHERLICH, der – trotz aller zeitbedingten und methodisch-theoretischen Schwächen – in seinen Analysen und Interventionen der 50er und 60er Jahre das Feld einer kritischen politischen Psychologie besetzte. Damit wird es notwendig, sein Verhältnis zur kritischen Theorie, der er in der Öffentlichkeit allzu umstandslos zugerechnet wurde, einer kritischen Reflexion zu unterziehen.

Ich erlaube mir zu diesem Zwecke einen Rückgriff auf die Zeit des unmittelbaren Vorfaschismus und die Jahre von 1933-1945, hat doch die kritische

Theorie ohne Zweifel einen zentralen Beitrag zu einer politischen Psychologie in der Bundesrepublik geleistet, der ohne diesen Rückgriff nicht darstellbar ist. Auf jeden Fall ist sie in vielfacher Hinsicht ein kritischer Bezugspunkt politisch-psychologischen Denkens in der Bundesrepublik, und zwar aus sachlich-zeitgeschichtlichen, nicht nur aus ideen- und rezeptionsgeschichtlichen Gründen. Die Integration einzelwissenschaftlicher Konzepte und Forschungsmethoden, insbesondere aber die von HORKHEIMER programmatisch empfohlene Beziehung der Psychologie in Gestalt der Psychoanalyse als „Hilfswissenschaft" der Geschichte (vgl. „Geschichte und Psychologie", 1932), sollte die erlahmende Prognosekraft und die Erklärungsschwäche der geschichtsmaterialistischen Gesellschaftstheorie in den 20er Jahren kompensieren helfen. Was kritische, nicht parteigebundene Marxisten jener Jahre, aber nicht nur sie, alarmieren mußte, war, neben der Tatsache, daß die erste erfolgreiche sozialistische Revolution entgegen den Vorhersagen von Marx in einem kapitalistisch unterentwickelten Land stattgefunden hatte, neben dem Scheitern der Novemberrevolution in Deutschland und neben der in der Weimarer Republik sich vollendenden Staatsvermittlung der SPD – die „Verlagerung des revolutionären Gravitationszentrums nach Osten", wie M. JAY (1976) es ausdrückte – vor allem der Hitlerfaschismus, der seine Schatten vorauswarf. Dieser Bewegung, in der zunehmend mehr Menschen durch aktive Teilnahme oder Duldung gegen ihre objektiven und langfristigen Lebensinteressen verstießen, hatten die Organisationen der Arbeiterbewegung, so ahnten Einsichtige früh, nichts entgegenzusetzen. Dies alles warf die – eminent politische – Frage auf, inwieweit sich auf der Grundlage der Kenntnis der ökonomischen Gesetzmäßigkeiten der Geschichtsverlauf überhaupt vorhersagen lasse und was eigentlich in den Massen das angemessene Bewußtsein ihrer eigenen Lage wie der historischen Lage insgesamt behindere und verzerre. Paul LAZARSFELD, später in der amerikanischen Emigration ein Antipode der „Frankfurter" auf dem Felde der empirischen Soziologie, fand in einem autobiographischen Rückblick auf die 20er Jahre, die er in Wien verbrachte, eine Formel, die wegen ihrer Prägnanz hier wiedergegeben sei:

„Ich war aktives Mitglied der Sozialistischen Studentenbewegung, die sich zu der Zeit immer mehr in der Defensive gegenüber der wachsenden Welle des Nationalsozialismus fand. Wir zerbrachen uns den Kopf darüber, warum unsere Propaganda erfolglos blieb und wollten psychologische Studien durchführen, um diesen Fehlschlag zu erklären. Ich erinnere mich an eine Formel, die ich damals aufstellte: eine beginnende Revolution muß die wirtschaftlichen Verhältnisse auf ihrer Seite haben (Marx); eine siegreiche Revolution braucht vor allem Ingenieure (Sowjetunion); eine erfolglose Revolution bedarf der Psychologie (Wien)." (1975, S. 149)

Im Kontext dieser zeitgeschichtlichen Umstände entwickelt HORKHEIMER mit Übernahme der Leitung des Instituts für Sozialforschung seine Forschungsprogrammatik, in der er die Möglichkeit einer politischen Psychologie als eigenständiger Wissenschaft andeutet, insbesondere in seiner „Antrittsrede" von 1929 und in dem Aufsatz „Geschichte und Psychologie" von 1932.

Es ist anzumerken, daß dieses Programm in Richtung auf die Psychologie am weitesten vorangetrieben worden ist – theoretisch (HORKHEIMER selber) wie forschungspraktisch (Erich FROMM). HORKHEIMER geht in der zuletzt genannten Abhandlung von der Frage aus, was angesichts des „Gegensatz(es) zwischen den wachsenden menschlichen Kräften und der gesellschaftlichen Struktur" (1932, S. 17) in der Gegenwart den Übergang in eine neue Gesellschaft behindere. Seine Antwort lautet: Es ist die gegebene soziale Struktur mit den ihr entsprechenden Institutionen, und es sind die „verfestigten menschlichen Dispositionen". Die mit dem Rekurs auf den MARXschen Antagonismus zitierte Geschichtsauffassung werde zur „dogmatischen Metaphysik", wenn sie, anstatt in konkreten Untersuchungen historischer Erfahrung sich zu öffnen, als „universales Konstruktionsschema" Verwendung findet. Die in wissenschaftlicher Untersuchung aufklärbaren retardierenden Faktoren lägen – das zeige die historische Erfahrung der Gegenwart – nicht zuletzt im Bereich des ‚subjektiven Faktors', wie man es später ausdrücken wird. Im Zuge dieser Erfahrung, so HORKHEIMER, wird die Psychologie „aus der Grundwissenschaft zur freilich unentbehrlichen Hilfswissenschaft der Geschichte", die die Erklärungsdefizite der materialistischen Geschichtsauffassung auszugleichen in der Lage ist. „Ihr Gegenstand verliert im Rahmen dieser Theorie die Einheitlichkeit. Sie hat es nicht mehr mit dem Menschen überhaupt zu tun ..." (1932, S. 18), sondern mit je nach Epochen und Klassenlage unterschiedenen Individuen. Der Gegenstand der Psychologie ist „solchermaßen in die Geschichte verflochten", und er ist nicht bruch- und restlos auf die ökonomischen Strukturen rückführbar. Er gewinnt ein Stück funktioneller Autonomie. HORKHEIMER ist konsequent genug einzuräumen, daß die Bedeutung der psychischen Verfassung der Individuen für den Geschichtsprozeß so dominant werden kann, daß das eine Veränderung des „Rangverhältnis(ses) von Ökonomik und Psychologie hinsichtlich der Geschichte" zur Folge haben müßte, d.h. daß die Kritik der politischen Ökonomie u.U. durch eine Kritik der politischen Psychologie abgelöst werden müßte – ein Programm, um dessen Einlösung MARCUSE später besorgt sein wird. Aber für HORKHEIMER bleibt die Psychologie letzten Endes eine „Hilfswissenschaft" der Geschichte. Ihre Geltung im sozio-historischen Kontext ist selber nur wieder in einer Theorie von Gesellschaft und Geschichte fundierbar. Ihr Erklärungspotential bleibt eine Funktion des historischen Prozesses. Bei aller Affinität zur psychologischen Erklärung gibt er den Hegelschen Skeptizismus gegen sie nicht preis – im Gegenteil. Je intensiver die Denkgemeinschaft mit ADORNO sich gestaltet, um so mehr verfällt die psychologische Erklärung dem Ideologieverdacht.

Zum Problem des Politischen in einer Politischen Psychologie

Doch zunächst bleibt die Mobilisierung des Erklärungs- und vor allem auch Forschungspotentials, das die Psychologie in Gestalt der FREUDschen Lehre darstellt, auf der Tagesordnung: Beruhen schon funktionierende soziale Organisationsformen u.a. auf „psychischen Faktoren", so noch in viel größerem Ausmaße die bereits versagenden. Unter deutlicher Anspielung auf den Nazismus – wir schreiben das Jahr 1932! – und die Lösungsvariante der großen Krise, für die er steht, sagt HORKHEIMER, daß „das Handeln numerisch bedeutender sozialer Schichten nicht durch die Erkenntnis, sondern durch eine das Bewußtsein verfälschende Triebmotorik bestimmt" sei (1932, S. 20). Hier wird plausibel, inwiefern Psychologie und insbesondere eine „Psychologie des Unbewußten", wie sie inzwischen in der Psychoanalyse vorlag, Erhellendes beisteuern kann: „Je weniger das Handeln aber der Einsicht in die Wirklichkeit entspringt, ja dieser Einsicht widerspricht, desto notwendiger ist es, die irrationalen, zwangsmäßig die Menschen bestimmenden Mächte psychologisch aufzudecken." (ebda.) Das heißt doch: um so irrationaler die Lebensverhältnisse und -perspektiven der breiten Massen einer bestehenden Gesellschaft, je eklatanter mit anderen Worten der Widerspruch zwischen Produktivkräften und Produktionsverhältnissen, um so bedeutsamer der Beitrag der Psychologie zur Erklärung des Geschichtsprozesses. Angesichts eines Nicht-Ereignisses, dem Ausbleiben sozialen Wandels und gesellschaftlicher Veränderung oder auch einer Regression des historischen Verlaufs, erreicht Psychologie ihren höchsten Erklärungswert. Je rationaler, d.h. revolutionär gelöster die Lebensverhältnisse, um so geringer der Nutzen der Psychologie.

Die Psychoanalyserezeption der kritischen Theorie und der Stellenwert der Psychologie in dieser Spätform marxistischer Theoriebildung ist vermutlich nicht aus dem Funktionszusammenhang einer Theorie in praktischer Absicht herauszulösen. Der Verzicht auf einen außerwissenschaftlichen und außertheoretischen Referenzpunkt ließ auch die zunächst als einzelwissenschaftlicher Erklärungsansatz assimilierte, dann aber gesamtgesellschaftlich vermittelte Psychologie nicht unberührt. Derart integriert bezieht sie ihren Erklärungswert letzten Endes aus den legitimen Emanzipationsinteressen konkreter Gesellschaftsindividuen, die aus einer „Hilfswissenschaft" gar nicht zu gewinnen sind, oder doch nur um den Preis einer zirkulären Argumentation. Im referierten Text formuliert sein Autor dann Abschließendes zum Verhältnis von Psychologie und Geschichte: „Das Ökonomische erscheint als das Umfassende und Primäre, aber die Erkenntnis der Bedingtheit im einzelnen, die Durchforschung der vermittelnden Hergänge selbst und daher auch das Begreifen des Resultats hängen von der psychologischen Arbeit ab." (1932, S. 26)

Mit dem Verlust dieses Referenzpunktes als einer historischen Realität und seiner Verlagerung gleichsam in die Negativität, die mit der „Dialektik der Aufklärung" massiv einsetzt, gerät Psychologie zunehmend unter Ideologieverdacht und verfehlt gleichzeitig die Dimension des Politischen. Als ADORNO 1955 unter diesen Auspizien zum 60. Geburtstag von HORKHEIMER die Beziehung von Psychologie und Geschichte unter dem Titel „Zum Verhältnis von Soziologie und Psychologie" reformuliert – sein zentraler Beitrag zur Politischen Psychologie der Bundesrepublik, wenn auch gleichsam aus der Vogelschau –, bringen Soziologie im Sinne von Gesellschaftstheorie und Psychologie, sprich: Psychoanalyse, allenfalls noch ihre je eigene Wahrheit zum Ausdruck, die sich der Vermittlung, eins durchs andere, verweigert. Die Aussagekraft ihrer Trennung sei größer als die Möglichkeit der Integration ihrer Einsichten: „Die Trennung von Soziologie und Psychoanalyse ist unrichtig und richtig zugleich. Unrichtig, indem sie den Verzicht auf die Erkenntnis der Totalität giriert, die noch die Trennung befiehlt; richtig insofern, als sie den real vollzogenen Bruch unversöhnlicher registriert als die vorschnelle Vereinigung im Begriff." (1955, S. 23)

Damit war dem HORKHEIMERschen Programm der Boden entzogen. Den großen Studien über „Autorität und Familie" und über die „Authoritarian Personality" aus den 30er und 40er Jahren sowie den wissenschaftlichen Anstrengungen aus ihrem Umfeld, die immer auch um empirische Methodik und Erkenntnis bemüht waren, ist in der Arbeit des nach Frankfurt zurückgekehrten Instituts nichts Vergleichbares an die Seite zu stellen. Ihr Lebenselement war die Möglichkeit der Verbindung psychologischer mit soziologischer Erkenntnis gewesen. Gleichzeitig wird der Primat der objektiven Verhältnisse und ihrer Analyse wieder aufgerichtet: „Fast ließe sich sagen, daß man, je genauer man die Menschen psychologisch versteht, sich um so weiter von der Erkenntnis ihres gesellschaflichen Schicksals und der Gesellschaft selbst entfernt und damit von der der Menschen an sich, ohne daß doch darum die psychologische Einsicht ihre eigene Wahrheit einbüßte." (1955, S. 32)

Worin diese Wahrheit allerdings besteht, vermag ADORNO nur noch für die „Psychoanalyse in ihrer authentischen und geschichtlich bereits überholten Gestalt" anzugeben, nämlich im „Bereich von den Mächten der Zerstörung, die inmitten des zerstörenden Allgemeinen im Besonderen wuchern" (1955, S. 43). Fortentwicklungen dieser „authentischen Gestalt" denunziert er unnachsichtig als Revisionen und blinde Reflexe einer undurchschauten sozialen Realität. So tendiert die der Psychologie „eigene Wahrheit" zum Verlust inhaltlicher Bestimmtheit und scheint sich auf den Punkt ihrer Trennung von Soziologie zusammenzuziehen, insofern sie eine reale Unversöhntheit zum Ausdruck bringt. Der gesellschaftstheoretisch ermittelte Zeitindex besteht in einer „Kräfteverschiebung zwischen Gesellschaft und einzelnem": „Die gesellschaftliche Macht bedarf kaum mehr der vermittelnden Agenturen von Ich und Individualität." (1955, S. 43) Gerade an diese Vermittlungsfunktion aber hatte HORKHEIMER realhistorisch den Erklärungswert von Psychologie gebunden.

Die Position, die ADORNO jetzt bezieht, mußte vor allem für die materiale Analyse einschneidende Konsequenzen haben. Eine Arbeit ADORNOs über „Die FREUDsche Theorie und die Struktur der faschistischen Propaganda", die schon 1951 in den USA erschienen war und aus dem Umkreis der Studien über den autoritätsgebundenen Charakter stammte, während die deutsche Fassung erst 1970 post mortem publiziert wurde, hätte exemplarisch, wenn nicht schulbildend für eine kritische politische Psychologie in der Bundesrepublik wirken können. In einem zentralen Punkt argumentiert sie aber angesichts dieser Möglichkeit zwiespältig, ja ausgesprochen prohibitiv. Ihr Hauptteil besteht in der Analyse des faschistischen Propagandisten und „Führers", der eintönigen Wiederkehr der Muster seiner Agitation und der Mechanismen ihrer Wirkung mit den Mitteln, die FREUD 1921 in „Massenpsychologie und Ich-Analyse" bereitgestellt hatte. Dabei wird zum einen die geradezu divinatorische Kraft FREUDs im Hinblick auf den Faschismus deutlich und zum anderen der wissenschaftlich paradigmatische Charakter seiner Analyse, und zwar dadurch, daß ADORNO angesichts der realen Erfahrung des Faschismus diese im wesentlichen bestätigt und bei der Verfeinerung der Begriffe sich ganz auf den Duktus der FREUDschen Argumentation verlassen kann. Dann jedoch nimmt die Argumentation kurz vor dem Ende eine Wendung, die allerdings nur denjenigen überraschen kann, der die Reformulierung des Verhältnisses von Psychologie und Geschichte, wie ADORNO sie vorgenommen hatte, nicht registriert. In dem Moment nämlich, wo der Erklärungswert der Psychologie insgesamt zur Diskussion steht, verweist er auf das Manipulative und Inszenierte an der Psychologie faschistischer Massen, wodurch die psychologische Erklärung etwas Scheinhaftes und Irreales, letzten Endes Ideologisches annehme. Sie sei geeignet, die Interessen, die hinter dieser Inszenierung sich verbergen und sie gleichzeitig durchsetzen sollen, in der wissenschaftlichen Analyse noch einmal unsichtbar werden zu lassen. „Wenn die Führer", erklärt ADORNO, „sich der Psychologie der Massen bewußt werden und sie selbst in die Hand nehmen, hört sie in gewissem Sinne auf zu existieren." (1970, S. 506) Der psychologischen Erklärung ist in der Realität im Zuge sozialer Atomisierung und Entindividualisierung, die nur ein anderer Aspekt moderner Massenbildung sind, der Boden entzogen. Die Psychologie des Individuums, auf die FREUD gerade, was auch ADORNO als Vorzug und wissenschaftliche Leistung würdigt, die Massenpsychologie im Unterschied zu LeBON, der sie als aparte Psychologie etablieren will, zurückführt, habe ihre Substanz verloren. Die „psychologische Dynamik der Massenbildung ... hört auf, Realität zu sein" (1970, S. 507), so daß ihre hilfswissenschaftliche Funktion – auf dem Hintergrund sozialstruktureller Veränderungen, wie gesagt – erlischt. Das gräbt dem Projekt einer politischen Psychologie letzten Endes das Wasser ab, das nur dann der Mühe wert ist, wenn sein Gegenstandsbereich eine gewisse, wie immer auch relativierte, funktionelle Autonomie besitzt: „Nur eine über den Bereich der

Psychologie weit hinausreichende entfaltete Theorie der Gesellschaft könnte die Frage, die hier aufgeworfen wurde, ganz beantworten." (1970, S. 504) Mit diesem Diktum leitete ADORNO die prohibitive Wendung der Argumentation ein.

HORKHEIMERs Programm der Beiziehung von Psychologie als „Hilfswissenschaft", das die Möglichkeit eines Wechsels der revolutionären Bezugswissenschaft nicht ausschließt und die Erklärungsrelevanz und -kapazität von Psychologie nur an eine Theorie des historischen Prozesses zurückbindet, ohne gleichzeitig den durchgängigen Primat sozio-ökonomischer Erklärung vor allem auch in der Vermittlung der differenten Perspektiven endgültig zu behaupten, wirkte als Freigabe eines weiten Feldes empirischer Forschung und stimulierte sie nachhaltig, wie die Studien des Instituts für Sozialforschung vor und während der Emigrationszeit belegen. Die „Dialektik der Aufklärung" beendet, jedenfalls für HORKHEIMER und ADORNO, diese „reife" Phase der kritischen Theorie und leitet ihre Spätphase ein, in der Adorno gleichsam die Federführung übernimmt. Der Primat sozio-historischer und sozio-ökonomischer Erklärung, vor dem Psychologie unter Ideologieverdacht gerät, wird unzweideutig wieder aufgerichtet. Psychologie artikuliert nur noch eine „negative" Wahrheit – FREUDs Begriff der Psychologie sei wesentlich ein negativer, merkt ADORNO einmal an –, keinesfalls mehr eine empirisch erreichbare und etwa in kurzfristigen, gar zeitgeschichtlichen und tagespolitischen Bezügen – dem Element einer politischen Psychologie – greifbare. In demselben Maße wie die kritische Theorie sich zur Möglichkeit methodisch angeleiteten wissenschaftlichen Erfahrungsgewinns, der die differenten Perspektiven von Soziologie und Psychologie zu integrieren sucht, skeptischer verhält, verfehlt sie die Dimension des Politischen. Dies ist sicher kein für alle Fälle gültiger Zusammenhang: für die kritische Theorie allerdings besteht er ohne Zweifel. War doch das Projekt des interdisziplinären Materialismus und damit das einer möglichen politischen Psychologie aus einem Erklärungsnotstand hervorgegangen, der in letzter Instanz auf praktisch-politische, jedenfalls außertheoretische Ziele verweist. Die thematisch dem Gebiet politischer Psychologie zuzuordnenden Arbeiten ADORNOs und vor allem HORKHEIMERs aus den 50er Jahren haben demzufolge etwa Harmloses und Betulich-Pädagogisches, das jenen, auf die ich eben Bezug genommen haben, gänzlich fehlt.

In dieser Qualität, wenn auch nur in dieser, konvergieren sie in eigenartiger Weise mit der Position JACOBSONs, die ich eingangs bezeichnet habe, wie um meine These des inneren Verweisungszusammenhangs von politischer Psychologie und außertheoretischem Bezugspunkt im Medium von Gesellschaftstheorie zu bestätigen.

Wenn ich mich im folgenden der Position Alexander MITSCHERLICHs und *ihren* methodischen Problemen zuwende, muß ich zunächst den Eindruck korrigieren, es hätte tatsächlich so etwas wie eine naturwüchsige Ver-

Zum Problem des Politischen in einer Politischen Psychologie 51

bindung der kritischen Theorie einerseits und der psychosomatisch-psychoanalytischen Sichtweise MITSCHERLICHs andererseits gegeben. Auch MITSCHERLICHs persönliche Bekanntschaft mit HORKHEIMER und ADORNO, ihre Kooperation und nicht zuletzt eine gewisse Ähnlichkeit im intellektuellen Habitus, der sie verbunden haben mag, lassen sich nicht in diesem Sinne interpretieren. Es ist daher notwendig, MITSCHERLICHs Position in ihrer ganzen Differenz zur Frankfurter Schule darzustellen, so daß die – allerdings aufeinander verweisenden – Defizite beider Richtungen deutlicher werden können. Das impliziert bereits die erste These: Der historische Erfahrungshintergrund der Vertreter der kritischen Theorie und MITSCHERLICHs ist identisch, nämlich die Erfahrung des Faschismus. Different aber ist die theoretische Verarbeitung dieses Erfahrungshintergrunds, in der sich die unterschiedliche Ausgangsposition: klinischer versus gesellschaftskritischer Blick, Emigration versus Bildungsprozesse im NS-Milieu („Medizin ohne Menschlichkeit") um so auffälliger geltend macht. Daran schließt gleich die zweite These an, die auf das Problem der komplementären Defizite dieser beiden Positionen anspielt: Die Kritische Theorie bearbeitet das Faschismustrauma auf der Ebene einer impliziten Geschichtsphilosophie und stellt einen großen historischen Zusammenhang her, der es erlaubt, theoretisch eine klare Physiognomie der Epoche herauszuarbeiten. Dieser theoretische Ansatz, der sich zurecht als materialistische Kritik versteht, leidet aber, bezogen auf die postfaschistische Entwicklung Deutschlands, an einem Aktualitätsdefizit. D.h.: er nimmt es in Kauf, das Programm einer antifaschistischen Aufklärung ein Stück weit von dem zu trennen, was in der Entwicklung der deutschen Nachkriegsgesellschaft an den Konturen des faschistischen Syndroms sich veränderte, respektive welchem Funktionswandel seine persistierenden Elemente unterlagen.

Die Sozialpsychologie MITSCHERLICHs dagegen zeichnet sich durch einen hohen Aktualitätsgrad aus. Es gibt wohl faktisch keine zweite Person in der Periode von 1945 bis 1970, die sich so kontinuierlich und so folgenreich wie Alexander MITSCHERLICH darum bemüht hat, immer wieder theoretisch in soziale Umschichtungsprozesse zu intervenieren: und zwar angefangen bei den Veränderungen von Vorurteilsstrukturen in der Nachfolge des Faschismus, wie sie in der psycho-sozialen Physiognomie der Bundesrepublik („Die Unfähigkeit zu trauern") ihren Niederschlag finden, bis hin zu Entwicklungen des Städtebaus („Die Unwirtlichkeit unserer Städte"), einem Kernbereich des sogenannten sozialen Neuanfangs nach 1945. Was dieser aktualitätsbezogenen Interpretation jedoch fehlt, ist eine hinreichende theoretische Integration.

Was in der Vorstellung Alexander MITSCHERLICHs psychosomatisch sich als Konflikt von Körper und Seele, d.h. von Objektwelt und Subjektivität ausdrückt, ist das Modell, von dem aus die Analogie zu historischen Entscheidungsprozessen vorbereitet wird und das zur Grundlage einer Politischen Psychologie wird.

Elf Jahre nach dem Erscheinen von „Freiheit und Unfreiheit in der Krankheit" (1946) konkretisiert sich dieses Modell in der sozialpsychologischen Frage nach den „Krankheiten in der Gesellschaft", Krankheiten „die (eine) Population als ein ganzes, nämlich als ‚Sozialkörper' ergreifen" (MITSCHERLICH 1957, S. 14). Und ein weiteres Jahrzehnt später heißt es in der Vorbemerkung zur „Unfähigkeit zu trauern": „Die Abhandlungen dieses Buches untersuchen psychische Prozesse in großen Gruppen, als deren Folge sich Freiheit oder Unfreiheit der Reflexion und der Einsicht ausbreiten. Es wird also der Versuch unternommen, einigen Grundlagen der Politik mit Hilfe psychologischer Interpretation näherzukommen, der Interpretation dessen, was Politik macht, nämlich menschlichen Verhaltens in großer Zahl." (MITSCHERLICH 1967, S. 7)

Es ist nicht nur die Konstanz des terminologischen Rahmens, die auf die Kontinuität der Fragestellung hinweist: Die „Unfähigkeit zu trauern" ist der Versuch, die „Geschichtlichkeit" von Lebensentwürfen Einzelner, von der die psychosomatische Fragestellung ausging, auf dem Niveau der konkreten Geschichte zu untersuchen, d.h. individuelle Lebensgeschichten als Teil einer „sozialen Pathologie" zu verstehen, die ihrerseits im individuellen Verhalten am schärfsten zum Ausdruck kommt. Die methodische Konsequenz dieses Unterfangens ist eine historische Typologisierung: „Es scheint ein nicht weltfernes Unternehmen, ein typisches Individuum zu konstruieren, das in die Nazizeit hineinwächst, sie durchlebt, in den neuen Staat Bundesrepublik hineinwächst, und sich ihn ihm anpaßt. Dieser ‚Typus' hat bis heute die Geschicke der Bundesrepublik in seinen Händen gehalten." (1967, S. 134)

So problematisch im einzelnen der in dieser Konstruktion steckende Verallgemeinerungsversuch auch sein mag: Nirgends wird die Differenz der politischen Psychologie MITSCHERLICHs zur oben diskutierten „offiziellen" deutlicher als hier. Deutet diese den Verlauf der „politischen Krankheit" analog zu einem Naturgeschehen, in dem die „Infektion" letztlich durch natürliche Selbstheilungskräfte restlos beseitigt wird, so führt MITSCHERLICHs Begriff der sozialen Pathologie, die sich in jenem Typus gleichsam individualisiert, konsequent auf die Frage nach deren anthropologischen Grundlagen zurück. Die in der Konstruktion des „Typus" implizierte Annahme einer historischen Kontinuität wird damit zugleich ein politisches Urteil über die ungebrochene Virulenz des faschistischen Syndroms.

Der im Faschismus erfahrene „Niveauverlust", der in der frühen psychosomatischen Studie dort diagnostiziert wurde, wo der Einzelne seine Freiheit in der Somatisierung des Konflikts aufgab, erscheint aus dem Blickfeld der „Unfähigkeit zu trauern" als permanente Bedrohung der Gattung.

In der Frage nach der Kultureignung des Menschen spiegelt sich damit, und in einer neuen Facette, jenes methodische Problem des MITSCHER-

Zum Problem des Politischen in einer Politischen Psychologie

LICHschen Denkens, das sich im Versuch einer Typologisierung schon andeutete. Wenn „Kultureignung letztlich Triebbeherrschung durch Einsicht" (1967, S. 88) und deren wichtigster Aspekt „die Fähigkeit der Einfühlung in den anderen" (1967, S. 99) ist, so konvergiert die Frage, wie diese Qualität des Verstehens sich historisch durchsetzen lasse, ein Stück weit mit dem methodischen Vorgehen des politischen Psychologen, und zwar gerade in seiner aporetischen Dimension: „Wir fordern Einfühlung Ereignissen gegenüber, die schon durch ihre quantitative Dimension Einfühlung unmöglich machen." (1967, S. 83)

Damit scheint die Grenze jener „individualisierenden" Methode bezeichnet, an der die frühe Theorie von MITSCHERLICH sich orientierte. Die neu aufgeworfene anthropologische Fragestellung zielt dagegen – im Sinne der FREUDschen Kulturtheorie – auf eine Analyse der *Bedingungen* von Vergesellschaftungsprozessen, – Bedingungen, deren präformierende Kraft wohl an jedem Exemplar der Gattung auszumachen ist, die aber dennoch in ihrem Systemcharakter auf einem anderen Abstraktionsniveau sich darstellen als die Lebensschicksale Einzelner. In eben jene als Differenz des Abstraktionsniveaus verstandene Lücke schiebt sich der Versuch einer Typologie. MITSCHERLICHs interpretative Kapazität erweist sich immer dann als fruchtbar, wenn es ihm in seinem analytischen Vorgehen gelingt, derartige Systemzusammenhänge auf den Erlebnishorizont von Lebenswelten abzubilden. Auf dieser Ebene gelingt MITSCHERLICH äußerst treffsicher eine Form der Verallgemeinerung beobachtbarer Einzeltendenzen, die nicht ausschließlich durch den Progressus vom Individuum zur Gesellschaft gekennzeichnet ist, sondern die durch das Mittel der analytischen Konstruktion eine Zwischenebene herauspräpariert, in der die Erlebnisdimension der Einzelnen als kulturell abgedrungene, spezifische Lebensentwürfe verstanden werden können. Wir erinnern an ADORNO, der an dieser systematischen Stelle nur auf die negative Wahrheit der FREUDschen Psychologie in regulativer Absicht verweisen konnte.

Zweifellos ist der MITSCHERLICHschen politischen Psychologie – auf der methodologischen Ebene – der Mangel an einer theoretischen Integration vorzuhalten, der sich darin ausdrückt, daß das individuell „Verstehbare" allenfalls assoziativ das Niveau einer konsistenten gesellschaftstheoretischen Reflexion erreicht. Gerade in diesem Defizit aber expliziert sich zugleich das Bewußtsein, daß der insistente Versuch des Verstehens angesichts der herrschenden Realität allemal sein Recht gegenüber den lupenreinen Theoremen behält, die jene Ereignisse, „die schon durch ihre quantitative Dimension Einfühlung unmöglich machen", etwa aus der unerschütterlichen Logik der ökonomischen Bewegungsgesetze erklären. Wollte man es paradox formulieren, so liegt in der gesellschaftstheoretischen Begrenztheit der MITSCHERLICHschen Position gerade ihre genuine politische wie ihre spezifisch psychologische Qualität: Verweist diese, manifestiert im Versuch, an den Lebensgeschichten Einzelner den Abdruck der gesellschaftlichen Bewegung zu ermitteln, gerade in ihrer Einseitigkeit auf die nicht eskamotierbare Differenz von Individuum und Gesellschaft, so trägt jene unverkennbar einen Zug stellvertretenden Handelns.

Läßt sich der Anspruch auf praktische Intervention innerhalb des Erkenntnisgebiets politischer Psychologie nunmehr auf dem Niveau einer Verstehenspraxis denken, die für die Psychoanalyse immerhin im „Junktim von Heilen und Forschen" verbürgt ist, so ist angesichts einer politischen Psychologie auch ein Urteil über den Stand des historischen Bewußtseins impliziert. An ihm hat die Reichweite politischen Denkens sich zu messen. Die aufklärerische Forderung einer „Einfühlungsethik", in der die MITSCHERLICHsche Analyse als praktische ultima ratio terminiert, ist der Statthalter einer politischen Theorie, die sich im gesellschaftlichen Umfeld des Versuchs, den Bedingungen der Unfähigkeit zu trauern auf die Spur zu kommen, ihres Adressaten nicht sicher sein kann. Dieser objektive Mangel eines politischen Umfelds prägt das Programm einer psychoanalytischen Aufklärung, die den Begriff des Politischen theoretisch nurmehr an den Horizont einer pessimistischen Anthropologie zu heften vermag und praktisch als Anleitung zu einer Erziehung zur Mündigkeit verstanden wurde und wirksam geworden ist. Für die politische Psychologie MITSCHERLICHs gilt daher mutatis mutandis, was in einem umfassenderen Sinne für die Psychoanalyse gesagt worden ist: „Einzig die Existenz einer sozialen Emanzipationsbewegung, deren Praxis und Theorie eine *reale* Alternative (Änderung gesellschaftlicher Wirklichkeit) zu Anpassung („Normalität") und Anomie darstellt, kann die Analyse davor bewahren, ... sich in Psychotechnik zu erschöpfen." (DAHMER 1970, S. 173)

Eben das Fehlen dieser historischen Bedingung kennzeichnet die bundesrepublikanische Gesellschaft bis weit in die sechziger Jahre hinein. Es ist kein Zufall, daß MITSCHERLICHs Ansatz zu einer politischen Psychologie in dieser Zeit ein isoliertes Phänomen war.

Interessanterweise unter dem Eindruck der Einsichten MITSCHERLICHs, speziell aus „Das soziale und das persönliche Ich" (1966), aber auch veränderter Zeitumstände, korrigiert ADORNO seine schroffe Position in der Frage des Verhältnisses von Psychologie und Soziologie.

Sie sei „zu berichtigen, weil sie die kritischen Zonen allzusehr vernachlässigt, wo das Getrennte im Ernst sich berührt": „Nicht nur abstrakte Einheit des Prinzips bindet Gesellschaft und Individuum und ihre wissenschaftlichen Reflexionsformen, Soziologie und Psychologie, aneinander, sondern beides kommt nie choris vor. So gehen die wichtigen, nämlich bedrohlichsten und darum verdrängten Momente der sozialen Realität in Psychologie, in das subjektive Unbewußte ein." (1966, S. 41)

Mag diese Korrektur zunächst geringfügig erscheinen, weil sie den Anpassungsaspekt herausstellt, so reicht sie ADORNO aus, um unter Hinweis auf

Zum Problem des Politischen in einer Politischen Psychologie 55

BENJAMINs Konzeption der dialektischen Bilder neuerlich den aparten Gegenstandsbereich einer Sozialpsychologie zu begründen. Überraschend wird sie erst, wenn ADORNO auch den gegenläufigen Aspekt des Widerstands in einer Psychologie und Soziologie integrierenden Sichtweise glaubt beschreiben zu können und gleichzeitig die schon aufgegebene politische Dimension zurückzugewinnen scheint durch einen Blick, der seine Fokussierung auf die fortgeschrittenen Industriegesellschaften überwindet: „Gesellschaftlich ist eine Zone der Berührung die der Spontaneität. Relevant wird die Psychologie nicht allein als Medium der Anpassung, sondern auch dort, wo die Vergesellschaftung im Subjekt ihre Grenzen findet. Dem gesellschaftlichen Bann opponiert es mit Kräften aus jener Schicht, in der das principium individuationis, durch welches Zivilisation sich durchsetzte, noch gegen den Zivilisationsprozeß sich behauptet, der es liquidiert. Nicht in den kapitalistisch fortgeschrittensten Ländern war die résistance am stärksten." (1966, S. 42)

In der Reminiszenz des historischen Erfahrungshintergrundes der kritischen Theorie, des Faschismus, die, wie das Wort ‚résistance' bezeugt, ihr antifaschistisches Potential unvermittelt aktiviert, leuchtet 1966 das alte HORKHEIMERsche Programm wieder auf, dessen außertheoretischer Referenzpunkt sich erneuert und aktualisiert zu haben scheint. Die Verhältnisse scheinen wieder in Bewegung zu geraten. Eine Einlösung, die gerade auch die Richtung einer politischen Psychologie hätte einschlagen können, erfährt es freilich nicht mehr.

Verfolgt man die Geschichte der politischen Psychologie in der Bundesrepublik weiter, und damit komme ich zum Schluß, so ist unverkennbar, daß die von MITSCHERLICH erschlossenen theoretischen Ressourcen für ihre weitere Entwicklung zu eben dem Zeitpunkt fruchtbar wurden, als sich, erstmals in der Geschichte der neuen Republik, eine Form der Gegenöffentlichkeit ausbildete, deren politisches Selbstverständnis die Reflexion auf das „postfaschistische Syndrom" implizierte.

In der Zeit der sogenannten „Protestbewegung" kommt es in Deutschland unter den Auspizien einer radikaldemokratischen Bewegung zu einer Wiederaufnahme jener Diskussion über den Zusammenhang von Geschichte und Psychologie, für die wir HORKHEIMERs Programmatik als Beispiel diskutiert haben. Diese „zweite Verdichtungsphase" einer politischen Psychologie führt nicht nur zu einer neuerlichen wissenschaftstheoretischen Auseinandersetzung über den Status und die inneren Verweisungsverhältnisse von Gesellschaftstheorie, Psychoanalyse und Sozialpsychologie: sie schließt vor allem dem politischen Psychologen neue Felder seiner Forschungspraxis auf, was sich schließlich auch auf der Ebene der methodischen Reflexion niederschlägt. So gewinnt etwa die von MITSCHERLICH anvisierte Sozialpsychologie des Alltags auf dem Hintergrund der praktischen politischen Auseinandersetzung eine entscheidende neue Dimension. Für den politischen Psychologen eröffnet sich die Möglichkeit, seine Wissenschaft aus der methodischen Sackgasse hinauszuführen, die ihm „das Politische" nur als einen „Sektor der ihr gegenüberstehenden ... Gesamtheit der sozialen Wirklichkeit" (JACOBSEN) vorzaubern wollte. Indem „Alltagsanalyse" als Reflex der Erfahrung von Geschichtsmächtigkeit eines charakterologisch-psychologischen Überhangs, inwendiger Objektivität gleichsam, in die individuelle Verstehensbereitschaft das Moment der praktischen Veränderung als – wenn vielleicht auch nur illusionäre – „objektive Möglichkeit" einführt, hebt sie die unhaltbare Trennung von „wertfreiem" Wissenschaftler und „betroffenem" Menschen auf: „Die Politische Psychologie sieht, daß sie in der gegenwärtigen Gesellschaft einen verläßlichen Zugang zur Wirklichkeit ihrer Gegenstände nur finden kann, wenn sie vorerst deren Alltäglichkeit kritisch zerstört, die ‚Oberflächengestalt der Wirklichkeit als eine Welt vermeintlicher Vertrautheit und Bekanntheit' ... Selbst ihr Subjekt, der politische Psychologe, gehört zu *seiner sozialen Lage*, mit seinen Motiven mit in den geschichtlichen Zusammenhang, dem allein sich Wahrheit entreißen läßt... Das impliziert, daß ihre Methode als desk research, als bloß theoretische Anstrengung nur unzureichend beschrieben wäre. Zur Methode ihrer Erkenntnis gehört politische und psychologische Aktivität; sie *erkennt* Tatbestände, indem sie versucht, die Tatbestände zu *verändern*." (BRÜCKNER 1967, S. 94 f.)

Gleichgültig, wie trügerisch die hinter diesen Formulierungen stehende politische Hoffnung auf eine tiefgreifende Veränderung der gesellschaftlichen Verhältnisse heute auch erscheinen mag, so ist festzuhalten, daß erst die Öffnung eines historischen Handlungsspielraums die politische Psychologie in der Bundesrepublik vom Ruch einer bloßen „Bindestrichpsychologie" befreit und den genuinen Gehalt ihre Attributs hat bloßlegen helfen. Erst auf diesem Niveau wird es vorstellbar, mit den Mitteln der Psychologie einen Begriff des Politischen zu entfalten, der die Annahme des Menschen als „gefährliches und dynamisches Wesen" nicht zwangsweise anthropologisch stillstellt, um sie praktisch als Legitimation eines kollektiven „gemeinen Elends" zu mißbrauchen.

Daß die komplementären Defizite der Positionen der späten kritischen Theorie, insbesondere ADORNOs, und Alexander MITSCHERLICHs in der eben so genannten zweiten Verdichtungsphase politisch-psychologischen Denkens sich aufgehoben hätten, behaupten wir nicht. Allerdings gewann es wieder einen außertheoretischen Referenzpunkt und als Folge davon eine psychologisches und politisches Denken vermittelnde Spezifik der Annäherung an seinen Gegenstand. Insofern kann diese Phase als Schlußpunkt und Neubeginn der Politischen Psychologie in der Bundesrepublik verstanden werden. Selbst wenn sich dieser neue Referenzpunkt für den distanzierten Beobachter auf eine Veränderung des politischen Wahrnehmungshorizonts reduzierte, in dem immerhin der Faschismus und vor allem seine persistierenden Elemente unabgewehrt auftauchen konnten, behält diese Phase die historiographische Qualität eines Einschnitts. Inwieweit derartige Veränderungen methodische Erstarrung aufzubrechen vermögen, hatte sich schon in ADORNOs Postscriptum von 1966 angedeutet.

Lassen Sie mich abschließend noch einen kurzen Blick auf die deutsche Entwicklung in den letzten Wochen werfen. Sowohl das Rahmenthema unserer Tagung – „Heimat" – wie auch die zentrale These meiner Standortbestimmung für eine Politische Psychologie sind auf nicht vorherzusehende Weise aktualisiert worden. Was das Stichwort Heimat angeht, so liegen die Bezüge zu den historischen Ereignissen in der DDR auf der Hand und Implikationen, um die sich eine Politische Psychologie in diesem Zusammenhang zu kümmern hätte, sind mehr als augenfällig. Und wir können nur hoffen, daß diese Ereignisse in den Diskussionen der nächsten Tag hier den außerwissenschaftlichen Referenzpunkt bilden, den ich in meinem Vortrag verschiedentlich beschworen und dem ich eine konstitutive Bedeutung für eine Politische Psychologie eingeräumt habe.

Was allerdings die zentrale These meines Vortrags angeht, so scheint sie durch diese Ereignisse in eine merkwürdiges Zwielicht geraten zu sein. Was sich gegenwärtig in Deutschland abspielt, ist nicht nur ein nationales Problem, das sich zweifellos unter dem Titel „Heimat" gut behandeln ließe. Vielmehr stellt sich auch mit Dringlichkeit die Frage, ob meine Zentralthese, daß nämlich Politische Psychologie immer nur auf dem Hintergrund einer Gesellschaftstheorie möglich und sinnvoll sei, die ihrerseits wieder nicht ohne außertheoretischen Bezugspunkt auskommt, haltbar ist, bzw. ob diese These nicht auf dem besten Wege ist, nachhaltig und vielleicht endgültig disqualifiziert zu werden. Sie müssen sich nämlich vergegenwärtigen, daß in diesen Ereignissen Staaten den Bankrott ihrer leitenden Ideen anzumelden gezwungen sind, die, auf wie verwirrende Weise auch immer, mit der Theorie, die ich meine, verbunden sind. Das zu leugnen schiene mir töricht. Die Idee einer besseren, einer sozialistischen Gesellschaft und die Möglichkeit ihrer praktischen Herstellbarkeit sind selbstverständlich in letzter Instanz dieser außertheoretische Bezugspunkt. Jede Generation in diesem Jahrhundert, die mit dieser Idee verbunden war, erlebte ihre spezifische Traumatisierung: 1914, die verlorene Revolution von 1918, 1933 und eher noch als der Weltkriegsbeginn von 1939, der mit 1933 sozusagen zum Programm geworden war, der Hitler-Stalin-Pakt, und schließlich der Ungarn-Aufstand und der Prager Frühling. Ich will keineswegs die Gleichartigkeit oder auch nur Vergleichbarkeit dieser Ereignisse behaupten und dann unvermittelt das erkämpfte Ende der Mauer und die Demokratiebewegung in der DDR in diese Reihe stellen, aber im Hinblick auf ihre traumatisierende Qualität für die Menschen, die an die sozialistische Veränderbarkeit der Gesellschaft glauben, sind sie möglicherweise ähnlich. Die, deren Denken ich referiert habe, gehören zu diesen Traumatisierten. Müssen wir nicht zugeben, daß es immer unwahrscheinlicher wird, daß – Rosa LUXEMBURG zufolge – die soziale Revolution der einzige Sieg ist, der sich durch eine Summe von Niederlagen herstellt? Diese Frage impliziert keinesfalls die Behauptung, daß der real existierende Sozialismus bzw. der Sozialismus, wie er einmal real existiert hat, vor allem der auf deutschem Boden, endgültig über das historische Schicksal des Sozialismus entschieden hat. Aber wir müssen einräumen, daß die Novemberereignisse den Zweifel schwindelerregend gesteigert haben. Oder ist es vielleicht vielmehr so, daß der Sozialismus überhaupt erst jetzt eine Chance erhält?

Nachbemerkung

Dieser Vortrag beruht auf: Alfred Krovoza/Christian Schneider, Politische Psychologie in der Bundesrepublik: Positionen und methodische Probleme, in: H. König (Hrsg.), Politische Psychologie heute, LEVIATHAN Sonderheft 9/1988, S. 13-35.

Literatur

ADORNO, Theodor W. (1955), Zum Verhältnis von Soziologie und Psychologie. In: Sociologica. Aufsätze. Max Horkheimer zum sechzigsten Geburtstag gewidmet. Frankfurt, S. 11-45
Ders. (1966), Postscriptum. In: Kölner Zeitschrift für Soziologie und Sozialpsychologie 18/1966, S. 37-42
Ders. (1970), Die Freudsche Theorie und die Struktur der faschistischen Propaganda. In: Psyche 24/1970, S. 486-508
BRÜCKNER, Peter (1967), Die Transformation des demokratischen Bewußtseins. In: Agnoli/Brückner, Die Transformation der Demokratie. Berlin
DAHMER, Helmut (1970), Psychoanalyse und historischer Materialismus. In: Psyche 24/1970, S. 172-177
HORKHEIMER, Max (1932), Geschichte und Psychologie. In: Kritische Theorie. Eine Dokumentation, 2 Bde., hrsg. von A. Schmidt. Frankfurt 1968, Bd. 1, S. 9-30
JACOBSEN, Walter (1963), Politische Grundeinstellungen in der Bundesrepublik. Eine politisch-psychologische Diagnose an zwei Daten: 1952 und 1959. In: W. v. Baeyer-Katte u.a. (Hrsg.), Politische Psychologie, Bd. 1: Politische Psychologie als Aufgabe unserer Zeit. Frankfurt, S. 9-16
JAY, Martin (1976), Dialektische Phantasie. Die Geschichte der Frankfurter Schule und des Instituts für Sozialforschung 1923-1950. Frankfurt (engl. 1973)
LAZARSFELD, Paul (1975), Eine Episode in der Geschichte der empirischen Sozialforschung. In: T. Parsons u. a., Soziologie – autobiographisch. Drei kritische Berichte zur Entwicklung einer Wissenschaft. Stuttgart (engl. 1968), S. 147-225
MITSCHERLICH, Alexander (1957), Die Krankheiten der Gesellschaft und die psychosomatische Medizin. In: Krankheit als Konflikt. Studien zur psychosomatischen Medizin 1. Frankfurt 1966, S. 11-34
Ders. (1966), Das soziale und das persönliche Ich. In: Kölner Zeitschrift für Soziologie und Sozialpsychologie 18/1966, S. 21-36
MITSCHERLICH, Alexander und Margarete (1967), Die Unfähigkeit zu trauern. Grundlagen kollektiven Verhaltens. München

SCHMITT, Carl (1932), Der Begriff des Politischen. Berlin 1963
WIGGERSHAUSEN, Rolf (1986), Die Frankfurter Schule. Geschichte, theoretische Entwicklung, politische Bedeutung. München/Wien

II. Geschichtlichkeit und Perspektivität von Heimat: Struktur und Funktion einer Orientierung auf Heimat, der kulturelle Gestaltungsprozeß von Heimat und seine Grenzen

Ansgar Häfner

Heimat und Kontinuität
Von der Heimat zu dem Ort, worin noch niemand war

„In der Fremde ist niemand exotisch als der Fremde
selbst, so ist auch die Fremde sich selber keineswegs
schön verfremdet, und der dort Einheimische hat
außer der eigenen Not, die der bloße reisende Enthusiast nicht sieht, selber den Wunsch nach Fremde. Etwa
nach derjenigen, woher der reisende Enthusiast selber
kommt; ..." (Bloch 1985, Bd. I., S. 434)

Natürlich wäre an dieser Stelle ein anderes Bloch-Zitat zu erwarten gewesen, nämlich das von der Heimat als einem utopischen Ort, von etwas, das

„allen in die Kindheit scheint und worin noch niemand war: Heimat." (ebenda, Bd. II, S. 1628)

Auch in diesem Zitat, dem letzten Satz des Hauptwerks von Bloch, ist Heimat verstanden als *transitiver Zustand*, dessen Spannung vom Ursprung und Ausgangspunkt bis zum Ort eines besseren Daseins reicht, als doppelte Ikone eines Zustands, einmal die Heimat, in die wir geboren werden und zum anderen die Heimat, die wir uns schaffen wollen, und deren Vorschein in der ersten, der kindlichen Gegebenheit, als Utopie schon enthalten ist.

Der reisende Fremde enthält seine Heimat, er spielt mit der Möglichkeit, sein Reiseland zur Wahl-Heimat zu machen, auf der Suche nach etwas Besserem, und er versteht wie der Maler Monet nicht, warum die Bauern nicht von der Landschaft begeistert sind, in der sie arbeiten. Das *Sehnen nach der Fremde* wird ihm umso leichter, als er das Bekannte als Heimat hat. Heimat ist also zunächst das, wo wir herkommen und von dem wir uns wegsehnen. Zugleich ist Heimat auch die utopisch verbesserte Herkunft, die Rückkehr in die bessere Version des vertrauten Ausgangsortes.

Assoziationen und Bedeutung des Begriffs

Im Jahr 1979 hat das EMNID-Institut Bielefeld eine Befragung zum Thema „Heimat" durchgeführt. Die gestellte Frage lautete „Was denken Sie, wenn das Wort „Heimat" fällt?". Die Antworten wurden freigestellt und erst in der Auswertung kategorisiert. In der Reihenfolge der Nennungen und in der Totale der befragten Personen ergaben sich folgende Assoziationen:

Geburtsort, Elternhaus, Kindheit (36%)
Mein Zuhause, Verwandte, Freunde (19%)
Wohnort, unmittelbare Umgebung (16%)
Deutschland, Vaterland, Land, Nation (14%)
Verlorene Heimat, Heimweh (8%)
Geborgenheit, Ruhe, Frieden (7%)
usw.
(Freiling 1981, S. 90ff)

Auf den ersten Blick scheint nur eine dieser Antworten transitiv zu sein (Heimweh), die anderen sind eher Zustandsbezeichnungen. Allerdings enthalten die Nennungen „Geborgenheit" und „Vaterland" implizite transitive Elemente, weil sie auf Idealzustände abzielen. Auch „Geburtsort, Elternhaus, Kindheit" zeigen diese aus der aktuellen Lebenssituation weg und auf die Vergangenheit zielenden Elemente. Allen Nennungen eigen ist die Verbindung von Heimat und *Kontinuität*. Heimat ist das, was in der Vergangenheit begonnen hat und bis heute, real oder transitiv, als bleibende Prägung der eigenen Person, fortdauert. Brüche dieser Kontinuität durch reale Geschehnisse werden durch die transitiven Möglichkeiten des Heimatgefühls an den Wahrnehmungsrand geschoben. Konstituierend für das Heimatgefühl ist das Gefühl von Kontinuität. Diskontinuitäten werden deshalb bis zur Bedeutungslosigkeit relativiert.

Kontinuität und Diskontinuität

Kontinuität und *Diskontinuität* sind zwei unterschiedliche Perspektiven der Betrachtung einer in ihrer Gesamtheit unverständlichen Einheit. Damit ist im Fall des Heimatgefühls gemeint, daß die Kontinuität als Betrachtungs- und Interpretationsperspektive für die psychische Einheit des Individuums gegenüber einer auch Brüche realistisch einbeziehenden Perspektive bevorzugt wird. Damit ist nicht gesagt, daß wir es hier mit einer Form von „falschem Bewußtsein", also einer Ideologie, zu tun haben. Das Gefühl der Kontinuität ist vielmehr eine notwendige Haltung des Subjekts für die Konstruktion von Identität[1]. Der Aspekt des Kontinuierlichen ist deshalb in der Erscheinungsform des Heimatgefühls eine wichtige Voraussetzung für schöpferische, realitätsverändernde Aktivitäten des Individuums, für seine kulturellen Leistungen.

Heimat und Kontinuität

Das Gefühl der Kontinuität

Im Gefühl der Kontinuität zeigt sich eine unmittelbare Vorstellung von Zeit. Zeit kann hier verstanden werden als

„... ein Symbol für eine Beziehung, die eine Menschengruppe, also eine Gruppe von Lebewesen mit der biologisch gegebenen Fähigkeit zur Erinnerung und zur Synthese, zwischen zwei oder mehreren Geschehensabläufen herstellt, von denen sie einen als Bezugsrahmen oder Maßstab für den oder die anderen standardisiert." (Elias 1984, S. 12)

Alle Prozesse der heimatlichen Umgebung verlaufen gleichförmig nach den jeweils ihnen eigenen Varianten dieser Grundvorstellung, sie sind übersichtlich und kalkulierbar. Ihr Maßstab ist der Lebensvollzug des Subjekts. Ihre Zukunft folgt für den Betrachter aus der Extrapolation der Vergangenheit. Die Gegenwart des Individuums steht ihrerseits nicht als isolierte existentielle Situation zur völlig freien willentlichen Gestaltung, sondern sie wird im Gefühl der Kontinuität definiert. Diese Definition der Gegenwart enthält die Vorstellung des bruchlosen Werdens und Vergehens der objektiv- „natürlichen" Welt, der Heimat, und erlaubt dadurch die Identifikation des Subjekts als teilweise freies und teilweise gebundenes.

Im Gefühl der Kontinuität verschwindet die Wahrnehmung von diskontinuierlichen Ereignissen, von überraschenden Entwicklungsquanten, zu denen das Subjekt sich verhalten muß. Es entsteht insgesamt der Eindruck von Zeit als Bleiben, Stillstand, Ruhe, Frieden, Geborgenheit, Vertrautheit, Verwandtschaft, der gleichförmigen Veränderung des Subjekts mit der Umgebung, die Assoziation des Behütetseins, wie wir in den Umfrageergebnissen schon erfahren haben. Dies sind Voraussetzungen für Muße, für die Möglichkeit zu eigener Aktivität ohne überraschende reaktive Anforderungen von Außen. Deshalb wird das Gefühl von Heimat so oft als Grundlage schöpferischer Arbeit, als kulturgeschichtlich bedeutsames Potential begriffen.[2]

Die Störung durch das Neue

Heimat ist der Ort, an dem Veränderungen so klein und deshalb so akzeptabel erscheinen, daß sie die Sehnsucht nach Gleichförmigkeit nicht stören. Jedes Erlebnis von Veränderung stellt eine Diskontinuität dar, das *Neue* ist plötzlich da und tritt als Ganzes auf, als neue Qualität. Es muß deshalb das Gefühl der Kontinuität stören und fragmentieren. Neues gehört deshalb nicht in das Heimatgefühl, sondern steht ihm als Symbol von Diskontinuität gerade entgegen. Es entsteht die Unterscheidung von bekannter Heimat und neuer, unbekannter Fremde.

Selbst-Verständlichkeiten: Das Ganze und das Heile

Heimat kann sich nur unter dem Gesichtspunkt von „Natürlichkeit" im Sinne von „ohne bewußtes Zutun geworden" herausbilden. Eingriffe von außen stören das Gefühl der Kontinuität. Solche Räume sind Fiktionen, das unvermeidlich Neue erscheint mit wechselnder Intensität in der Heimat. Das Heimatgefühl wirkt hier als sozialpsychologische Anleitung des Handelns, ausgesprochen dient es dazu, das Neue abzuwehren und die Kontinuität zu bewahren; und wenn die Abwehr nicht gelingt, dient das Heimatgefühl zur kollektiven Anpassung an das Neue, zur gemeinsamen Umarbeitung der Subjekte mit dem Ziel, ein neues Gefühl der Kontinuität herzustellen. „Ganz" und „heil" im Sinne von psychisch gesund sein sind also unter Umständen Ergebnisse des Heimatgefühls.

In jedem Fall, ob bei der gelungenen Abwehr des Neuen oder bei der kollektiven Anpassung an das unvermeidliche Neue, erlaubt das Heimatgefühl die Verständlichkeit des Selbst für sich und seinen proprialen Raum.[3]

Das Gefühl zu bleiben

„Natürlich bin ich sehr in Gefahr, als kleinbürgerlicher
Banause mit kurzem, trockenem Ton von einen aktivi-
stischen Mitglied dieses in seinen Liebeshoffnungen
so oft enttäuschten und darum sich kaltschnäuzig ge-
benden, von Zonen der Ungemütlichkeit übersäten
Zeitalters attackiert zu werden, wenn ich dieses vulgä-
re Reizwort „gemütlich" auch nur ausspreche. Die Ex-
zesse der organisierten Gemütlichkeit, diese urdeut-
schen Seelenwallungen, sollen auch gar nicht verteidigt werden." (Mitscherlich 1969, S. 125f)

Mitscherlich meint nicht jene geschäftigen und sozialen Streß erzeugenden Zwangsveranstaltungen, sondern den Kern des deutschen Spezialwortes „gemütlich", das von keinem anderen als Goethe stilfähig gemacht wurde, nämlich in der Bedeutung von „angenehm, erfreulich". Stattdessen sind für Mitscherlich gemeinsame Erfahrungen in konstanten Objektbeziehungen ein Element der Heimat. Vertraut sein, und zugleich das Leben und die Entwicklungen des Vertrauten begleiten, das ist hier etwas Wesentliches für Heimat. Dies ist, und darauf weist Mitscherlich ausdrücklich hin, ein Identitätsgewinn.

In der Heimat ist man, bleibt man oder hat man den *Wunsch* zu bleiben. Das Gefühl der Kontinuität trifft auch für die Wunschproduktion zu, konditioniert diese, und selbst der Drang in die Ferne findet seine Erfüllung und Steigerung in der Rückkehr nach der Reise in die Heimat, ausgedrückt in dem schwäbischen Sinnspruch „Dahoim isch dahoim" als gleichzeitigem Eingeständnis der Unaussprechlichkeit dieses Gefühls.

Verstehen und Verstanden werden

Die in der Heimat stattfindende gelungene Trennung von Subjekt und Objekt erlaubt Selbstverständnis und Verständnis der heimatlichen Welt. Verstehen heißt, die Symbole begreifen, ihre Bedeutung zweifelsfrei auffassen; verstanden werden heißt, sie zuverlässig anwenden können. Für beide Aufgaben, verstehen und verstanden werden, bietet die Heimat durch ihre sprachlichen und kulturellen Zusammenhänge einen spezifischen Symbolbereich, dessen Veränderungen als kontinuierlich erlebt werden. Das Gefühl, verstanden zu werden, bleibt also in der Heimat erhalten.

Menschliche Beziehungen sind Heimat

In der französischen Sprache gibt es einige deutsche Lehnworte, eines davon heißt „les heimatloses" (Kimminich 1978, S. 13), und seine Bedeutung liegt wohl in der spezifisch deutschen Leidensform beim Verlust der Heimat. Zur Beschreibung dieses besonderen Leidens genügt offenbar kein französisches Wort; der Verlust der Heimat ist mehr als der Verlust von Wohnung, Umgebung, Beruf usw., mehr als der Verlust aller einzelnen Dinge. Den heimatlosen Deutschen gelang es offenbar nicht, ihre besondere Form des Leidens so verständlich zu machen, daß ein passendes französisches Wort hätte gefunden werden können. Diese Unfähigkeit, sich verständlich zu machen und verstanden zu werden kennzeichnet vielleicht am deutlichsten das, was die Deutschen „Heimat" nennen. Es ist ein Gefühl, das nur in den Beziehungen zu anderen Menschen seine volle Gestalt erlangen kann und nur kollektiv verstanden wird, weil in ihm eine Reihe von Bedeutungsgehalten transportiert werden, die nur auf dem Hintergrund kontinuierlicher kollektiver Symbolveränderungen verständlich werden.

Alles „Tümelnde" verhält sich allerdings zu dem Gefühl der Heimat wie sich Kitsch zur Kunst verhält, unecht, beleidigend, mißbrauchend.

Literatur

Bloch, Ernst (1985), Prinzip Hoffnung. Frankfurt/M.: Suhrkamp.
Elias, Norbert (1984), Über die Zeit. Ffm.: Suhrkamp.
Erikson, Erik H. (1968), Kindheit und Gesellschaft. Stuttgart 1968.
Freiling, Frank-Dieter (Hg.) (1981), Heimat. Begriffsempfindungen heute. Königstein/Ts.
Kimminich, Otto (1978), Das Recht auf die Heimat. Bonn.
Mitscherlich, Alexander (1969), Was macht eine Wohnung zur Heimat? Aus: Die Unwirtlichkeit unserer Städte. Frankfurt/M. Brepohl, Wilhelm in: Evangelisches Soziallexikon, Stuttgart 1969.

Anmerkungen

1 Vgl. dazu vor allem die Theorie des Vertrauens bei Erik H. Erikson (1968), „Das Erleben des Konstanten, Kontinuierlichen und Gleichartigen der Erscheinungen liefert dem Kinde ein rudimentäres Gefühl von Ich-Identität; es scheint dies davon abhängig zu sein, daß das Kind eine innere Welt erinnerter und voraussehbarer Empfindungen und Bilder in fester Korrelation mit der äußeren Welt vertrauter, zuverlässig wiedererscheinender Dinge und Personen „weiß"." Kindheit und Gesellschaft. Stuttgart 1968. S. 241. Siehe dazu auch die übrigen Schriften Eriksons, besonders: Ders.: Jugend und Krise. Die Psychodynamik im sozialen Wandel. Stuttgart 1970.
2 Dabei müssen Gefühl und Intellekt nicht notwendig in einen Gegensatz gebracht werden, wie dies z.B. Brepohl tut: Heimat gehört bei ihm „für den unkomplizierten, nicht durch den Intellekt verwandelten Menschen zu dem Wichtigsten, was die Welt ihm bieten kann. Aus der Heimat zieht er, wie es in der Dichtung und in der Philosophie heißt, seine Kraft, von ihr aus findet er sein Verhältnis zur Welt." (Wilhelm Brepohl, in: Evangelisches Soziallexikon, Stuttgart 1969. Spalte 560)
3 Zur Theorie des Selbst und zum Proprium vgl. die Schriften von Gordon Allport.

Brigitte Rauschenbach

Nun Ade, du mein lieb Heimatland ...
Überlegungen zur Heimat als Grenzbegriff

I. Grenzgängerblicke auf Heimat

Als ich mich im Sommer '89 für das Thema meines Beitrags entschieden habe, schwebte mir vor, an dem emotional zwar besetzten, aber auch abgelagerten Heimatbegriff das ins Bewußtsein zu heben, was ich stichwortartig seine dialektische Komponente nennen würde. Sie könnte auch, ebenso stichwortartig im ethnopsychoanalytischen Zugriff, als eine Art Reibungszone zu dem, was fremd ist, gekennzeichnet werden. Von Heimat, so meine These, sprechen wir streng genommen nicht, solange wir in ihr oder sie um uns ist, sondern wenn sie verloren geht oder ein solcher Verlust bevorsteht. Heimat ist etwas, was flüchtig ist und auf dieser Flucht zum Halten bewegt wird. Sie ist mit Fremdheit inkompatibel und doch in dieser beschlossener Gegenbegriff. Heimat begleitet Flucht und Exil, nistet sich ein in der Emigration, besetzt die Phantasien der Vertriebenen. Die Abschied nehmen, singen von ihrer Heimat.[1]

In den siebziger Jahren, als der Heimatbegriff im Inneren der Provinzen und Städte von lokalen Initiativen neu entdeckt und besetzt wird, hat sich die Erfahrung des Heimatentzugs, in der Heimat entsteht, nur verschärft. Für die Vertriebenen, die den Heimatbegriff in der Nachkriegszeit für sich reklamieren, war die Heimat ein symbolisch überfrachtetes Fleckchen Land, das obzwar fern und bisweilen auch unerreichbar, doch weiter und bisweilen nur wenig verändert, unter anderem Namen fortbestand. In den siebziger Jahren droht da, wo wir sind, das gewohnte Bild von Städten und Dörfern von einer Art großtechnologischem Imperialismus unwiderruflich zerstört zu werden. Ein Verlust steht ins Haus, der nichts mehr läßt, wie es war. Natürlich kommt dieser Prozeß nicht erst jetzt in Gang. Aber er potenziert seine Dynamik, wird unerträglich und erzeugt eine neue Betroffenheit, weil über das, was

---

1 Die hier vorgetragene These ist nicht neu. Vgl. etwa BOLLNOW (1984), S. 28; v. KROCKOW (1989), S. 16 ff. Sie hat sich aber gegen Vorstellungen von einem quasi naturwüchsigen Identitätsbewußtsein, für das Heimat als Mutterboden steht, zu behaupten, vgl. etwa SOLGER (1959) oder die Festschrift für Kurt Konrad: Heimat als Erbe und Auftrag (1984).

sich als Modernisierung der Umwelt vollzieht, die, welche es unmittelbar angeht, nicht informiert und befragt worden sind.[2] Das ist der Zeitpunkt neu sich bildender Initiativen vor Ort gegen Umweltzerstörung durch Straßenbau und Industrieansiedlung, in denen lokale Identität als Bezugsdimension jenseits von Klasse und Geschlecht neu entsteht. Auch das neue Bedürfnis nach Heimat ist das Resultat einer Störung.[3]

Wie bei den Heimatvertriebenen entspricht der Blick der Protestinitiativen auf die Heimat einem ethnologischen Grenzgängerblick. Im Entschwinden faßt er Heimat als Topos eines Zusammenhangs, für den Negt und Kluge den Begriff eines ursprünglichen Eigentums prägten. „Ein solches ursprüngliches Eigentum ist ein Bedürfnis, d.h. ein gegenständliches Verhältnis, kein Eigentumstrieb von Natur, sondern bereits Reaktion auf entfremdete Verhältnisse. Aus dem Nichthaben eines solchen Eigentums resultiert das Bedürfnis" (NEGT/KLUGE 1981, S. 502 f.). Die Idee eines solchen Eigentums ist, daß die Verhältnisse, in denen sich Menschen befinden, zu ihnen paßt. Im Begriff der Heimat klammert sich der, der in die Fremde getrieben wird, an Bilder einer quasi natürlich erscheinenden Vorgeschichte, die ihm Sicherheit geben. Heimat wird das, was existentiell und emotional als Versicherung gilt, hier gehörst du hin, hier kommst du aus, hier wirst du auch später dein Auskommen haben.

Historisch betrachtet ist diese Erwartung im Heimatrecht fixiert und zugleich für die materielle Fixierung auf Heimat grundlegend geworden. Ich bleibe, wo ich sicher sein kann, daß andere mein Existenzrecht anerkennen. Das Heimatrecht enthielt ein solches Versprechen, auch hier allerdings nicht für jeden. Nicht jedermensch hat das Heimatrecht, so wie nicht jeder die Heimat, nämlich den Hof als Erbe bekommen hat.[4] Auch das Heimatrecht war ein ausschließendes Grenzrecht, das regelte, wer dazugehörte und wer nicht. Für den, der eine Heimat besaß, hatte Heimat eine persönlich bindende Wirkkraft, die Selbständigkeit und Mobilität erschwerte. Nur der hatte Versorgungsansprüche, der die Bindung an die Heimat aufrechterhielt. Diese Festlegung auf einen ursprünglichen Wohnsitz erweist sich im neunzehnten Jahrhundert aber als Schranke der ökonomischen Dynamik, die Gewerbefrei-

---

2 Zur Interpretation dieser Betroffeneninitiativen habe ich mich ausführlicher an anderer Stelle geäußert: RAUSCHENBACH (1988).
3 Vgl. dazu die Textsammlungen: Heimat kaputt (1975); Heimat heute (1980); Heimat. Sehnsucht nach Identität (1980); Heimat heute (1984) und: Worin noch niemand war: Heimat (1985).
4 Das Heimatrecht, das sich seit dem 16. Jahrhundert im Sinne einer armenrechtlichen Zugehörigkeit entwickelt hat, wurde regelmäßig durch Geburt, Aufnahme, Verheiratung und Anstellung in einem öffentlichen Amte erworben. Das Recht zur Eheschließung, zum Erwerb von Grundbesitz und zum Betreiben eines Gewerbes war vom Heimatrecht abhängig. Personen, die nicht heimatberechtigt waren, hatten in einer Gemeinde auch kein Aufenthaltsrecht. Die bloße Befürchtung einer zukünftigen Verarmung reichte zur Ausweisung der Betreffenden aus einer Gemeinde aus. Vgl. Meyers Konversationslexikon (1908), Bd. 9, S. 82 f.; BAUSINGER (1984), S.12 ff.

Heimat als Grenzbegriff

heit und Freizügigkeit fordert.[5] Der traditionelle Heimatbegriff kollidiert mit den Interessen einer grenzüberschreitenden Kapitalexpansion. Heimat ist so betrachtet nicht nur Gegenbegriff zur Fremdheit, sondern auch zur Mobilität und den bürgerlichen Freiheitspostulaten.

Im emotionalen Vorstellungsgehalt des heimatlichen Dazugehörens, die das Bürgertum gleichzeitig entwickelt, gehen diese Konfliktdimensionen verloren.[6] So wie die Idee der Familie im trauten Heim ist auch die Heimat harmonisch gedacht. Darum erhebt Christina Thürmer-Rohr in ihrem Essayband „Vagabundinnen" (1987; vgl. RAUSCHENBACH 1989 b) mit aller Vehemenz gegen das Verlangen nach Heimat feministischen Einspruch. Das Bedürfnis nach Heimat verhindert den Abschied von dem, was ist. Heimat verstrickt aber darum so sehr im Bann von Gefühlen, weil sie aus Trennungsängsten entstanden ist. Die Trennungsangst als eine Art Urerfahrung verhindert den Aufbruch, den Bruch mit der „verrotteten Gegenwart" (THÜRMER-ROHR, 1987, S. 31). Was stört oder gewichtiger Grund für Irritationen bei Frauen sein müßte, wird verdrängt, dem Einspruch, der Analyse und dem Veränderungswillen entzogen. Gerade ihr Ausgeschlossensein von den großen politischen Taten fixiert Frauen auf den kompensatorischen Ort einer von ihnen zu hegenden und zu bewahrenden heimeligen Idylle. Erinnerungen – und es wäre sogar zu fragen, ob insbesondere Männer diese Erinnerung aktivieren – an ein trautes Zuhause in der frühen Kindheit und an Heimat fallen meist zusammen.[7] Die Trennung von der Heimat und der Trennungsprozeß von der Mutter überlagern sich in der Erfahrung. Das verstärkt die regressiven, einem analytischen Zugang sich sperrenden Tendenzen im Heimatphänomen. Eben darum werden die Phantasien der Geborgenheit und des ursprünglichen Versorgtseins im konservativen Verständnis nationaler Großmachtsgefühle politisierbar.

---

5 Das Heimatrecht entspricht den Prinzipien einer stationären Gesellschaft, die mit der ökonomischen Entwicklung des 19. Jahrhunderts nicht mehr Schritt hält, vgl. BAUSINGER (1984), S. 13. Darum hat Preußen bereits frühzeitig das Heimatrecht gelockert. Mit der Gründung des Norddeutschen Bundes und des Deutschen Reichs werden das Recht auf Freizügigkeit, Gewerbe- und Verehelichungsfreiheit gesetzlich verankert. Vgl. Meyers Konversationslexikon (1908), Bd. 9, S. 83.

6 Bausinger spricht von der Heimat als einer Besänftigungslandschaft, als Kompensationsraum, den das Bürgertum im 19. Jahrhundert neben die harte Realität einer industriell expandierenden Konkurrenzgesellschaft stellt. Vgl. BAUSINGER (1984), S.14 f.; ders.: (1980), S.17 ff. Die bürgerliche Überhöhung und Idealisierung der vor allem ländlichen Heimat als Kontrastprogramm zu den in den Großstädten beschleunigten ökonomischen und sozialen Widersprüchen entspricht der bürgerlichen Idealisierung von Familie und Heim als Hort einer von Frauen besorgten, real existierenden Menschlichkeit im Kontrast zur außerhäuslichen und männlichen Sphäre der harten Konkurrenz, die bereits am Ende des 18. Jahrhunderts einsetzt. Vgl. STEINBRÜGGE (1987), RAUSCHENBACH (1989 a).

7 „In der Kindheit also und nirgendwo sonst ist das angelegt, was wir Heimat nennen", heißt es bei KROCKOW (1989), S. 9.

II. Von vielen, die auszogen, das Fürchten zu lehren

Meine Darlegungen haben bislang den Eindruck erwecken können, daß jeder Wechsel des Orts Heimatgefühle freisetzt. Für viele Menschen, auch für mich gilt jedoch, daß sie irgendwann den Ort ihrer Kindheit gerne und voller Neugier auf Neuland verließen, ohne je Heimweh entwickelt zu haben.[8] Die Trennung war vielmehr ein Moment der Befreiung. Im freiwilligen Schritt, in die Ferne zu gehen, lag nicht zugleich eine Nötigung vor, dem Ort der Kindheit die Treue zu halten. Ich betone dies deshalb, weil wir alle in den vergangenen Monaten Zeitzeugen eines unerwarteten gigantischen Aus- und Umzugs gewesen sind, der diese persönliche Erfahrung massenhaft bestätigt. Diese aktuelle Entwicklung hat mich veranlaßt, den Grenzblick auf Heimat noch einmal zu wenden.

Das Wort Heimat ist wieder nahe gerückt. In unzähligen Interviews und Reportagen flirrte es über die Kanäle hüben und drüben. Aber Heimat hat einen neuen Geschmack bekommen. Nach dem freiwilligen Exodus zehntausender DDR-Bürger über Ungarn und die Tschecheslowakei in die Bundesrepublik wendet sich das Politbüro der SED unmittelbar nach dem vierzigsten Jahrestag des Bestehens der Deutschen Demokratischen Republik mit einer Erklärung zur Flüchtlingswelle an die Bevölkerung. Der Sozialismus, heißt es in dieser Erklärung, brauche jeden. Er habe Platz und Perspektive für alle. Darum lasse es das Politbüro nicht gleichgültig, wenn sich Menschen, die in der DDR gelebt und gearbeitet hätten, lossagen. „Viele von ihnen haben die Geborgenheit der sozialistischen Heimat und eine sichere Zukunft für sich und ihre Kinder preisgegeben. Sie sind in unserem Land aufgewachsen, haben hier ihre berufliche Qualifikation erworben und sich ein gutes Auskommen geschaffen. Sie hatten ihre Freunde, Arbeitskollegen und Nachbarn. Sie

---

8 Auf dem Dorf am Rande der schwäbischen Alb, in dem ich aufgewachsen bin, erzählte mir die Bäuerin, bei der ich abends Milch holte, wie die ersten Fremden nach dem ersten Weltkrieg im Dorf Fuß gefaßt haben. Fremd waren sie, weil sie als Katholiken in der pietistischen Gemeinde aus dem Rahmen fielen. Die Frau erzählte mir dies zu einem Zeitpunkt, als der Flüchtlingsstrom Anfang der 50er Jahre das Dorf erreichte und es anschwellen ließ. „Reigschmeckte" nannte man die, welche nicht ortsansässig waren. Zwischen den Einheimischen und ihnen gab es sprachliche, soziale, kulturelle und räumliche Barrieren. Die Flüchtlinge wohnten in „der Siedlung". Sie war das Ghetto der anderen. Gemessen an den Dorfbewohnern waren sie asozial. Mein Vorteil als Kind war, daß meine Eltern bereits einige Jahre zuvor in das Dorf gezogen waren. Ich gehörte schon etwas mehr dazu als die Neuankömmlinge. Aber lieber hätte ich mir die Zunge abgebissen, als vor meinen Klassenkameradinnen ein hochdeutsches Wort (hochdeutsch sprach ich zuhause) zu verlieren. In dieser Zerrissenheit konnte der Ort, in dem ich aufgewachsen bin, allerdings nicht zur Heimat werden.

Heimat als Grenzbegriff

hatten eine *Heimat, die sie brauchte und die sie selbst brauchen*" (Hervorhebungen von mir, B. R.).[9]

In dieser Erklärung kehrt der alte stationäre Rechtsbegriff von Heimat in der Figur der wechselseitigen Versicherung und Gebundenheit wieder. Die Heimat braucht dich, weil sie deine Arbeitskraft braucht, und du brauchst sie, weil sie dir deine Existenz sichert. Sie hat dir dafür bereits einen Vorschuß, nämlich die Qualifikation zur Arbeitskraft gegeben. Jetzt gehst du mit dieser Ausbildung, einem Eigentum der Heimat diebisch weg, ohne doch überhaupt sicher zu sein, dort, wo du hingehst, die Sicherheit der Existenz, die du wünschst, auch zu finden. Eine sichere Zukunft gibst du preis, die aber auch für uns, die wir bleiben, nur sicher ist, wenn du bleibst oder zurückkehrst. Fürchtest du dich nicht vor der Ungewißheit? Uns macht dein Auszug fürchten.

Einen knappen Monat später, kurz vor der spektakulären Öffnung der Mauer am 9. November, verliest Christa Wolf im Fernsehen der DDR einen besorgten Appell von Künstlern und Oppositionsgruppen an die MitbürgerInnen der Deutschen Demokratischen Republik: „Wir sehen die Tausenden, die täglich unser Land verlassen. Wir wissen, daß eine verfehlte Politik bis in die letzten Tage hinein ihr Mißtrauen in die Erneuerung dieses Gemeinwesens bestärkt hat. Wir sind uns der Ohnmacht der Worte gegenüber Massenbewegungen bewußt, aber wir haben kein anderes Mittel als unsere Worte. Die jetzt noch weggehen, mindern unsere Hoffnung. Wir bitten Sie, bleiben Sie doch in Ihrer *Heimat* (Hervorhebung von mir, B.R.), bleiben Sie bei uns!"[10]

Politbüro und Oppositionsgruppen sprechen gleichermaßen von Heimat. Und auch jetzt sind die Trennungsprozesse der Grenzübergänger Beweggründe, um das Wort der Heimat im Munde zu führen. Aber die Perspektive der Sprechenden hat sich gewandelt. Von Heimat reden jetzt jene, die verlassen worden sind von Mitbürgern, für die eine fremde Umgebung begehrlicher als das Heimatland ist. Heimat, die sogenannte, hält viele nicht mehr. Sie hat den bindenden Einfluß nicht, den die, die nicht weggehen, beschwören. Den Verlust erleben die, welche bleiben und nicht die, welche ausziehen. Das Versprechen der Sicherheit zieht bei ihnen nicht mehr.

Die Oppositionsgruppen geben dieses Versprechen bewußt nicht. Sie fragen sich selbst: „Was können wir Ihnen versprechen?" und geben zur Antwort: „Kein leichtes, aber ein nützliches Leben. Keinen schnellen *Wohlstand*, aber *Mitwirkung an großen Veränderungen*. Wir wollen einstehen für Demokratisierung, freie Wahlen, Rechtssicherheit und Freizügigkeit. Unübersehbar ist: Jahrzehntealte Verkrustungen sind in Wochen aufgebrochen worden. Wir stehen erst am Anfang des grundlegenden Wandels in unserem Land. Helfen Sie uns, eine wahrhaft demokratische Gesellschaft zu gestalten, die auch die

---

9 Erklärung des SED-Politbüros, abgedruckt in: Frankfurter Rundschau vom 13. 10. 1989, S. 2.
10 „Bleiben Sie bei uns", Dokumentation der Erklärung in der TAZ vom 10. 11. 1989.

Vision eines demokratischen Sozialismus bewahrt.... Wir brauchen Sie. Fassen Sie zu sich und zu uns, die wir hierbleiben wollen, Vertrauen (Hervorhebungen von mir, B.R.)."[11]

Der Appell, in der Heimat zu bleiben, hat hier alles Konservative verloren. Wer weggeht, mindert die Hoffnung, daß es in dieser Heimat grundlegend anders wird. Er schmälert die Realisierung eines Traums, ja einer Vision von Heimat, worin nach Bloch noch niemand war.[12] Blochs Heimatbegriff benennt die Kraft einer Bindung, die in der Sehnsucht nach einem Noch-Nicht-Sein uns im Augenblick an die Zukunft fesselt. Wer weggehen muß oder dort, wo er lebt, von der Zerstörung seiner Umwelt bedroht ist, greift zunächst nach Ideen einer urspünglichen, also verflossenen Identität. Was er eigentlich will, zielt aber auf Zukunft, die den Trennungsschmerz erübrigen würde. Eine Rückkehr zu dem, was gewesen ist, muß ausgeschlossen werden. Worum es geht, ist ein „*Umbau* der Welt zur Heimat" (Hervorhebung von mir, B.R.).[13] Eben darum fordern Christa Wolf und die andern zum Bleiben oder zur Rückkehr auf.

III. Ubi bene, ibi patria?[14]

Das zeigt aber am Begriff der Heimat eine Vielschichtigkeit, die ihn für die politische Psychologie überhaupt erst richtig interessant macht. Die Bindungskraft der Heimat ist fungibel. Für die einen ist das gelobte Land dort, wo sie herkommen. Für die anderen ist es dort, wo sie hingehen. Jenseits und diesseits der Grenze ist die Bindung zur Heimat aus einem äußerst labilen Ineinander von Ich-, Wir- und Fremdperspektiven geknüpft. Heimat braucht kein Thema zu sein, solange die Macht der Gewohnheit aus dem traditionellen Kreis der Gepflogenheiten gar nicht heraustritt. Gerade das, was immer als Heimat verkauft und ausgestellt wird, ist am wenigsten geeignet, an Heimat ein Interesse zu finden. Es sind Zeugnisse eines „Unbewußtseins der Be-

---

11 Ebd.
12 Der Schlußsatz des zweiten Bandes von Ernst Blochs „Prinzip Hoffnung" lautet: „Die Wurzel der Geschichte aber ist der arbeitende, schaffende, die Gegebenheiten umbildende und überholende Mensch. Hat er sich erfaßt und das Seine ohne Entäußerung und Entfremdung in realer Demokratie begründet, so entsteht in der Welt etwas, das allen in die Kindheit scheint und worin noch niemand war: Heimat." BLOCH (1959), Zweiter Teilband, S. 1628.
13 BLOCH (1959), Erster Teilband, S. 334.
14 Der preußische Politiker Johann Jacoby polemisierte mit diesem Zitat gegen das „vaterlandslos" Gemachtwerden der Arbeitermassen, die keine andere Wahl hätten, als den Ort zum Vaterland zu machen, an denen es ihnen wohl geht. Vgl. BAUSINGER (1984), S. 16.

teiligten", die die Spätgeborenen für sich aus den verschiedensten Gründen konservieren. Umgekehrt schwindet Heimat aus dem Bewußtsein oder wird langweilig und museal, ein Freizeitbeschäftigungsprogramm in Zeiten, in denen das Prinzip der Mobilität allgemein anerkannt ist. Dann gibt es Abgänge, Ortswechsel, Trennungen, ohne daß jemand groß Einspruch erhebt. Mobilität und Medien haben die Zugehörigkeit enträumlicht.[15] Zum Thema wird Heimat weder im Bann des Raums noch der Zeit, sondern an der Schwelle zwischen den Prinzipien des Raums und der Zeit, in der Konfrontation von Tradition und Fortschritt, Land und Stadt. Es sind offenbar ganz besondere und möglicherweise auch ganz besonders deutsche Erfahrungen, die Heimat mobilisieren.

Für die Franzosen existiert die Wortbedeutung von Heimat, so wie wir sie kennen, nicht. *Etre-chez-soi* heißt wörtlich, bei sich selbst sein, wo immer das ist, gegebenenfalls auch zu Hause, am Heimatort. Umgekehrt umreißt *la patrie* viel mehr und dieses Mehr viel gezielter als unser wohlvertrauter, apolitisch und eng gefaßter, gemütlich plätschernder Heimatbegriff.[16] Wiederum schwingt im englischen *home* die ursprüngliche materielle Bedeutung von Heimat als Hof-, Erb- und Versorgungsanspruch noch unzweideutiger mit als in der deutschen Gefühlsheimat. Heimat meint im deutschen Wortverständnis immer mehr als ein Bei-Sich-Selbst-Sein. Heimat ist nicht individualisierbar. Sie ist aber auch nicht mit einem zentralistischen Staats- und Vaterlandsverständnis identisch. Sie benennt einen schwer umgrenzbaren Zusammenhang, der im Grenzbewußtsein, im Verlust, erst selbstbewußt wird. Als bewegend in diesem Grenzbewußtsein habe ich zwei konträre Motive – das Motiv der Scheidenden und das Motiv der Bleibenden – genannt. In beiden Motiven formuliert der Heimatbegriff gegen den Zwang oder die Freiheit wegzugehen einen Einspruch.

Nun muß in diesem Einspruch den Beweggründen entsprechend doch ein Unterschied sein. Da wird im einen Fall mit der Reklamation des ursprünglichen Eigentums die Vergangenheit und Tradition beschworen, die einige noch immer mit großdeutschen Phantasien der Wiederaneignung verbinden. Im anderen Fall steht die Zukunft des gemeinsam zu bewältigenden Anfangs in Frage. Im einen Fall gehörte dem, der gehen mußte, ein Eigentum, auf dem er beharrt. Im anderen Fall läßt der, welcher geht, Eigentum, das er hatte, von sich aus zurück. Die aber bleiben, bieten denen, die bleiben, nicht

---

[15] Telefon, Fernsehen, Auto und Flugzeug machen die Überbrückung großer Distanzen in kurzer Zeit möglich. Ein Verlust an lokaler Identität ist bei vielen Menschen die Folge. Nicht in derselben Weise gilt der Trend zur Enträumlichung der Identität allerdings für Kinder und Personenkreise, die an der Mobilität geringeren Anteil haben. Vgl. RAUSCHENBACH/WEHLAND (1989).

[16] Bausinger spricht vom Phänomen einer „Heimat von der Stange", die in Heimatliedern und -schlagern, Heimatromanen und -filmen durch die Kulturindustrie zur Massenware, made in Germany, geworden ist. BAUSINGER (1984), S. 19 f.

„schnellen Wohlstand", sondern Beteiligung an „großen Veränderungen". In dem, was die Oppositionsgruppen in der DDR in ihrem Aufruf zur Sprache bringen, steht das Bleibemotiv, das auf demokratische Verhältnisse zielt, dem individuellen Motiv nach mehr individueller Freiheit und einem Leben in Wohlstand zwar nahe und doch faktisch entgegen. Das Motiv, selber den Ort bestimmen zu können, wo ich lebe und arbeite und es mir wohlergehen lassen will, kollidiert mit dem Anspruch, Demokratie vor Ort zu realisieren.

Freizügigkeit ist eines der bürgerlichen Freiheitsrechte, das sich im neunzehnten Jahrhundert gegen das Heimatrecht durchgesetzt hat. Für uns erscheinen heute die demokratischen Rechte mit den Freiheitsrechten wie persönliche Freiheit, Freizügigkeit, Gewerbefreiheit, Meinungsfreiheit etc. unmittelbar identisch zu sein. Die demokratischen Rechte unserer parlamentarischen Demokratie konvergieren in politischen Entscheidungsorganen, die den Willen der Mehrheit des Volks aufgrund freier, geheimer und gleicher Wahlen repräsentieren. Nun hat die Kritik am demokratischen Rechtsstaat seit den späten sechziger Jahren auf theoretische Weise und die Bürgerinitiativbewegung der siebziger Jahre auf praktische Weise deutlich gemacht, daß der Beteiligungsanspruch viel weiter geht und zugleich viel konkreter ansetzt, als es in der Programmatik einer repräsentativen Demokratie vorgesehen war. Darum war mit der sozialdemokratischen Formel, *mehr Demokratie wagen*, die *Beteiligung vor Ort* aufs engste verknüpft.

Sichtbar wurde damals, daß in den Initiativen vor Ort die Freiheitsansprüche der einen und anderen oft kollidierten. Was für die einen freie Fahrt für freie Bürger bedeutet, ist für die anderen Zerstörung der Umwelt und von Möglichkeiten, in dieser Umwelt sich frei zu bewegen und heimisch zu werden. Streit über die Wertvorstellungen, über die Art und Weise, wie einer sein Leben gestalten möchte, gehört zum demokratischen Selbstverständnis. Konflikte sind also demokratieimmanent wichtig und für Demokratien auch konstitutiv. Die aktuellen Konflikte im Inneren eines jeden, der die Grenzen überschreitet, weisen dagegen auf Widersprüche, die der Demokratie ihre Grenzen setzen. Nur vordergründig deckt sich das Recht auf demokratische Selbst- und Mitbestimmung mit den Freiheitsrechten eines jeden Bürgers. Diese löst jeder Bürger persönlich und d.h. als Privatperson ein. Jene verlangt nach kollektiver Beteiligung. Darum haben diejenigen, die die DDR verlassen haben, der Demokratiebewegung dort zunächst Beine gemacht und erschweren sie doch im zweiten Schritt.

Ich möchte das Problem der Nicht-Identität von demokratischen und Freiheitsrechten, das ich für eines der spannendsten Probleme der Politischen Psychologie halte, zunächst an einem historischen Text zu erläutern versuchen. In seiner vor mehr als zweihundert Jahren, also noch vor Ausbruch der Französischen Revolution verfaßten „Beantwortung der Frage: Was ist Aufklärung?" setzt Kant „den Grad bürgerlicher Freiheit" zur „Freiheit des Geistes des Volks" ins Verhältnis (KANT, Werke Bd. 9, S. 61). Es scheint zu-

Heimat als Grenzbegriff

nächst, daß die bürgerliche Freiheit, nämlich die Freiheit eines jeden, nach seiner eigenen Façon glückselig zu werden,[17] für die Freiheit des Geistes eines Volks förderlich ist und doch setzt sie ihr – paradoxerweise sagt Kant – „unübersteigliche Schranken" (ebd.).

Gerade die gegenwärtige Situation ist meines Erachtens Probe aufs Exempel dieser These.[18] Denn der Exodus in die Freiheit bewirkte bei denen, die verlassen wurden, ein Ausmaß an öffentlicher, von oben nicht mehr zu gängelnder Auseinandersetzung, von der Kant erwartet, daß sie schließlich auch auf die Grundsätze der Regierung zurückwirken werde, „die es ihr selbst zuträglich findet, den Menschen, der nun mehr als Maschine ist, seiner Würde gemäß zu behandeln" (ebd.). Über die frei diskutierende Öffentlichkeit wird der Staat genötigt, seine eigenen Prinzipien fallen zu lassen. Das waren, fünf Jahre vor der Französischen Revolution, die Annahmen des Aufklärers Kant. Was aber besagt die dunkle oder paradox erscheinende Stelle, daß die bürgerliche Freiheit der Freiheit des Geistes eines Volkes auch unübersteigliche Schranken setzt?

Wir wissen, daß die kritische und engagierte Öffentlichkeit, die Kants Erwartungen an Aufklärung erfüllt, mit der Öffentlichkeit, die wir heute haben, längst nicht mehr einfach gleichgesetzt werden kann. Jürgen Habermas hat dies vor Jahren gezeigt. Öffentlichkeit war traditionellerweise ein städtischer Ort, in Salons und Kaffeehäusern lokalisiert (HABERMAS 1971, S. 52). Die Medienentwicklung hat die Funktion einer öffentlich lokalisierten Meinungsbildung grundlegend verändert. Seit der Erstauflage von Habermas' „Strukturwandel der Öffentlichkeit" im Jahre 1961 haben diese Veränderungen eine ungeahnte Eigendynamik entfacht. Das Publikum hat sich in der Konsumentenrolle teilnehmend eingerichtet. In der Konsumentenöffentlichkeit ist der Beteiligungsanspruch mit Konsuminteressen amalgamiert. Mehr will der Konsumentenbürger gar nicht.

Peter Brückner hat Gründe dafür ebenfalls schon vor Jahren genannt: Der „konsumierende Staatsbürger", der „Souverän der Demokratie", wisse zu gut, „daß die allgemeinen Dinge auch ohne ihn laufen" (BRÜCKNER 1973, S. 61). Die Wohltaten des Wohlstands und der bürgerlichen Freiheit, auf seine eigene Façon glückselig zu werden, für die das Bürgertum im Eigeninteresse Demokratie erkämpft hat, kollidieren, dies ist das heutige Paradox, mit dem Anspruch auf demokratisches Engagement und Beteiligung. Frei nach Kant: ich habe es nicht nötig, mich vor Ort aktiv zu beteiligen, wenn ich

---

17 Vgl. Kants Ausführungen zur bürgerlichen Freiheit in seiner neun Jahre später verfaßten Schrift: Über den Gemeinspruch: Das mag in der Theorie richtig sein, taugt aber nicht für die Praxis, in: KANT, Werke Bd. 9, S. 145 ff.

18 Zum Zeitpunkt der Abfassung dieses Beitrags, unmittelbar nach der Öffnung der Mauer, war die Dissoziation der Motive noch weitgehend verschleiert. Umso schärfer erscheint heute Kants Weitblick.

nur bezahlen kann.[19] Ist das Geld die andere unübersteigbare Schranke der Freiheit des Geistes des Volks?
Dies ist der Punkt, an dem ich zum Heimatbegriff zurückkehren möchte. Unser traditioneller Heimatbegriff hat keine demokratischen Ansprüche formuliert. Erst in den siebziger Jahren ist der Heimatbegriff auf eine neue demokratische Weise politisch geworden, indem Initiativen vor Ort, anstelle einer unaufgeklärten Konsumentenöffentlichkeit Partizipationsansprüche artikuliert und eingeklagt haben. Was wir von der kritischen Öffentlichkeit jenseits unserer bundesrepublikanischen Staatsgrenze heute zu hören bekommen, wenn sie die Heimat als Vision und Ausgangspunkt gemeinsamer Anstrengungen um Demokratie bemühen, ähnelt diesen Forderungen. Es müßte in unserem Denken noch etwas anderes geben als den Horizont der konkreten Privatheit, wo jedermensch seinen persönlichen Vorlieben folgt und die Nötigungen einer abstrakten Allgemeinheit, die sich als Sachzwänge oder Gesetzlichkeit geltend machen. Nur dann ließe sich – und doch zögere ich, ob ich mich dafür stark machen könnte – der vielbeschworene Heimatbegriff doch noch positiv, basisdemokratisch retten.

Literatur

BAUSINGER, Hermann (1980), Heimat und Identität, in: Moosmann (Hrsg.): Heimat. Sehnsucht nach Identität, a.a.O., S. 13-29.
Ders. (1984), Auf dem Wege zu einem neuen, aktiven Heimatverständnis, in: Heimat heute, a.a.O., S. 11-27.
BLOCH, Ernst (1959), Das Prinzip Hoffnung, Gesamtausgabe Bd. 5, Erster Teilband, Kapitel 1-37, Zweiter Teilband, Kapitel 38-55, Frankfurt a. Main: Suhrkamp Verlag.
BOLLNOW, Otto Friedrich (1984), Der Mensch braucht heimatliche Geborgenheit, in: Heimat heute, a.a.O., S. 28-59.
BRÜCKNER, Peter (1973), Freiheit und Gleichheit am Ausgang des bürgerlichen Zeitalters, in: Ders.: Freiheit, Gleichheit, Sicherheit. Von den Widersprüchen des Wohlstands, Frankfurt a. Main: Fischer Taschenbuch Verlag, S.45-65.
Deutsches Institut für Fernstudien an der Universität Tübingen (1980), Heimat heute, Textsammlung, Tübingen.
HABERMAS, Jürgen (1971[5]), Strukturwandel der Öffentlichkeit. Untersuchungen zu einer Kategorie der bürgerlichen Gesellschaft, Neuwied, Berlin: Luchterhand Verlag.
Heimat als Erbe und Auftrag. Beiträge zur Volkskunde und Kulturgeschichte. Festschrift für Kurt Conrad zum 65. Geburtstag (1984), hrsg. von Rotraut Acker-Sutter, Salzburg: Otto Müller Verlag.

---

19 Bei Kant heißt es: Es ist so bequem, unmündig zu sein ... Ich habe nicht nötig zu denken, wenn ich nur bezahlen kann." Beantwortung der Frage: Was ist Aufklärung?, Werke Bd. 9, S. 53.

Heimat als Grenzbegriff

Heimat heute. Textsammlung (1980), Redaktion Zeitungskolleg, Deutsches Institut für Fernstudien an der Universität Tübingen, Tübingen.
Heimat heute (1984), hrsg. von der Landeszentrale für politische Bildung Baden-Württemberg, Stuttgart u.a.: Kohlhammer Verlag.
Heimat kaputt. Ausstellung und Colloquium im Künstlerhaus Bethanien (1975), Berlin.
Heimat. Sehnsucht nach Identität (1980), hrsg. von Elisabeth MOOSMANN, Berlin.
KANT, Immanuel, Werke in zehn Bänden hrsg. von Wilhelm Weischedel (1968), Bd. 9, Darmstadt: Wissenschaftliche Buchgesellschaft.
KROCKOW, Christian Graf von (1989), Heimat. Erfahrungen mit einem deutschen Thema, Stuttgart: Deutsche Verlags-Anstalt.
Meyers Großes Konversationslexikon (1908), Leipzig und Wien, neunter Band.
NEGT, Oskar / KLUGE, Alexander (1981), Geschichte und Eigensinn, Frankfurt a. Main: Verlag 2001.
RAUSCHENBACH, Brigitte (1988), Betroffenheit als Kategorie der Politischen Psychologie, in: König, Helmut (Hrsg.), Politische Psychologie heute, Opladen: Westdeutscher Verlag, S. 147-170.
Diess. (1989 a), Freiheit, Gleichheit, Schwesterlichkeit. 200 Jahre danach, in: Beiträge zur feministischen Theorie und Praxis H. 25/26, S. 223-234.
Diess. (1989 b): Christina Thürmer-Rohr: Vagabundinnen: Feministische Essays, in: Sozialwissenschaftliche Literaturrundschau Heft 18, S. 93-95.
RAUSCHENBACH, Brigitte / WEHLAND, Gerhard (1989), Zeitraum Kindheit: Zum Erfahrungsraum von Kindern in unterschiedlichen Wohngebieten, Heidelberg: Asanger Verlag.
SOLGER, Friedrich (1959), Das überpersönliche Leben. Sein Bewußtwerden im Heimatgedanken, Berlin: Verlag Deutsche Heimat.
STEINBRÜGGE, Lieselotte (1987), Das moralische Geschlecht. Theorien und literarische Entwürfe über die Natur der Frau in der französischen Aufklärung, Weinheim u. Basel: Beltz Verlag.
THÜRMER-ROHR, Christina (1987), Vagabundinnen. Feministische Essays, Berlin: Orlanda Frauenverlag.
Worin noch niemand war: Heimat (1985), hrsg. von Eduard FÜHR, Wiesbaden, Berlin: Bauverlag.

Hans-Joachim Busch

Heimat als ein Resultat von Sozialisation –
Versuch einer nicht-ideologischen Bestimmung*

Heimat hat zwingend zu tun mit der Umwelt, in der ein Mensch aufwächst bzw. lebt. Das Wort meint eine gewisse Vertrautheit und Nähe, in der er zu dieser Umwelt steht. Es ist aber nicht der Umstand der Vertrautheit aufgrund der Dauerhaftigkeit und Konstanz des Lebens, des Wohnens in einer bestimmten Umwelt allein, der Heimat konstituiert. Es muß ein Wohlgefühl (aufgrund von Sich-Wohlfühlen) hinzukommen. Insofern wird man nicht lange zögern anzunehmen, daß z.B. ein lange Zeit Inhaftierter das Gefängnis nicht als Heimat empfinden wird. Man muß sich jedoch illusionslos eingestehen, daß sich auch hier so etwas wie Heimat konstituieren kann, eine Not-, eine Zwangs-, eine Ersatzheimat gewissermaßen. So ist etwa das Phänomen verbreitet, daß es jugendliche Heiminsassen nach Ausbrüchen gleich wieder zurückzieht an diesen Ort. Heimat hat also auch einen stark negativen, trostlosen Aspekt – auch so etwas wie einen kleinsten gemeinsamen Nenner. In solchen Fällen kommt Heimat die Funktion zu, das gänzlich Fremde, Abweisende, Heimat Verhindernde der übrigen Sozialwelt deutlich zu machen und notdürftig auszugleichen. Ein weiteres, diese Perspektive ergänzendes Beispiel: Klaus HORN thematisiert in einer kleinen Arbeit mit dem Titel „Der Dschungel als Heimat und die Heimat als Dschungel" (1984) die Probleme, die Vietnamkriegs-Veteranen nach ihrer Rückkehr damit haben, aus der ihnen nach mühsamem Training vertraut gewordenen Dschungelkriegsrealität wieder in die ihnen nun fremd gewordene Hochzivilisation ihrer Heimat zurückzufinden. „Auf einmal war die Herkunftsgesellschaft der Dschungel und der Wald konnte zur Heimat werden" (a.a.O., S. 267), wie im Fall des Vietnamveteranen, der „über zehn Jahre in den Wäldern des US-Staates Washington gehaust hat" (a.a.O., S. 265). Heimaten stellen sich demnach naturwüchsig-sozial ein. Sie haben gewissermaßen einen sozialen Ort, den man sich, zumindest als Kind – in aller Regel – nicht aussuchen kann. (So haben sich die, die in das nationalsozialistische und nach-nationalsozialistische

---

* Die folgenden Überlegungen verstehen sich als Beitrag zu einer „politischen Psychologie der Heimat" (Call for Papers ..., S. 217), die die Tiefenstruktur des Heimatgefühls und -bewußtseins untersuchen will.

Deutschland hineingeboren worden sind, dies gewiß nicht ausgesucht!) Weiter haben uns die vorangegangenen Überlegungen bereits klar gemacht, daß ursprüngliche, erste Heimaten von zweiten (dritten, vierten usw.) Heimaten abgelöst oder ergänzt werden können.

Nachdem wir uns in gewissem Maß mit den düsteren Seiten, ja den Grenzen bzw. Absurditäten von Heimat vertraut gemacht haben, möchte ich mich nunmehr doch auf die Analyse des sozialpsychologisch-semantischen Idealtypus von Heimat konzentrieren. Das Verdikt der Konservativität oder der Amodernität eines solchen Heimatbegriffs bliebe dann immer noch auszusprechen. Sehr zu Recht haben die meisten sozialpsychologischen Annäherungsversuche an das Phänomen Heimat die Verknüpfung mit dem Konzept der Identität vollzogen. Individuelle Identität – und um sie soll es in meinem Beitrag gehen – entsteht in einem Prozeß soziokultureller Auseinandersetzung. Daß Heimat in einer ganz engen Verwandtschaft zu Identität steht, zeigt sich darin, daß sich mit ihr semantisch immer die Vorstellung einer Her- bzw. Abkunft, eines Ursprungs verbindet. Dieser Zusammenhang besteht auch für Wortverbindungen wie zum Beispiel „geistige" oder „politische Heimat". Heimat ist, wo Identität ihren Ort hat, ist gewissermaßen lokale Identität. Das avancierteste sozialwissenschaftliche Identitätskonzept von KRAPPMANN (und HABERMAS) spricht von sozialer und personaler Identität. Letztere wird als temporaler, nämlich: lebensgeschichtlicher Aspekt von Identität aufgefaßt, während erstere den je-gegenwärtigen, horizontalen sozialen Bezug betont. Danach würde lokal-regionale Identität der sozialen benachbart sein bzw. ihr zugeschlagen werden können; bezeichnet diese den sozialen Raum, so die andere den „übrigen" nicht im engeren Sinn „sozialen" Raum, eine Art sozial-ökologische Identität. Diese Identitätsdimensionen sind nur künstlich voneinander zu trennen; in der Alltagspraxis sind sie ineinander verwoben. Und die Frage, die für meinen Ansatz hierbei eigentlich interessant ist, ist, wie es lebensgeschichtlich zu dieser sozial-ökologischen Identität kommt. Es geht also um ein Sozialisationsmodell von Identität, in dem das Phänomen Heimat begriffen werden kann. Denn zunächst einmal assoziiert man doch unter Heimat Kindheits- und Jugendheimat.

Das Thema ist also allererst im Bereich der primären und sekundären Sozialisation anzusiedeln.

Ich will in meinem Beitrag sogar von der These ausgehen, daß Heimat nicht nur als ein Sozialisationsphänomen betrachtet werden kann, sondern werden muß, wenn ihre Thematisierung mehr sein soll, als der Gegenstand politischer und oberflächlich-kulturorientierter Erörterungen. Heimat fällt – das wurde bereits angedeutet – nicht als Begriff vom Himmel, fällt nicht einer Landschaft, einer Region, einem Staatsgebilde, einer Stadt einfach zu. Sie wird dies erst in der Praxis und dem Bewußtsein der sie bewohnenden, dort „kultur-schaffenden" Menschen. Sie entsteht in und aus dieser praktischen Verbundenheit mit Stadt, Land, Fluß, Region, Meer und Gebirge etc. Sie ist

Heimat als ein Resultat von Sozialisation

zwar eine sozialpsychologische Tatsache, insofern sie gruppen- bzw. massenhaft vorkommt. Sonst gäbe es nicht das Wort „Heimat". Ich werde aber zu zeigen versuchen, daß sie zuvörderst je-individuell, im Falle eines jeden einzelnen Menschen also, hergestellt, eben „sozialisiert" wird und sich nicht einfach nachträglich von außen dekretieren, statuieren oder gar oktroyieren läßt. Versuche dieser Art führen immer nur zu einer Pseudoheimat. Jeder Mensch wächst irgendwo mit irgendwem von klein an auf und zwar mehr oder weniger ortsgebunden. Sozialisationstheorie beschäftigt sich gewöhnlich mit dem „Irgendwem", also den Personen bis hin zur ganzen Gesellschaft, mit denen der „Sozialisand" in (s)einem Stück zusammen agiert. Viel zu selten wendet sie sich der anderen Frage nach dem „Wo", dem „Drum und Dran", dem Bühnenbild also, zu. Hier jedoch, bei unserem Thema, muß diese Frage im Vordergrund stehen. Wenn ich aber Heimat als ein Sozialisationsphänomen behaupte, so ist dies nur aufrechtzuerhalten, indem ich die Frage nach dem „Mit wem" nicht etwa ausklammere, sondern mit dem „Wo" in einen schlüssigen Zusammenhang setze. Lassen Sie mich meinen Gedanken konkretisieren und in eine bestimmte Reihenfolge bringen. Ein Gefühl und ein Bewußtsein von Heimat erwachsen aus der Verbindung des „Wo" mit dem „Mit wem" der individuellen Biographie. In den Interaktionen mit den übrigen Handelnden, dem Sozialisationsprozeß des Stückes, bildet sich die Persönlichkeitsstruktur, bilden sich Bewußtsein und Gefühle aus. Also kann man, die vorherige Behauptung variierend, Heimat ein Interaktionsphänomen nennen. Das „Wo" hängt immer von dem „Mit wem" ab, genauer: von der Qualität des „Mit wem". „... Die Versagung, die in jeder Kultur der ursprünglichen Triebhaftigkeit entgegengestellt wird, muß ihren Ausgleich finden in der Gewährung, in dem Herzen des anderen beheimatet sein zu dürfen", schreibt Alexander MITSCHERLICH. Seine Verwendung des Wortes Heimat verweist genau auf jene intersubjektive Dimension, ohne die ein Begriff von Heimat unvollständig wäre. Es gäbe nicht ein Gefühl von Heimat, einer Gegend, einer Landschaft, Stadt gegenüber, wäre nicht an diesen Orten ein Elternhaus oder ein anderes Heim, an dem nahe Verwandte, Freunde einen erwarten. Die „Steigerung", die einen Ort oder eine Behausung – mögen sie noch so schön, günstig, komfortabel oder was auch immer sein – erst wirklich zur Heimat werden läßt, „vollbringen", erkennt Mitscherlich, „die menschlichen Beziehungen, die an einen Ort geknüpft sind" (1965, S. 124).

Heimat ist also eine affektiv getönte interpersonelle Beziehung, eine interpersonelle Wahrnehmung. Diese durch Mitscherlich gewonnene Lesart verdeutlicht nur einen dem Alltagsbewußtsein geläufigen Tatbestand: Heimat ist semantisch wie sozialpsychologisch nicht auf kognitiv-rationale Gehalte beschränkt, sondern bezieht gerade sinnlich-emotionale Anteile mit ein. Wie kaum ein anderer Begriff ist Heimat durch eine Mischung dieser beiden Bereiche geprägt. Von da aus läßt sich der Sozialisationsgesichtspunkt noch ein Stück weit vertiefen, indem wir die Geschichte des „Mit wem" bis zu ihrem

Beginn zurückverfolgen. Wir können uns dabei an einem Hinweis von FREUD (1919, S. 267) orientieren, der das weibliche Genitale bzw. den Mutterleib die ‚alte Heimat des Menschenkindes' nennt. FREUD geht sogar noch weiter: „‚Liebe ist Heimweh', behauptet ein Scherzwort, und wenn der Träumer von einer Örtlichkeit oder Landschaft noch im Traume denkt: Das ist mir bekannt, da war ich schon einmal, so darf die Deutung dafür das Genitale oder den Leib der Mutter einsetzen. Das Unheimliche ist also auch in diesem Falle das ehemals Heimische, Altvertraute. Die Vorsilbe Un an diesem Worte ist aber die Marke der Verdrängung." (ebd.) Der Mutterleib, die Mutter-Kind-Dyade, ist, wenn wir diesen Gedanken aufnehmen, die erste Station, der erste Ort von Identität – und damit auch von Heimat schlechthin. Im Mutterleib und in der Mutter-Kind-Dyade erlebt das Kind auch erstmals Umwelt. „Erleben" möchte ich hier (aber nicht nur hier!) buchstäblich verstanden wissen: Die erste kleine und die folgenden, langsam wachsenden, aber immer noch kleinen Umwelten und Lebenswelten werden vom Säugling und Kleinkind ja mit allen Sinnen „aufgesogen" und erforscht und stehen in unauftrennbarer Verbindung mit den ersten affektiv stark besetzten Bezugspersonen. Indem es an jenen „mit allen Fasern seines Herzens" hängt, sie also liebt und haßt, fällt der Schein dieser Gefühlsidentität auch auf die unbelebte frühkindliche Objektwelt und macht sie heimisch-vertraut, zum Zuhause.

Aber wie entwickelt sich aus den rudimentären Anfängen der Mutter-Kind-Dyade ein Heimatbild und ein Heimatbewußtsein strukturell heraus? Vorsprachlich-sinnliche und sprachsymbolische Sozialisation bilden, wie Alfred LORENZER sehr gut gezeigt hat, zwei aufeinanderfolgende lebensgeschichtliche Etappen. Damit läßt sich begreifen, daß bereits vom Mutterleib an Umwelteindrücke sinnlich registriert und zu Verhaltensentwürfen verarbeitet werden, lange bevor Sprachkompetenz in die Szenenabfolge der Lebensgeschichte eingreift. Über das affektive Erleben bekommen sie ihre Qualität. D.h. die Orte, an denen die wohltuend-befriedigend erlebten Szenen, wie auch jene ausgetragener und versöhnlich beendeter Konflikte, sich lebensgeschichtlich verdichten, werden zur Heimat. Das Bühnenbild dieser Szenen wird vom Individuum sinnlich-symbolisch registriert, wird zur inneren „Heimatrepräsentanz". Wenn ich die frühkindlich-sinnliche Sozialisationsfundierung des Heimatgefühls so hervorhebe, will ich damit doch nicht den Eindruck erwecken, ausschließlich solche sinnlichen Erlebnisse und Erfahrungen seien hier beteiligt. Heimat hat auch ganz wesentlich mit der gemeinsamen Sprache zu tun, in der die Menschen aufgewachsen sind. Das macht uns auch der Blick auf den Parallelbegriff „Identität" deutlich. In der Konzeption von HABERMAS und KRAPPMANN ist Sprache, die gegenseitige Verständigung, das vorzügliche Medium, über das/in dem Menschen sich ihrer Identität inne werden. Ohne die Bedeutung von Sprache so hoch zu veranschlagen, bin ich doch der Ansicht, daß Heimat auch ein sprachliches Phänomen ist. Insbesondere gilt dies, wenn man darüber hinaus die sinnliche Aus-

Heimat als ein Resultat von Sozialisation

drucksfunktion der Sprache berücksichtigt – ein Aspekt, der in soziologischen Identitätstheorien nicht Eingang findet. Die Sprache der Mutter, des Vaters, der Geschwister und Spielkameraden ist ja nicht nur hochsprachlicher Gleichmacher, sondern – als Dialekt oder gar Intimsprache – sprachliches Kennzeichen/Identifikationsmerkmal einer Region, einer Stadt usw. Auch sie ist ein Bestandteil der affektiv bedeutsamen Sozialisationsszenen und gestaltet diese mit.

Ich möchte nun ein Resümee ziehen: Ich denke, ich bin mit meiner Sozialisationsskizze der Gefahr ausgewichen, die darin besteht, daß man, um der ideologischen Heimatidyllik zu entgehen, unversehens in eine Sozialisationsidyllik des Heimatbegriffs hineingerät, in eine Verklärung von Mutter-Kind-Dyade und Familie. Denn es gibt keine positiv-ungebrochene Heimatsozialisation. Auch Heimat ist nicht anders zu denken denn als Resultat einer konfliktreichen, schmerz- und leidensvollen Sozialisation – aber immerhin einer (und mehr ist nicht zu haben) mit versöhnlichem Grundton und Ausklang. Stellt man das in Rechnung, so kann man davon ausgehen, daß es eine Art erwerbbarer „Heimatkompetenz", deren Kern die frühe Sozialisiertheit ist, eine hergestellte Erlebnisfähigkeit von und Bindungsfähigkeit an Welt(en) gibt. Ist eine solche Erlebnisbasis geschaffen, bedarf es nicht der Einbindung ins Kollektiv (des Heimatbundes oder -vereins, der Trachtengruppe usw.). Gegen den Trend zur Wiederbelebung von Traditionen, der Besinnung auf die eigene, lokale, regionale Geschichte ist ja grundsätzlich nichts einzuwenden, denn sie kann ja – recht verstanden – auch der Erinnerung an vergessene – und „verdrängte" – Identitätsanteile dienen. Auch der Pflege und Wiederherstellung von Lebens- und Produktionszusammenhängen (z.B. Restauration alter Stadtkerne, Schaffung und Schutz von Biotopen usw.) kommt hier eine wichtige Funktion zu. Der ökologische Gesichtspunkt ist aus einem modernen kritischen Heimatbegriff überhaupt nicht wegzudenken.

Es läßt sich zeigen, daß Heimatgefühl und -bewußtsein nicht an traditionelle Gemeinschaftlichkeit (im Dorf z.B.), an kollektive Zu(sammen)gehörigkeit untrennbar gebunden ist. Es gibt, wo Individuen sich als autonome zu emanzipieren vermögen, das Sich-heimisch-Fühlen in einer Großstadt, auch in Situationen des Alleinseins, ebenso natürlich in einer Landschaft (Wald, Küste ...). Wenn ich meine, daß Heimatgefühle entscheidend aus Erfahrungen der Kindheits- und Jugendzeit gespeist sind, so meine ich damit doch nicht, daß auf dieser Basis ein festes, starres (einmaliges) Heimatbild entsteht. Zweifellos können im Laufe eines Lebens neue Heimaten erworben werden und an die Seite oder an die Stelle alter Heimaten treten. Ich glaube, es geht nicht darum, zu welcher Heimat ein Mensch sich im einzelnen gehörig fühlt – das wäre die konservativ-mythologisierende Lesart –, sondern um die Frage, ob ein Mensch ein Heimatgefühl oder -bewußtsein überhaupt ausbilden kann. „Wer nie die Grunderfahrung einer Umwelt hatte, in der er sich aufgehoben fühlte, entwickelt diese Fähigkeit, Erfreuliches zu entdecken, kleine

Freundschaften zu entwickeln, kurz, diese Leichtigkeit im Umgang später nur mit Schwierigkeiten. Denn um sich beheimaten zu können, bedarf es doch einer Verzahnung mit der menschlichen Umwelt insbesondere; ich will mich niederlassen und die anderen müssen mir den Platz dazu mit freundlichen Gefühlen abtreten..." (MITSCHERLICH, 1965, S. 125). Wir gelangen also auch hier letztenendes wieder bei der Frage an, ob Individuen per Sozialisation eine Identität erworben haben. HABERMAS (1974) stellt, wie Sie vielleicht wissen, in einem anderen Zusammenhang die Frage: „Können komplexe Gesellschaften eine vernünftige Identität ausbilden?" Für ihn hängt daran die Zukunft unserer Zivilisation. Auf unser Problem zugeschnitten, wäre diese Frage abzuwandeln: „Können Individuen in komplexen Gesellschaften eine sinnlich-vernünftige Identität ausbilden, in der (so etwas wie) Heimat affektiv und kognitiv lebendig ist?" Zweierlei Bedingungen jedenfalls können der Befriedigung des Heimatgefühls oder dem Aufkommen einer heimatlichen Identität im Wege stehen: einmal die versagende Realität einer rationalisierten, verwalteten, bürokratisierten Gesellschaft oder gar einer Gewaltdiktatur, eines Terrorregimes, welches Andersdenkende, Andersgläubige, Andersfarbige und Andersrassige verfolgt und ihre Freiheit beschneidet; zum anderen die versagende frühe Eltern-Kind-Beziehung, die ein prinzipiell vertrauensvolles Einrichten in der Welt gar nicht entstehen läßt. Darauf, daß an der Überwindung dieser Bedingungen die Zukunft unserer Gesellschaft, als einer Heimat, „in der noch niemand war" (BLOCH), nicht minder hängt, haben wir, dies wollte ich mit meinen Darlegungen verdeutlichen, unsere Aufmerksamkeit zu richten.

Literatur

Call for Papers. 11. Workshop-Kongreß „Politische Psychologie" Wem gehört die Heimat? ... In: PP-Aktuell, 7, 1988, Heft 4, S. 216-19
FREUD; Sigmund (1919), Das Unheimliche (Studienaus gabe, Bd.IV, Frankfurt am Main, S. 241-274)
HABERMAS, Jürgen (1968), Stichworte zur Theorie der Sozialisation (in: ders., Kultur und Kritik, Frankfurt a. M. 1973), S. 118-194
ders. (1974), Können komplexe Gesellschaften eine vernünftige Identität ausbilden? (In: J. HABERMAS, D. HENRICH, Zwei Reden, Frankfurt a. M.), S. 23-84
HORN, Klaus (1984), Der Dschungel als Heimat und die Heimat als Dschungel. Anpassungsprozesse am Arbeitsplatz Krieg heute (in: Psychoanalyse 5, S. 263- 268)
KRAPPMANN, Lothar (1969), Soziologische Dimensionen der Identität (Stuttgart)
LORENZER, Alfred (1981), Das Konzil der Buchhalter (Frankfurt a.M.)
MITSCHERLICH, Alexander (1965), Die Unwirtlichkeit unserer Städte (Frankfurt a. M.)
ders. (1951), Ödipus und Kaspar Hauser (Gesammelte Schriften, Bd. VII, Frankfurt am Main), S. 151-163
ders./Gerd KALOW (Hg.), (1971), Hauptworte – Hauptsachen: Heimat, Nation, (München)

Gerhard Winter

Heimat in ökopsychologischer Sicht

1. Vorwort zur Begriffsbildung und Eingrenzung des Themas

Heimat als den Ort, an dem man ein natürliches Recht auf soziale Zugehörigkeit und selbstverständliche Mitwirkung an allen kommunalen Planungs- und Entscheidungsprozessen besitzt, korrespondiert auf der psychischen Seite ein (affektreiches, engagiertes) Bindungsverhalten, das auf einer Reihe verschiedener – nichts destoweniger häufig miteinander verbundener – Identifikationen beruht.
  Als Kristallisationspunkte für tiefgreifende Bindungen und Selbstdefinitionen kommen m.E. vor allem in Betracht:

- Räumliche, regionale, landschafts- und naturbezogene Zugehörigkeiten (z.B. Alpenländler, Küstenbewohner etc.), die sich als „Ortsidentität" manifestieren: Geographische, räumliche Heimat
- Politische, gesellschaftliche und/oder soziale Verankerung in einem bestimmten Milieu, beispielsweise definiert als Zugehörigkeit zu einer Nation oder „Landsmannschaft", durch Einbettung in eine bestimmte soziale Klasse/Schicht – als Ausdruck einer spezifischen Gruppenmentalität –, formelle Mitgliedschaft in einer Religionsgemeinschaft, Partei, Schule, Firma, einem Verband oder Verein oder auch durch informelle Beziehungen (z.B. Freundschaften, Bekanntschaften, ehemalige Klassenkameraden): Soziale Heimat, politische Heimat
- Historische und kulturelle Provenienz im kollektiven Sinne (z.B. Herkunft, Verwurzelung in einer bestimmten Stadt, einem bestimmten Kultur- und Geschichtsraum, etwa Kölner, Rheinländer etc.), als Familiengeschichte über mehrere Generationen betrachtet (z.B. schwäbische Pfarrhäuser) oder/und besonders einprägsame Erlebnisse in der individuellen Biographie, speziell während der Kindheit und Jugendzeit (z.B. Kriegs- und Nachkriegserfahrungen, Flakhelfergeneration): Genealogische Heimat, traditionelle Heimat
- Herausragende, relativ gut abgrenzbare und in sich geschlossene Lebenstätigkeiten oder/und Lebensstile (z.B. definiert über statusbezogene Berufsrollen wie „Akademiker"), die unmittelbar oder symbolisch auf bestimmte soziale Konventionen, Normierungen, Haltungen verweisen und diese in allgemeinerer, objektivierbarer Form zum Ausdruck brin-

gen: Inszenierte, ritualisierte Heimat durch selbstreferentiellen Trend zur ideologischen Überhöhung von sozialen Positionen/Funktionen (vgl. LÜDTKE 1989, S. 13)
– Geistige, ideelle Präferenzen, Interessen, Wertorientierungen (z.b. ethischer Art), die als innerer Maßstab der Lebensführung über eine individuell-subjektive und soziale Determination hinausweisen und eine „transitive Strebungsthematik" und Gefühlslage begründen (z.b. Christ, Stoiker, Epikureer; vgl. LERSCH 1956, S. 215 f): Geistige Heimat

Die verschiedenen, hier nur grob skizzierten Identitätsformationen und die ihnen jeweils zugeordneten Außenweltbezüge vom Typus „Heimat" lassen sich m.E. recht gut als emotiv-kognitive Teilsysteme des Selbstkonzepts einer Person begreifen; sie können in Konsonanz- oder Dissonanzbeziehungen zueinander stehen, bestimmte Hierarchisierungen aufweisen, mehr oder weniger handlungsrelevant sein. In der ein oder anderen Form dürften sie bei den meisten Menschen im Verlauf der Sozialistion zustande kommen, wenngleich nicht zu übersehen ist, daß unter sehr ungünstigen äußeren (oder/und inneren) Verhältnissen, beispielsweise bei katastrophalen Umwelt- und Entwicklungsbedingungen, bei extremer Mobilität, bei autistischen oder narzistischen Persönlichkeitsstörungen erhebliche Schwierigkeiten in der affektiven Besetzung von Objekten und Umweltsegmenten auftreten können, die eine „Verheimatung" unmöglich machen. Die Identitätsentwicklung in Jugendzeit und frühem Erwachsenenalter ist dann erheblichen Risiken ausgesetzt (vgl. LITTLE 1987, S. 221 ff: Meaning and personal identity: A sense of place).

Mit der Betonung von Sozialisationsvorgängen bei der Ausbildung und Differenzierung von Heimat-Konzepten und Heimat-Gefühlen wird zugleich deutlich, daß „Heimat" unbedingt auch eine soziale Dimension besitzt. Zur Heimat für die Bewohner eines bestimmten Umweltareals wird die natürliche und bebaute Umgebung durch geteilte, gemeinsame soziale Repräsentationen der erlebten Umweltgegebenheiten (v. CRANACH et al. 1980). Heimat ist im wesentlichen immer Heimat für Gleichgesinnte, Gleichbetroffene; es macht m.E. wenig Sinn, von einer individuellen, einzigartigen, solitären Heimat zu sprechen. Die kollektiven sozialen Repräsentationen („social imageability", „social memorability"; STOKOLS 1981) einer raum-zeitlich umgrenzten Umwelt werden angestoßen, vermittelt und verdichtet durch assoziationsreiche Symbole mit der Qualität von Wahrzeichen (z.B. der Wasserturm in Mannheim, das Heidelberger Schloß, der Dom in Speyer etc.). Im Gedächtnis der Bewohner der betreffenden Stadt/ des betreffenden Gebietes sind die o.a. Wahrzeichen vorrangig in Form von Vorstellungsbildern (images) gespeichert (LYNCH 1960); daneben können aber auch von Generation zu Generation weitergegebene Geschichten, Legenden und bestimmte ritualisierte Handlungen (Traditionen, Sitten, Bräuche etc.) Komponenten einer intimeren Ortsidentität sein (vgl. MILLER

1986). Kollektive soziale Repräsentationen als interne Abbilder von Heimat sind üblicherweise nicht gefühlsneutral, sondern in der Mehrzahl der Fälle mit positiven affektiven Wertungen versehen (affective appraisal; RUSSELL & SNODGRASS 1987), mit bestimmten Stimmungen (z.B. nostalgischer Art) und emotionalen Episoden verbunden; langfristig resultieren vielfach generellere Einstellungen, („emotional dispositions"), die den präferierten Umweltbereich als Auslöser, Vermittler („mediator") und Verstärker von Sympathiereaktionen in Erscheinung treten lassen.

Das spezifisch Ökologische am Konzept Heimat ist – um das nochmals zu betonen – in der Umweltbestimmtheit und -besetztheit von identitätsstiftenden Erfahrungen zu sehen. Das bedeutet, daß wesentliche Anteile der dem Selbst einer Person zuzurechnenden Erfahrungen ökologisch, in materiellräumlichen Kategorien kodiert sind (und eben nicht nur in Form von Überzeugungen, Motiven, Einstellungen etc.). Um es pointiert auszudrücken: Die Person ist in bestimmten Anteilen identisch mit den sie konstituierenden, prägenden Umwelteinflüssen; ihre Identität begründet sich – wenigstens teilweise – durch die Kongruenz zwischen „internen" Trieben/Strebungen und „externen", der Außenwelt zugeschriebenen physischen und sozialen Erfüllungs- bzw. Verweigerungspotentialen (zum Beispiel der Kongruenz von Neigungen zur Geordnetheit aller Lebensumstände und dem bevorzugten Verweilen in vergleichsweise gut überschaubaren, „reizarmen" Milieus mit Affordanzen, d.h. invarianten Eigenschaftskomplexen, die Ruhe, Geborgenheit, Schutz signalisieren; vgl. CSIKSZENTMIHALYI & ROCHBERG-HALTON 1989). Heimat ist – allgemeiner formuliert – der motivational herausgehobene Ort, an dem für die eigene Person wie auch für die nächsten Anverwandten und Freunde ein hohes Maß an selbstbestimmter, selbstgestalteter Ziel-Mittel-Kongruenz besteht und unter normalen politisch-gesellschaftlichen Rahmenbedingungen weiter aufrechterhalten werden kann (vgl. LALLI 1988a).

2. Behavior-Setting als Konzept zur Beschreibung und Analyse von Alltagsgeschehen im heimatlichen Kontext

Innerhalb der Ökologischen Psychologie, d.h. einer in Richtung einer differenzierten Umweltbeschreibung und Umwelteinschätzung erweiterten Allgemeinen Psychologie und Sozialpsychologie, nimmt der „behavior-setting"-Ansatz von BARKER und Mitarbeitern eine herausragende Rolle ein (BARKER 1968).

Das Konzept des Behavior-Setting thematisiert Alltagsgeschehen in raumzeitlich gut abgrenzbaren natürlichen Funktionseinheiten, in einer überindividuellen Perspektive nach dinglichen, sozialen und psychologischen Gesichtspunkten, und ist m.E. insoweit ganz gut geeignet, die unter dem Begriff „Heimat" zusammengefaßte Vielfalt sehr heterogener, subjektiver und objektiver Faktoren (z.b. sense of place, geographical experiences) ohne größeren Verlust an Komplexität und Ganzheitlichkeit präziser zu strukturieren.

Zunächst erscheint wichtig hervorzuheben, daß Heimat in der hier gewählten Theorieperspektive ein Beziehungskonstrukt ist, das die dynamische Wechselwirkung von Personen (occupants, inhabitants) und ihrem Milieu zum Gegenstand hat. Objektive und subjektive Faktoren weisen aufeinander hin und bilden eine Einheit, eine Ding-Person-Konstellation mit bestimmten strukturellen Zügen und einem charakteristischen Verhaltensoutput („standing pattern of behavior"). Die Beziehung selbst ließe sich als dialektisch, „dynamic interchange" oder als „transaktional" kennzeichen. BARKER selbst faßt das (relativ stabile, dauerhafte) In-und-Miteinander-Verschränktsein der materiellen Umstände eines Settings mit dem „typischen Verhalten" der Benutzer in der betreffenden Funktionseinheit („behavior of men en masse") mit dem Begriff „behavior-milieu-synomorph". Synomorphes Verhalten ist also durch einen hohen Grad von Angepaßtheit an die dinglichen und darüberhinaus die sozialstrukturellen und programmatischen Komponenten des betreffenden Settings gekennzeichnet; es setzt ein beträchtliches Insider-Wissen über die jeweils geltenden Standards/Regeln voraus und natürlich auch die entsprechende Bereitschaft und Kompetenz, diesem Wissen gemäß zu handeln. In längeren Prozessen der Orientierung, des Sich-Einlebens und -Anpassens in das angetroffene bzw. aufgesuchte Milieu werden diese Qualifikationen erworben. Sie bilden zusammengenommen die psychischen Ressourcen, niedergelegt in Skripts (SCHANK & ABELSON 1977), die ein problemloses, selbstverständliches Teilnehmen an den verschiedensten Settings eines Areals (z.B. einer Stadt, eines Bezirks) gewährleisten. Einheimische, in einer bestimmten Region Beheimatete, unterscheiden sich von Fremden, von beiläufigen Besuchern (z.B. Touristen) nicht zuletzt dadurch, daß sie in zentralen Rollen aktiv an dem geregelten Geschehen in den Behavior-Settings gekonnt teilnehmen können. BARKER (1968, S. 49 f) verwendet in diesem Zusammenhang den Begriff „penetration of behavior settings", um den Grad des verantwortungsbewußten Mitwirkens an der Gestaltung und dem Funktionieren der (zeit- und ortsgebundenen) Lebensgemeinschaft „Behavior-Setting" auszudrücken.

Die Behavior-Settings als psychosoziale und ökobehaviorale Subeinheiten einer Institution, eines Gemeinwesens, können untereinander strukturelle oder/und prozessuale Ähnlichkeiten aufweisen (z.B. bezüglich der beteiligten Personen, der Einrichtungsgegenstände, der dominanten Verhaltensmuster), die es rechtfertigen, sie zu übergeordneten Einheiten zusammenzufassen (z.B. Genotyp, Multi-Setting-Synomorph, „authority-systems" wie Schule, Kirche, Gemeindeparlament, die einen gleichgerichteten Einfluß

Heimat in ökopsychologischer Sicht

auf die ihnen nachgeordneten einzelnen Behavior-Settings ausüben (BARKER 1978, S. 236 f; vgl. KAMINSKI 1986, S. 17 ff)). In der Wahrnehmung der Benutzer verschiedener Behavior Settings eines Lebensraums können sich solche objektivierbaren Ähnlichkeiten in Form eines bestimmten Stils, als Habitus (strukturierter Komplex von handlungsleitenden Zielsetzungen, Einstellungen und Bewertungsmustern) oder als Haltung (Erzeugungsschemata von Praktiken und Werken) bemerkbar machen (vgl. hierzu die zahlreichen Quellenangaben von LÜDTKE 1989 zu den Konzepten Stil, Lebensstil, Lebensorganisation, S. 24 f). Attribuiert man die registrierten Ähnlichkeiten eines Quartiers, eines Lebenskontextes (z.B. einer Stadt) weniger auf bestimmte Akteurcharakteristika – wie die oben beispielhaft genannten –, sondern auf die Ressourcen, Strukturen, Gesetzmäßigkeiten der Lebenswelt selbst, so gelangt man bei Betonung ästhetischer und affektiver Dimensionen auf Aggregierungen wie Atmosphäre, Fluidum, Ambiente, „Klima" etc. Methodische Zugänge zur genaueren Dimensionierung und Quantifizierung solcher atmosphärischen Merkmalskonfigurationen sind in der Ökologischen Psychologie u.a. durch MOOS (social climate scales; 1974), MEHRABIAN (1978), CRAIK & ZUBE (PEQI-Maß: perceived environmental quality indices; 1976), GROSJEAN und Mitarbeiter (Bewertungsskalen; 1986) geschaffen worden. Ausführlichere Darstellungen zur Einbeziehung emotionaler Reaktionen in einen ökologischen Handlungskontext wurden in den letzten Jahren u.a. von LANTERMANN (1985), RUSSELL & SNODGRASS (1987) sowie von WINTER (1986; 1988) publiziert. Die Bedeutung der von BARKER et al. vorgenommenen Weiterverarbeitung von Behavior-Setting-Daten via Aggregierung von strukturell oder funktional gleichartigen Subeinheiten zu Ganzheiten höherer Ordnung ist darin zu sehen, daß es m.E. gerade die globalen, szenischen Qualitäten eines Gebietes sind, die in den induzierten Stimmungen, den affektiven Bewertungen und bleibenden Erinnerungen ihren psychischen Niederschlag finden. Die Benutzer der (in bestimmten Hinsichten strukturverwandten, ähnlichen) Behavior-Settings eines Gebietes sind so gesehen Mediatoren, Vermittler der realexistenten Lebensordnung, und Heimat ist das psychische Pendant, die Widerspiegelung der spezifischen sozialräumlichen Kernstruktur einer Stadt. LÜDTKE (1989, S. 144) drückt diesen Sachverhalt in folgender These aus: „Der Bewohner „sendet" zunächst probeweise in alle Richtungen der Umgebung Orientierungen; „erfolgreiche" Sendungen kommen als symbolische Signale und soziales Echo zu ihm zurück und werden in einem Prozeß von Versuch und Irrtum ausgewählt, gewichtet, verknüpft und verdichtet. Dieser Vorgang beinhaltet eine Mischung von „Exchange"- und „Inchange-Prozessen" im Sinne einer Rückwirkung bereits gegebener kollektiver Bedeutungen eines Ortes auf das Bewußtsein des Bewohners".

Wenn dieses Zitat auch nicht ganz auf der theoretischen Linie des BARKERschen Behavior-Setting-Konzepts liegt, so weist es doch recht eindrücklich und sinnverwandt auf die von BARKER (1978) näher ausgearbeitete „interface-Beziehung" von Raum und Lokalität einerseits und den „human components" andererseits hin: Die Behavior-Settings der übergeordneten Einheit „Heimat" sind in den je subjektiven Lebensräumen der Benutzer/Bewohner, dem psychologischen Habitat, relativ gut übereinstimmend repräsentiert, und zwar in der Art der Forderungen (obligations), die von ihnen ausgehen, wie auch in den Befriedigungschancen (opportunities), die sie gewähren. Behavior-Settings sind in der Perspektive eines äußeren Beobachters gut auffindbar in den molaren Verhaltensmustern, deren übergreifendes, vereinheitlichendes Konstrukt der Lebensstil ist. Internal zeigt sich die Widerspiegelung von Langzeiteffekten des Milieus (z.B. einer zu hohen Einwohnerzahl bezogen auf den verfügbaren Raum) in bestimmten Haltungen – für das Beispiel etwa in verstärkten Tendenzen zur Privatheit, Abgrenzung, Separierung –, so daß die Sachkonfiguration und Sozialstruktur des Milieus mit und durch die Art der Benutzung in ein synomorphes mentales Konstrukt- und Verhaltenssystem überführt wird.

3. Einige Hinweise auf einschlägige empirische Arbeiten

Empirische Studien, die in einer ökopsychologischen Perspektive Themen wie Ortsidentität, Stadtidentität, „place identity", „sense of place", „place dependence", rootedness, „home" etc. behandeln, sind in den letzten Jahren in deutlich größerer Anzahl durchgeführt worden als in vielen Jahren zuvor. Im deutschsprachigen Raum sei zunächst auf die Arbeiten von LALLI (1988a, 1988b) sowie LALLI & THOMAS (1988), verwiesen, die sich vor allem auf die Planung und Bewertung von Maßnahmen zur Erhöhung von Stadtqualität, insbesondere auf die Verbundenheit der Bewohner mit ihrer Stadt und Nachbarschaft beziehen. Was die Erlebniswirkung der Wohnumwelt und die Korrelation zwischen wahrgenommener Umweltqualität und politischem Engagement anbetrifft, seien die Forschungen der Nürnberger Arbeitsgruppe um J. FRANKE (1976) sowie die Pilotstudie von WINTER & CHURCH (1984) erwähnt. Aus der Fülle der in den USA publizierten empirischen Forschungsarbeiten sollen der Artikel von Francis VIOLICH (1985) über das intuitive Verstehen des verborgenen „sense of place" herausgegriffen werden, sowie die Publikationen von GALSTER & HESSER (1981), RUSSEL et al. (1981) und GREENBAUM & GREENBAUM (1981) über Determinanten der Wohnzufriedenheit und der „Personalisierung" von Wohnung und näherer Wohnumgebung. Zahlreiche weitere einschlägige Literaturangaben finden sich in den o.a. Arbeiten von LALLI und in der Zeitschrift „Environment and Behavior".

Ökopsychologie bereits geleistet und eine große Auswahl heimatbezogener empirischer Forschungsarbeiten zu Fragen der Wohn- und Stadtqualität, der emotionalen „Besetzung" der nächsten Objekte im Haus- und Umgebungsbereich, der Identifikationsprozesse und deren Veränderung im Lebenszyklus zur Verfügung stünden. Für den deutschen Sprachraum ist das m.E. auf gar keinen Fall so. So ist beispielsweise bei Anwendung des Behavior-Setting-Ansatzes (und der aus ihm abgeleiteten Behavior-Setting-Technologie) wenig geklärt, welchen Einfluß kulturelle und politische Rahmenbedingungen auf die Entstehung und das Funktionieren der verschiedenen Behavior-Settings eines Areals haben, in welcher Weise soziographische und persönlichkeitspsychologische Besonderheiten der Akteure/Inhabitanten die Art der Benutzung präformieren und wie das Zusammenwirken von systemstrukturellen Umgebungsfaktoren und individualpsychologischen Bedürfnissen im konkreten Benutzungsfall von statten geht. (vgl. SAUP 1986; KOCH 1986). Die kognitiven Abstimmungs-, Entscheidungs- und Regulationsprozesse, die das Verhalten der einzelnen Inhabitanten/Akteure separat oder/und in sozialer Koordination mit anderen Benutzern steuern, sind noch relativ wenig bekannt (KRUSE 1986).

Literatur

BARKER, R.G. (1968), Ecological psychology. Stanford, CA: Stanford University Press
BARKER, R.G. (1978), Habitats, environments, and human behavior. San Francisco: Jossey-Bass Publishers
CRAIK, K.H. & ZUBE, E.H. (1976), The development of perceived environmental quality indices. In: Craik, K.H. & Zube, E.H. (Eds.): Perceiving environmental quality. New York & London: Plenum Press, S. 3-20
CRANACH, M.v. u.a. (1980), Zielgerichtetes Handeln. Bern/Stuttgart/Wien: Huber
CSIKSZENTMIHALYI, M. & ROCHBERG-HALTON, E. (1989), Der Sinn der Dinge. München/Weinheim: Psychologie Verlags Union
GALSTER, G.C. & HESSER, G.W. (1981), Residential satisfaction. Environment and Behavior, 13, No. 6, S. 735-758
GREENBAUM, P.E. & GREENBAUM, S.D. (1981), Territorial personalization. Environment and Behavior, 13, No. 5, S. 574-589
GROSJEAN, G. u.a. (1986), Ästhetische Bewertung ländlicher Räume. Schlussbericht zum Schweizerischen MAB-Programm Nr. 20, Bern: Bundesamt für Umweltschutz, Bibliothek
KAMINSKI, G. (1986), Einführung: Zwischenbilanz einer „psychologischen Ökologie". In: Kaminski, G. (Hrsg.): Ordnung und Variabilität im Alltagsgeschehen. Göttingen/Toronto/Zürich: Verlag für Psychologie, Hogrefe, S. 7-29
KOCH, J.-J. (1986), Behavior-Setting und Forschungsmethodik Barkers: Einleitende Orientierung und einige kritische Anmerkungen. In: Kaminski, G. (Hrsg.): Ordnung und Variabilität im Alltagsgeschehen. Göttingen/Toronto/Zürich: Verlag für Psychologie, Hogrefe, S. 31-60
KRUSE, L. (1986), Drehbücher für Verhaltensschauplätze oder: Scripts für Settings. In: Kaminski, G. (Hrsg.): Ordnung und Variabilität im Alltagsgeschehen. Göttingen/Toronto/Zürich: Verlag für Psychologie, Hogrefe, S. 135-176

LALLI, M. (1988a), Urban identity. In: Canter, D. et al. (Eds). Environmental Social Psychology. Dordrecht: Kluwer, S. 303-311

LALLI, M. (1988b), Ortsbezogene Identität als Forschungsproblem der Psychologie. Vortragsmanuskript zur 3. Tagung des Arbeitskreises für neue Methoden in der Regionalforschung in Zell am Moos (A), 12.10.-15.10.1988 (erscheint in: Aufhauser, E., Giffinger, R. & Hatz, G. (Hrsg): Perspektiven regionalwissenschaftlicher Forschung. Wien)

LALLI, M. & THOMAS, Ch. (1988), Zur Bewertung geplanter Maßnahmen zur Erhöhung der Stadtqualität in Mannheim durch die Wohnbevölkerung. In: Landschaft und Stadt 20, No. 3, S. 128-138

LANTERMANN, E.-D. (1985), Kognitiv-emotionale Handlungsregulation: Das Produktion-Signal-Impuls-Modell. In: Day, P. u.a. (Hrsg): Umwelt und Handeln (Festschrift zum 60. Geburtstag von Gerhard Kaminski). Tübingen: Attempto-Verlag, S. 287-307

LERSCH, Ph. (1956), Aufbau der Person. München: Barth

LITTLE, B.R. (1987), Personality and the environment. In: Stokols, D. & Altman, I. (Eds): Handbook of Environmental Psychology, Vol I. New York: Wiley & Sons, S. 205-244

LÜDTKE, H. (1989), Expressive Ungleichheit. Opladen: Leske + Budrich

LYNCH, K. (1960), The image of the city. Cambridge, Mass.: MIT Press (dtsch: Das Bild der Stadt. Berlin/Frankfurt: Bauwelt-Fundamente 1965)

MEHRABIAN, A. (1978), Räume des Alltags oder wie die Umwelt unser Verhalten bestimmt. Frankfurt/New York: Campus

MILLER, R. (1986), Einführung in die Ökologische Psychologie. Opladen: Leske & Budrich

MOOS, R.H. (1974), Evaluating treatment environments. A social ecological approach. New York, London, Sydney, Toronto: John Wiley & Sons

RUSSEL, J.A. & SNODGRASS, J. (1987), Emotion and the environment. In: Stokols, D. & Altman, I. (Eds): Handbook of Environmental Psychology, Vol I. New York: Wiley & Sons, S. 245-280

RUSSELL, J.A., WARD, L.M. & PRATT, G. (1981), Affective quality to environments. In: Environment and Behavior, 13, No.3, S. 259-289

SCHANK, R. & ABELSON, R. (1977), Scripts, plans, goals, and understanding. Chicago: University of Chicago Press

STOKOLS, D. (1981), Group x place transaction: Some neglected issues in psychological research on settings. (Paper presented at the Symposium on the situation in psychological theory and research. Lovik, Stockholm, Sweden, June 17-21). In: Magnusson, D. (Ed): The situation in psychological theory and research. Hillsdale, N.J.: Lawrence Erlbaum, S. 393-415

VIOLICH, F. (1985), Towards revealing the sense of place: An intuitive „reading" of four Dalmatian towns. In: Seamon, D. & Mugerauer, R. (Eds): Dwelling, place and the environment. Dordrecht, Boston, Lancaster. Martinus Nijhoff Publishers, S. 113-136

WINTER, G. & CHURCH, S. (1984), Ortsidentität, Umweltbewußtsein und kommunalpolitisches Handeln. In: Moser, H. & Preiser, S. (Hrsg) Umweltprobleme und Arbeitslosigkeit. Weinheim: Beltz, S. 78-93

WINTER, G. (1986), Traditionen, Sackgassen und neue Möglichkeiten in der Freizeitforschung. In: Lüdtke, H., Agricola, S. & Karst, U. (Hrsg): Methoden in der Freizeitforschung. Opladen: Leske + Budrich, S. 27-56

WINTER, G. (1988), Motivations- und emotionspsychologische Aspekte von Reisehandlungen. In: Storbeck, D. (Hrsg): Moderner Tourismus (Materialien zur Fremdenverkehrsgeographie 17). Trier: Selbstverlag der Geographischen Gesellschaft Trier, S. 205-237

Wilfried Belschner

Anmerkungen zum Heimatbegriff

Der folgende Beitrag umkreist den Heimatbegriff. In fünf Annäherungen wird jeweils eine mit ihm verknüpfte Dimension – als These formuliert – angesprochen.

These 1: Heimat ist ein *Raumbegriff*

Wenn von Heimat gesprochen wird, beziehen sich die SprecherInnen meist auf einen gedachten oder vorgestellten Raum. Sie operieren somit implizit oder explizit mit einem Bezugssystem. Solche Bezugssysteme können der eigene Körper, die Wohnung, die Nachbarschaft, das Quartier/der Stadtteil, die Kommune/das Dorf, die Region, die Nation, der Erdteil, die Erde sein (Abb. 1).

Die Skala der einer Person verfügbaren Bezugssysteme kann differenzierter als das eben vorgestellte sein, evtl. aber auch weniger entfaltet sein.

Das von einer Person benutzte *Bezugssystem* ist auch nicht kontextunabhängig, d. h. zeitlich stabil. Vielmehr wird eine Person je nach der Beschaffenheit der Lebenssituation, in der sie sich zur Zeit befindet, eine Ausweitung oder Schrumpfung ihres Heimatareals als psychischen Verarbeitungsprozeß vornehmen. Der jeweils bedeutsame Heimat-Raum wird also von biographischen und historischen Bedingungen abhängen.

Die hier zu stellenden Fragen lauten somit:

- Unter welchen Bedingungen weitet sich Heimat räumlich aus? Unter welchen Bedingungen kann eine den eigenen Körper überschreitende affektive Besetzung vorgenommen werden, ohne daß die Person sich dabei überfordert? (Balance der Heimat-Räume)
- Unter welchen Bedingungen schrumpft Heimat zu einer quasi raumlosen psychischen Befindlichkeit, so daß Heimat als frei *flottierende* Sehnsucht verbleibt? Heimat wird dann zu einem Suchprozeß, der nicht seß-

haft werden kann, oder wird zu einer nicht bindungsfähigen psychischen Befindlichkeit.
- Unter welchen biographischen und historischen Bedingungen verortet sich eine Person in einem bestimmten Bereich ihrer Skala von Heimat-Räumen und beim Vorliegen welcher Merkmale begreift sie diese Vorortung als einen gelingenden bzw. geglückten Prozeß? – Unter welchen Bedingungen wird aus einem dynamischen, reversiblen Verortungsprozeß ein starres Festhalten eines Zustandes von Heimatraum?

Abbildung 1: Zonen der Heimat-Räume und ihre Balance

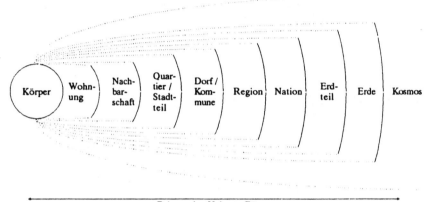

Abb. 1: Zonen der Heimat-Räume und ihre Balance

These 2: Heimat ist ein *Aktivitätsbegriff*

Gemäß einer interaktionistischen Perspektive hat eine Person die Aufgabe zu lösen, ein *Passungsgefüge* zwischen sich und ihrer Umwelt herzustellen (FILIPP 1990). Die Herstellung dieses Passungsgefüges können wir uns als einen iterativen Prozeß vorstellen (BELSCHNER 1982).

(1) Eine Person organisiert sich im Hinblick auf die spezifischen statischen und dynamischen Merkmale einer Situation.
(2) Eine Person greift verändernd im Hinblick auf ihre spezifischen, relativ stabilen Merkmale und Verarbeitungsmechanismen (Ziele, Wahrnehmungs- und Interpretationsmodi) in die Umwelt ein und organisiert Umwelt adaptiv zu ihren Zielen.

Diese beiden Teilprozesse werden solange wiederholt, bis eine Passung erreicht ist. Das Wort Passung darf aber nun nicht suggerieren, daß der er-

Anmerkungen zum Heimatbegriff

reichte Zustand spannungsfrei ist: es ist immer die unter bestimmten biographischen, sozialen, ökologischen, ökonomischen, technologischen, historischen Voraussetzungen zustandegekommene zeitpunktspezifische Passung. Das Kräftefeld dieser Voraussetzungen ist somit in ständiger Veränderung und erfordert hinsichtlich des Passungsgefüges stete Aktivität der Person.

In bezug worauf ist nun ein Passungsgefüge zu entwickeln? Ist die begriffliche Eingrenzung auf ein Mensch-Umwelt-Gefüge ausreichend?

Für den Versuch einer Antwort soll das Symbol X eingeführt werden. In diesem Symbol sind drei Räume enthalten (Abb. 2):

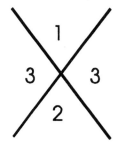

Diese Räume sind jeweils offen.

Raum 1: Dieser Raum steht für Offenheit zu etwas, was sich „über" uns befindet, etwas, das über uns hinausweist und in das wir eingebettet sind: es handelt sich um die spirituellen Bezüge des Menschen.

Raum 2: Dieser Raum steht für Offenheit zu etwas, das uns trägt, nährt, von dem wir mit diesem Körper nicht loskommen: bei aller Anstrengung, uns von der Erde zu lösen, wir kehren immer zu ihr zurück. Wir können versuchen, diese erdhafte Ge- und Verbundenheit zu vergessen, zu übersehen, zu vernachlässigen, zu übergehen: wir werden spätestens bei ökologischen Krisen und Katastrophen daran erinnert (s. den SPIEGEL-Titel vom 17. Juli 1989: `Wer rettet die Erde?').

Raum 3: Dieser Raum steht für Offenheit zu etwas, das uns mit unseren Mitmenschen und den von Menschen geschaffenen sozialen und symbolischen Wirklichkeiten verbindet.

Nehmen wir nun hypothetisch an, daß der Mensch als der Schnittpunkt der beiden Geraden aufzufassen ist. Wir können dann folgende Überlegung anstellen:

Die Bezeichnungen Heimat finden, heimisch werden, Heimat entwickeln, stehen für den Prozeß, für die menschliche Aktivität, daß der Schnittpunkt der beiden Geraden als *Integrationspunkt* der drei skizzierten Räume den Ort zugewiesen bekommt, der den Anforderungen des menschlichen Daseins in seinen unterschiedlichen Perspektiven gerecht wird.

These 3: Heimat ist ein Begriff für eine gelingende *Transformation*

Menschen setzen sich mit ihren Umwelten auseinander. Entscheidend für ihr Handeln ist jedoch nicht die objektive Beschaffenheit dieser Umwelten, sondern je nach den subjektiven Interpretationen dieser Umwelten organisieren sie ihre Handlungspläne: Die Zahl der Quadratmeter an Wohnfläche wird umgewandelt in Weite bzw. Enge, in Lebensfreude ermöglichenden Raum bzw. in eine die Entfaltung der eigenen Potentiale behindernde Unterkunft usw.

Der objektiven Umwelt werden somit Attribute und Bedeutungen zugewiesen.

Im Fall der Heimat wird dieser Umwandlungsprozeß unter der Perspektive des Gelingens akzentuiert:

Die Person, die angibt, dieser Raum sei Heimat für sie, behauptet, es sei ihr gelungen,

Objektives	in	Subjektives
Unvertrautes	in	Vertrautes
Flüchtiges	in	Stabil-Veränderbares
Beziehungsloses	in	auf sie Bezogenes
Gestaltloses	in	Gestaltbares
Bedeutungsloses	in	Bedeutungshaftes

zu transformieren.

These 4: Heimat beruht auf einem Recht auf *Gestaltung*

Menschen wollen sich nicht als eine Ressource auffassen, über die von anderen verfügt wird und die als selbstverständlich vorhandene verbraucht wird, sondern sie müssen sich in ihrer Funktion und Kompetenz des Gestaltens erleben können.

Damit Heimat sich entwickeln kann, besser: damit von Personen Heimat als aktiver Prozeß der Konstruktion einer Wirklichkeit unternommen wird, muß ihnen das Recht auf Gestaltung zugesprochen sein.Dieses Recht auf Gestaltung kann in verschiedenen Lebensbereichen aktualisiert werden. Ich möchte den Gestaltungswunsch und die Gestaltungskompetenz im Lebensbereich Wohnen an vier Beispielen veranschaulichen.

Anmerkungen zum Heimatbegriff

Beispiel 1:

a) Ein türkischer Mitbürger schafft sich einen halböffentlichen Raum, (Abb.3). Er eignet sich also einen Raum an.
b) Dieser Raum wird „eingedeutscht": der ursprüngliche, landesübliche Flechtzaun wird ersetzt durch einen Zaun aus Latten, die anschließend weiß gestrichen wurden (Abb.4). Dieser spätere Zaun steht für den Wunsch nach dem Besonderen und Exklusiven, als Ausdruck von Reichtum ...

Abbildung 3

Abbildung 4

Beispiel 2:

Ein Bewohner eines Quartiers, das als sozialer Brennpunkt gilt, schreibt im Jahre 1987 an den damaligen Ministerpräsidenten des Landes Niedersachsen einen Brief, um eine Spende für das von den QuartierbewohnerInnen mitorganisierte Siedlungsfest zu erbitten (BESLCHNER & KOCH 1989). Der Brief hat folgenden Wortlaut:

Oldenburg, den 8.6.87

A... B...
Rigaer Weg ...
2900 Oldenburg
Minister-Präsidenten des Landes Niedersachsen
Herrn Albrecht

Betreff: Siedlungsfest von Oldenburg-Ohmstede am 15.8.87. (Geldspende)

Gründe: Wir leben hier ein einer großen Siedlung der X.Y.Z. Oldenburg. 80% Arbeitslose, oder Sozial-Empfänger. Mit einigen Mit-Bewohnern, haben wir vieles in der Siedlung durch eigene Arbeit verschönert, Blumen-Rabatte, Kinderspielplätze, e.c.t. Unser Ziel ist es, nach aussen hin nicht sehen zulaßen, das hier soviele, arme Menschen wohnen dies wird wie schon angeführt, durch eigene Arbeit gestaltet, Material bekommen wir von der X.Y.Z. gestellt.

Nun möchten wir, durch das Siedlungs-Fest erreichen, das, daß zusammenleben der Deutschen-Mietern und Ausländischen-Mitbürgern gefestigt wird, vor allendingen bei den Kindern. Was nützt ein schöner Baum der aussen strahlt und innen morsch ist. Wir haben an folgende Darbietungen gedacht! Pony-Gruppe, Türkische, Spanische, Lettische und Ciny Tanz-Gruppen, Kinder-Flohmarkt und verschiedene Spiele. Dies kostet aber Geld und dies haben wir leider nicht.

Ich frage aus diesem Grunde, hiermit an, ob Sie uns mit einer kleinen Spende helfen können, um den Plan zu verwirklichen.

Bei Rückfragen bitte die Wohnwerkstatt, Rigaer Weg 59, Telefon Nr.0441-34151 anrufen, dort Frau S. verlangen.

Bitte um wohlwollende Prüfung, meiner Bitte!

Hochachtungsvoll
A... B...

In dem Brief kommt deutlich der Gestaltungswunsch als Maßnahme zur Stigmaabwehr und zur Selbstwerterhöhung zum Ausdruck. Beide Prozesse sind für den Aufbau von Heimat notwendig.

Beispiel 3:

In einer Untersuchung über die Wohnbedingungen im sozialen Wohnungsbau fragten wir die Mieterinnen und Mieter auch nach ihren Wünschen hinsichtlich der Mitbestimmung des sozialen Mikromilieus (BELSCHNER & SCHULTE 1988).

Die Frage lautete: „Möchten Sie darüber mit-entscheiden, wer als MieterIn in das Haus einzieht, in dem sie wohnen?"

62 Prozent der befragten 138 Personen sprachen sich für eine Mitentscheidung aus.

Ihnen ist es also nicht gleichgültig, mit wem sie in einem Haus zusammen wohnen. In der Möglichkeit zur *Mitbestimmung* ist die Hoffnung enthalten, die eigene Lebenssituation aktiv gestalten zu können und damit ein Gegengewicht zu schaffen für die vielfältigen und alltäglichen Situationen, in denen die eigenen Ansichten zurückzustellen oder zu verheimlichen sind, nicht ge- und erfragt werden, anderen gleichgültig sind oder sie auf die Handlungen anderer offensichtlich keinen Einfluß ausüben. Die mitbestimmungswilligen MieterInnen betonen ihren Subjektstatus und verweisen auf ihren Anspruch, einem *Menschenbild* Geltung zu geben, das die schöpferischen Qualitäten des Menschen anerkennt (s. z.B. Fichtes Aussage „Ich selbst will mich machen zu dem, was ich sein werde." FICHTE 1965). Neben diesen produktiven Aspekt tritt noch ein eher defensiver Aspekt: der Wunsch, mehr Kontrolle über die eigene *Lebenssituation* gewinnen zu können (OSNABRÜGGE, STAHLBERG & FREY 1985) und über die Auswahl der MitbewohnerInnen eine höhere Homogenität der Lebensauffassungen zu erreichen, um dadurch Fremdheitserlebnisse und Konflikte zu verhindern und soziale und materielle Unterstützung zu ermöglichen (RÖHRLE & STARK 1985).

Beispiel 4:

Hier möchte ich die normative Gestaltungsaufgabe für MieterInnen in den Vordergrund stellen. Wer einmal zur Miete wohnte, kennt die reglementierende Wirkung der Hausordnung.

Die folgende Abbildung gibt einen Ausschnitt aus der vom Gesamtverband der Gemeinnützigen Wohnungsbauunternehmen verwendeten Hausordnung wieder (Abb. 5).

Abbildung 5: Ausschnitt aus der vom Gesamtverband Gemeinnütziger Wohnungsunternehmen herausgegebenen Hausordnung

> Vom Gesamtverband Gemeinnützige Wohnungsbauunternehmen gem. § 12 WGGOV (Ausgabe 1979) herausgegebene
>
> **HAUSORDNUNG**
> ======================
>
> **Haus und Wohnung werden nur dann zum Heim, wenn jeder Bewohner sie so behandelt, als wären sie sein Eigentum.** Wir bitten deshalb unsere Mieter, im Hause im allgemeinen und in Ihrer Wohnung im besonderen auf Ruhe, Ordnung und Reinlichkeit zu achten.
> Wenn jeder Bewohner darauf bedacht ist, an der Erhaltung eines auf gegenseitiger Rücksichtnahme gegründeten Zusammenlebens mitzuwirken, wird die Hausgemeinschaft stets eine gute sein.
> Zu diesem Zweck ist diese Hausordnung aufgestellt worden.
>
> Die <u>Haustüren</u> sind in den Monaten April bis September von 22.00 bis 6.00 Uhr und in den übrigen Monaten von 21.00 bis 7.00 Uhr verschlossen zu halten. Das Abschließen um 21.00 bzw. 22.00 Uhr besorgt der von der Vermieterin eingesetzte Hauswart/Beauftragte. Falls kein Hauswart/Beauftragter eingesetzt ist, sind dafür wechselseitig die Mieter zuständig. Haus- und Kellertüren sind stets geschlossen zu halten. Die Hausschlüssel dürfen nur Personen ausgehändigt werden, die zum Hausstand des Mieters gehören.
> Auf <u>Haus-, Treppen- und Kellerfluren</u> dürfen keine Gegenstände abgestellt werden. Zur Vermeidung von Unglücksfällen dürfen Fußmatten nicht auf die Treppenaufgänge vor die Wohnungstüren gelegt werden. Kinderwagen sowie Fahrräder müssen beim Transport über die Treppen getragen werden.
>
> <u>Keller und Böden</u> sind keine Aufbewahrungsorte für leicht entzündliche und feuergefährliche Stoffe, wie Benzin, Benzol, Papier, Packmaterialien, Matratzen, Lumpen, Polstermöbel und dergleichen; Brennmaterial muß sachgemäß gelagert werden. Offenes Licht auf dem Boden und im Keller ist nicht gestattet. Das Unterstellen von Kraftfahrzeugen aller Art einschließlich Mopeds in den Wohngebäuden ist ebenfalls nicht erlaubt. Motorisierte Fahrzeuge sind nur auf der öffentlichen Straße und evtl. vorhandenen Parkstreifen, jedoch nicht auf Grundstückswegen abzustellen.
> Um das Eindringen von Ungeziefer, Unterkühlungen der Erdgeschoßwohnungen und Frostschäden zu vermeiden, sind die Kellerfenster geschlossen zu halten und nur zur <u>kurzen</u> Lüftung zu öffnen.
> Holz und andere Brennstoffe dürfen nicht im Haus, sondern nur an den dafür vorgesehenen Stellen zerkleinert werden.

Versuchen Sie nun bitte in einem Gedankenexperiment, sich eine Hausordnung auszudenken, die den BewohnerInnen eines Mietshauses Gestaltungsmöglichkeiten eröffnet. Wie könnte eine solche Hausordnung abgefaßt sein?

Könnte diese alternative Hausordnung etwa folgendermaßen lauten?

Sehr geehrte Frau A.,
sehr geehrter Herr B.!

Zwischen Ihnen und uns wird ein Mietvertrag abgeschlossen. Daraus werden sich für Sie und für uns Rechte und Pflichten ergeben. Wir sind bemüht, Ihnen eine Wohnung zur Verfügung zu stellen, in der Sie angenehm wohnen können. Wir werden bestrebt sein, auftretende Mängel umgehend zu beheben. Es wird unser Ziel sein, die Voraussetzungen zu schaffen, damit Sie sich in Ihrer Wohnung gerne und angenehm aufhalten können.

Wir bitten Sie, mit der Wohnung und den darin vorhandenen Einrichtungen und Installationen pfleglich umzugehen. Tragen Sie bitte dazu bei, den

Wert der Wohnung zu erhalten. Wir sind bemüht, die Miete möglichst niedrig zu halten. Dies wird nur gelingen, wenn Sie verantwortlich dazu beitragen, die Kosten für die Erhaltung der Wohnung, des Gebäudes und des Wohnumfeldes niedrig zu halten.

Sie wohnen im Gebäude C-Straße Nr. X zusammen mit Y weiteren Parteien. Sie alle werden Vorstellungen darüber haben, wie Sie wohnen und leben möchten. Diese Vorstellungen können unterschiedlich sein.

Wir möchten als Vermieterin Ihnen nicht vorschreiben, wie Sie zu leben haben. Wir bitten Sie, sich mit den anderen MieterInnen zusammenzusetzen und sich über das Zusammenleben im Haus zu verständigen. Es wird nützlich sein, die Regelungen, die Sie als HausbewohnerInnen getroffen haben, von Zeit zu Zeit zu überprüfen. Vielleicht ist es dann notwendig, die Regelungen zu ergänzen oder abzuändern.

Bitte informieren Sie uns über die von Ihnen getroffenen und als gültig anerkannten Regelungen. Falls Sie es wünschen, stehen unsere MitarbeiterInnen für eine Niederschrift Ihrer Regelung zur Verfügung.

In der Anlage informieren wir Sie über einige Sicherheitsvorschriften und rechtliche Bestimmungen, die durch das Bürgerliche Gesetzbuch und durch Vorschriften der Versicherungen vorgegeben werden.

Wir wünschen Ihnen ein angenehmes Wohnen!

Ihre Siedlungsgesellschaft
i. A.

Wenn dieses Recht auf Gestaltung eingeräumt wird, wird auch eine Forderung der Ottawa Charta zur Gesundheitsförderung erfüllt (WHO 1986). Darin heißt es: „Gesundheitsförderung zielt auf einen Prozeß, allen Menschen ein höheres Maß an Selbstbestimmung über ihre Gesundheit zu ermöglichen ...". Da Gesundheit an Voraussetzungen gebunden ist – die Ottawa Charta nennt z.B. Frieden, angemessene Wohnbedingungen, Bildung, Ernährung, Einkommen, ein stabiles Ökosystem, eine sorgfältige Verwendung vorhandener Naturressourcen, soziale Gerechtigkeit und Chancengleichheit –, bedeutet dies, daß hier ein höheres Ausmaß an Selbstbestimmungen über Lebensumstände, d. h. ein Recht auf Gestaltung gefordert wird.

These 5: Heimat ist ein Begriff für eine *Illusion*

Heimat zu entwickeln, bedeutet gemäß den bisherigen Überlegungen auch, sich einen Raum vertraut zu machen. Gemeint ist damit meist, die Dynamik in dem so geschaffenen Heimatraum aufzuhalten und stattdessen einen bestimmten Zustand zu konservieren.

Die Verwendung des Konstruktes Heimat könnte insofern auf eine psychische Tendenz hinweisen, nämlich die Suche nach etwas Sicherem, Stabilem, Festem, Unveränderlichem. Diese psychische Tendenz ist verstehbar und psycho-ökonomisch von Nutzen: sie hilft uns, Komplexität zu reduzieren und in das Chaos dynamischer Prozesse Ordnung einzuführen (DÖRNER 1989). Nur: die Vorstellung, wir könnten etwas festhalten, etwas besitzen, etwas mit Dauer versehen, beruht auf einer Illusion. Wir übersehen, daß alles im Fluß ist.

Ich will in zweifacher Weise versuchen, diese These zu veranschaulichen.

1. An einem Haus in der oberbayrischen Stadt Kochel fand ich den folgenden Spruch an einer Wand:

Dies Haus ist mein/und ist nicht mein. /
Dem Zweiten wird es/auch nicht sein. /
Den Dritten trägt man/auch hinaus,/
jetzt sagt mir, /wem gehört dies Haus?

2. Für den zweiten Versuch der Veranschaulichung will ich auf eine eigene Erfahrung zurückgreifen.

Wer fernöstlichen Meditationsübungen wie Taijiquan oder Qigong zugesehen hat oder diese selbst praktiziert, weiß, daß dies langsame, fließende Bewegungen sind, bei denen Anfang und Ende ineinander übergehen (AL HUANG 1979, CHEN MAN-CHING 1986, DA LIU 1982, KOBAYASHI 1979, PROKSCH 1987, WU 1984).

Beim Praktizieren einer solchen Übung ertappte ich mich dabei, daß ich gemäß der Instruktion, die gesamte Bewegungsfolge bestehe aus 24 sogenannten Bildern, die Übung aufteilte, quasi zerhackte in 24 Teile und jeweils am Schluß eines Bildes für einen Augenblick in einer Endposition verharrte, bis die Bewegung des nächsten Bildes ansprang. Mein Üben hatte also folgenden Verlauf: Bewegen – Verharren – Bewegen – Verharren usw. oder übersetzt: Fließen – Starre – Fließen – Starre bzw. Dynamik – Statik.

Eines Tages fiel mir beim Üben plötzlich dieser Verlauf auf und mir wurde leibhaftig verständlich, ich kann nichts anhalten, festhalten, aufhalten, zum Stillstand bringen, in meinen Besitz bringen – ES fließt weiter.

Mit den beiden Beispielen will ich auf den Wunsch von Menschen hinweisen, sich in ihrem Leben Vertrautes zu schaffen und einen Ruhepunkt zu gewinnen. Heimat wird dann zum Gegenpol von Auflösung und Unsicherheit. Mit der Verräumlichung der Heimat wird diese psychische Tendenz in die Außenwelt projiziert und verortet. Die Suche nach einer Heimat in der Außenwelt enthebt die Person von der Aufgabe, zu sich selbst zu kommen und die eigene Existenz als Heimat zu begreifen. Der Wunsch, sich in der

Außenwelt als Heimat zu verankern, macht den Menschen verletzlich (s. den o.g. Spruch), denn er ist von dem Zeitpunkt dieses psychischen Aktes an fortwährend gefährdet, das zum persönlichen Besitz erklärte Externe potentiell zu verlieren. Ein räumlich lokalisierter Heimatbegriff bindet psychische Energien für den Schutz und die Verteidigung des persönlichen Besitzes und steht – radikal betrachtet – für eine Illusion.

Literatur

AL HUANG (1979), Lebensschwung durch T'ai chi. München: Barth-Verlag.
BELSCHNER, W. (1982), Aggression als problemlösende Handlung. In: Hilke, R. & Kempf, W. (Hrsg.) Aggression. Bern: Huber, 445-464.
BELSCHNER, W./KOCH, J. (Hrsg.) (1989), Wohnwerkstatt. Gesundheit braucht Gelegenheit. Karlsruhe. C.F. Müller.
BELSCHNER, W./SCHULTE, N. (1988), Wohnen im sozialen Wohungsbau. Teil 2: Wohnen in Oldenburg. Wünsche und Anregungen von Mieterinnen und Mietern. Projektbericht. Oldenburg: Gemeinnützige Siedlungsgesellschaft GSG.
CHENG MAN-CHING (1986), Dreizehn Kapitel zu T'ai Chi Ch'uan. Das Wissen des Meisters. Basel: Sphinx-Verlag.
DA LIU (1982), Tao der Gesundheit und Lebensfreude. Frankfurt/M: Fischer.
DÖRNER, D. (1989), Die Logik des Mißlingens. Strategisches Denken in komplexen Situationen. Reinbek: Rowohlt.
FICHTE, J.G. (1965), Die Bestimmung des Menschen. In: J.G. Fichtes sämtliche Werke. Band 2. Berlin: Walter de Gruyter, unveränderter Nachdruck von 1845, 165-319
FILIPP, S.H. (1990), Grundprobleme der Erforschung kritischer Lebensereignisse und ihrer Effekte. In: dies. (Hrsg.) Kritische Lebensereignisse. München: Psychologie Verlags-Union, 2. Auflage, 3-52.
KOBAYASHI, T./P. (1979), T'ai Chi Ch'uan. Ein praktisches Handbuch zum Selbststudium. München: Hugendubel.
OSNABRÜGGE, G./STAHLBERG, D./FREY, D. (1985), Zur Theorie der kognitiven Kontrolle. In: Frey, D. & Irle, M. (Hrsg.) Theorien der Sozialpsychologie. Band 3: Motivations- und Informationsverarbeitungstheorien. Bern: Huber, 127-174.
PROKSCH, C. (1987), Taijiquan. Die Kunst der natürlichen Bewegung. Darmstadt und Neuwied: Luchterhand.
RÖRHRLE, B./STARK, W. (Hrsg.) (1985), Soziale Netzwerke und Stützsysteme. Tübingen: DGVT.
SOO CHEE (1986), Die Kunst des T'ai Chi Ch'uan. Der taoistische Weg zu körperlich-seelischer Gesundheit. München: Kösel.
WHO (1986), Ottawa-Charta zur Gesundheitsförderung. Kopenhagen.
WU, V. (Hrsg.) (1984), Taijiquan in 88 Forms. Hong Kong: Hai Feng Publ. Comp.

Rainer Krüger

Gerechte Heimat für alle?

Diskutiert an sozialgeographischen Fallstudien aus Stadt und Land

Ich nehme an diesem Workshop teil und verwende den Begriff „Heimat". Der Begriff selbst ist nur so wichtig, als er mir Anlaß gibt, mich konkret mit Gestaltungsmöglichkeiten von Lebensräumen auseinanderzusetzen, in denen Menschen selbst in ihrer Betroffenheit und jeweiligen Handlungsdisposition im Mittelpunkt stehen. So möchte ich anhand von Ergebnissen verschiedener Fallstudien zu städtischen wie ländlichen Raumbeispielen theoretisch durchdachte Varianten der Lebenspraxis vor Ort darstellen. Dabei soll sich die Spreu vom Weizen trennen: Lebenswelten, die aufgrund gesellschaftlicher Rahmenbedingungen in ihrer sozioökonomischen und sozialkulturellen Prägung im Alltag nicht aneignungsfähig sind, sollen unterschieden werden von solchen, die eine „gerechte Heimat" für alle sein könnten.

Fall 1

Ditzum an der Emsmündung: ist der Raum der Heimat nicht mehr aneignungsfähig?

Hier geht es um den Sinn einer radikalen Ortsumgestaltung, nämlich einer Verlegung des Hafens aus dem Ortszentrum seewärts hinter einen neuen Deich. (Abb. 1) Bei dieser wegen besseren Schutzes vor Hochwasserkatastrophen geplanten „Durchdeichung" würde das alte Hafenbecken zugeschüttet, ein neuer Dorfplatz entstehen und hier wie auch durch den neuen Hafen emswärts Raum für zusätzliche Fremdenverkehrseinrichtungen. Es wäre damit aber auch der Verlust des gewachsenen funktionellen wie visuell erfahrbaren Zusammenhangs am Hafen und umlaufenden Straßenzug in Kauf zu nehmen.

Eine stärker bewahrende Lösung, die „Umdeichung", sieht die Erhöhung des bestehenden, den Hafen U-förmig säumenden Deiches um 80 cm vor, so daß die Verbundenheit zwischen Hafen und Häuserzeile in etwa erhalten bliebe.

Abbildung 1

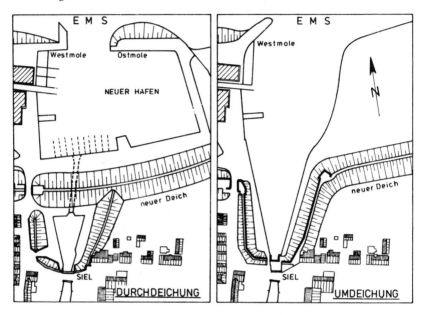

Beziehung der Lebensformen zum Planungskonflikt

Der Planungskonflikt enthüllt über unsere Untersuchung mit Hilfe qualitativer Interviews und einer Verhaltensanalyse der Alltagsnutzung von Siedlung und Hafen das Vorhandensein zweier polarer Lebensformmuster.
Für die privilegierten Bauern und Fischer würde der bauliche Bruch mit der Vergangenheit gleichzeitig die Infragestellung eines vertrauten Raumes bedeuten. Heimat ginge so verloren. Für Industriependler und alte Landarbeiter verbindet sich mit dem neuen Ortskern und Hafen umgekehrt die Hoffnung auf materiellen Fortschritt. Für sie ist die Heimat im gewachsenen Ortsbild nicht mehr aneignungsfähig; sie ist eher Symbol ihrer existentiellen Bedrohung und Rückständigkeit.Die Interpretation der Ergebnisse besagt:

1. Heimat ist erst da möglich, wo die ökonomischen Voraussetzungen zu ihrer Aneignung gegeben sind. Damit ist die Teilhabe an Heimat ein Problem unterschiedlicher Privilegierung sozialer Gruppen.

Gerechte Heimat für alle?

2. Heimat wird meistens in den unhinterfragten, intersubjektiv gültigen „Strukturen der Lebenswelt" gelebt. Sie wird nicht bewußt wahrgenommen. Erst aporetisch wirksame Situationsveränderungen – hier als Eingriff in die gewohnte Siedlungsstruktur – kann diese Selbstverständlichkeit des Alltags „zur Explosion bringen". Eine neue Interpretation sinnadäquater Mensch- Umwelt-Beziehung wird herausgefordert. Eigenes Handeln wird angeregt. Heimat ist bewußt geworden.

Abbildung 2

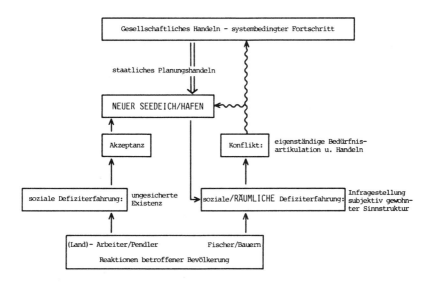

Fall 2

Das Matschertal in Südtirol – noch ist die Heimat nicht verloren

Das Matschertal ist ein abgelegenes Hochgebirgstal des Vinschgau in Südtirol mit Almwirtschaft bis über 2.000 Meter Höhe sowie wenig Berührung zum Massentourismus. Zur Existenzsicherung muß ein Teil der Bevölkerung saisonal oder täglich zur Arbeit pendeln. Außerdem greift der Modernisierungsprozeß über die EG-Milchquotenregulierung negativ in die Almwirtschaft ein. Die Situation hat uns gereizt, die Strukturmerkmale eines solchen vermeintlichen „Heimatreservats" aufzuspüren (Abb. 4). Anhand der Ergebnisse unserer Untersuchung mit Hilfe qualitativer Interviews, der Interpretation unterschiedlicher Bildmotive in den Wohnungen der Einheimischen und der Anwendung eines „Assoziations-Szenarios" lassen sich drei unterschiedliche Lebensformmuster ausmachen (Abb. 3).

Abbildung 3: Sinnbezüge zur Heimat in unterschiedlichen
Lebensformmustern des Alltags

Intensität des Heimatbezugs:	Bewußtseins- u. Handlungsqualität	Gruppenspezifische Konkretisierungen im Alltagsleben der Matscher
Heimatgefühl ↑ Assimilation Akkomodation ↓ Heimatbewußtsein	*Eskapistisch:* Anpassung an strukturell vorgegebene Lebensbedingungen	Besitz(mehrung), idealisierte „harte" Arbeit, idealisierte Naturwahrnehmung, Konsumkompensation, immobiles Dahinleben in harmonisierender Dorfgeselligkeit, Unsicherheit über (nicht genutzte Chancen zur Verbesserung der Lebensqualität durch Abwanderung, ambivalente bis ablehnende Haltung gegenüber ökonomischer Modernisierung (berufliche Mehrfachrolle)
	Konsistent-konservativ: Überkommenes Wertmuster einer ganzheitlichen Alltagswelt gibt konsistente „psychische Lebensanleitung", aber keine kleinweltliche Isolierung mit resignativer bis reaktionäraggressiver Handlungsperspektive	Bergbauernwirtschaft als sozial und arbeitsbezogene Kleinwelt mit ausreichendem personalen Entfaltungs- und Geborgenheitsangebot, z.T. Akzeptanz ökonomischer Verbesserungen durch von außen übernommene Entwicklungsansätze (landwirtsch. Modernisierung, Pendler, Fremdenverkehr), „Öffnung nach außen", aber nur aus ökonomischem Zwang und nicht als selbstbestimmte Lebensstrategie einer gewollten Symbiose von Tradition und Moderne, Heimat als ausschließliche Ersatzwelt mit emotionaler Abgrenzungswirkung gegenüber dem Fremden (fast ausschließl. Bergbauern mit Erfahrung in außerlandwirtsch. Arbeit)
	Prospektiv: zukunftsorientiertes Handlungskonzept in symbiotischer Verbindung tradierter Lebenswelt mit Entwicklungsperspektiven, die nicht vertraute Umwelt auflösen, sondern qualitativ erweitern	Verbindung von positiven Lebensqualitätsmerkmalen von Stadt und Land, Erweiterung der durch die Bergbauernwirtschaft geprägten und soziale Verhaltenssicherheit ermöglichenden Alltagswelt um ökologisch verträgliche landwirtschaftliche Modernisierung und bescheidenen Fremdenverkehr, bewußte kritische „Öffnung des Tales nach außen", ökonomische und soziale Integration in den staatlichen Ordnungsrahmen Italiens. Konkrete Umsetzung dieser Einstellungen im Alltagshandeln (Studentin, Landwirt als Ortsvorsteher)
	„*Gebrochene*" eskapistische und prospektive *Haltung:*	Defizite der sozialen und kulturellen Lebenssituation sind bewußt, ebenso geringer sozialer Rang restriktive Bedürfnisverwirklichung als Frau. Dennoch (noch) kein Handlungsimpetus zur Veränderung dieser Alltagswelt. Vielmehr Ertragen und teilweise eskapistisches Hochstilisieren dieser Kleinwelt.

Gerechte Heimat für alle?

a) Für die Mehrzahl der Talbewohner lebt die Heimat über die landwirtschaftliche Tätigkeit auf dem Einödhof oder im Dorf noch in einem – auch psychisch stabilisierenden – Mikroraum fort. Er bleibt Ort sozialer Nähe (über Familie, die dörfliche Kommunikation und Alltagskultur).

b) Der von außen eindringende ökonomische Differenzierungsprozeß führt jedoch für einen Teil der Einwohner in eine regressive Heimatadaption: Die gespaltene materielle und soziale Lage (v.a. als Tages- oder Saisonpendler) wird kompensiert über ethnische Abgrenzungen gegenüber den Italienern („wir, die besseren Südtiroler") oder über eine idealisierte Stilisierung von harter Arbeit und Landschaft. Heimat gerinnt zur Kulisse, zu sinnfremden Versatzstücken einer sozialräumlichen Ersatzidentität.

c) Einzelne Talbewohner halten in ihrer Identitätsentwicklung mit den Veränderungen gesellschaftlicher Dynamik Schritt. Der Faden zur vertrauten Heimat reißt nicht ab. Die Notwendigkeit des Umbaues ökonomischer, kultureller und baulicher Elemente – etwa als ökologische Landwirtschaft oder im Sanften Tourismus – wird gesehen. So läßt sich Alltag sinnvoll erhalten, indem Heimat im eigenen Handeln als konstruktive Entwicklungsperspektive begriffen wird.

Während das in diesem Beispiel angesprochene Spannungsverhältnis von Tradition und Moderne für die Mehrzahl der Matscher einer annäherungsweisen Übereinstimmung zwischen elementaren Lebensbedürfnissen und objektiven Lebensbedingungen vor Ort gleichkommt, fehlt diese in den „Unübersichtlichkeiten des Großstadtlebens".

Abbildung 4: Methodische Zugänge zum Verständnis von Heimat

Methode	Kurzbeschreibung	Anwendungsfall			
		Ditzum	Matsch	Oldenburg	Ostfr.
Qualitative Interviews	Offene oder nur durch wenige thematische Impulse angeregte Gesprächsführung: Gestattet Einblick in Gedanken, Gefühle, Handlungsabsichten und -wirklichkeiten. Der Befragte kann selbst biographische und/oder thematische Inhalte ohne feste Frage-Antwort-Lenkung entfalten.	x	x	x	x
Bilder-Interviews	Einzelne Personen interpretieren Landschafts-, Familien- oder Heiligenbilder nach der Bedeutung, die sie selbst dem Bildinhalt beimessen.		x		

Methode	Beschreibung				
Expertengespräch	Thematisch strukturierte Gespräche mit Entscheidungsträgern aus Politik, Verwaltung, Wirtschaft und Kultur, z.T. sog. lokale Eliten. Auch mit Personen, die sich in bestimmten Lebensformen oder Raumbeispielen besonders gut auskennen.	x	x	x	x
Gruppendiskussion	Gespräch mit mehreren Personen gleicher oder verschiedener sozialer oder positionsfixierter Zuordnung über thematisch vorgegebene Inhalte und Probleme.	x			x
Assoziations-Szenario	Fiktiver Text z.B. zu möglichen baulichen oder wirtschaftlichen Veränderungen. Wegen seiner provokativen Herausforderung werden Äußerungen erwartet, die eine Person in einer normalen Interviewsituation nicht macht.		x		
Räumliche Verhaltenserfassung über – behaviorsettings	Beobachtung, Kartierung und Auswertung *überindividuell* typisierbarer Verhaltensmuster innerhalb eingrenzbarer Raumausschnitte (z.B. Arbeiten im Hafenbereich, Einkaufen in der Dorfstraße). Darüber Kennenlernen von Alltagsroutinen im Umgang mit der Umwelt.	x			
– standardisiertes Tagebuch	Protokollbemäß strukturierte Erfassung eines räumlichen Aktionsmusters im chronologischen Tagesablauf. (Typische Methode der „Zeit-Geographie"). Darüber kennenlernen der *individuellen* Alltagsnutzung von Umwelt.			x	
Medienanalyse	Auswertung von Zeitungen, Rundfunk- od. TV-Sendungen zu bestimmten Fragestellungen (z.B. lokale Planungskonflikte od. „ost-friesische Mentalität").			x	x

Auswertung offizieller bzw. offiziöser Literatur	Auswertung von Dokumenten öffentl. Institutionen oder (privater) Initiativen sowie sog. „Grauer Literatur".	x	x	x	x
Auswertung von Statistiken und Datenbanken	Auswertung dieser Quellen zur Orientierung über sozioökonomische Rahmenbedingungen.	x	x	x	x

Fall 3

Die Stadt Oldenburg – Heimatbewußtsein in den Mehrfachkodierungen städtischer Raumsymbolik

Oldenburg sei die „beliebteste Großstadt", die „unternehmerfreundlichste bzw. familienfreundlichste Stadt" der Bundesrepublik. Eine fast unglaubliche Etikettierung angesichts der ökonomischen Schwäche, der enormen Soziallasten und Verschuldung der Stadt.

Ein inzwischen abgeschlossene DFG-Projekt – in dem qualitative Interviews und „standardisierte Tagebuchaufzeichnungen" angewandt wurden – hatte zum Ziel, das zitierte optimistische Gemälde der Stadt mit den aus dem Lebensalltag sich speisenden Vorstellungen der Einwohner zu vergleichen. Das Ergebnis liegt in dem gerade erschienenen Buch „Oldenburg – eine Alltagsliebe? Vorstellungen über die Stadt als Lebensraum" vor. Allgemein zeigen die Oldenburger tatsächlich eine hohe Identifikation mit ihrer Stadt. Allerdings in sehr viel differenzierterer und kritischerer Wahrnehmung als es das offizielle Bild wahrhaben möchte (Abb. 5).

Erstens besitzen die Bewohner ein breites Wahrnehmungsspektrum der der Stadt zugeschriebenen Attribute.

Zweitens wird den sozialkulturellen und kommunikativen Merkmalen gegenüber funktionalen oder historischen Bedeutungen eine viel höhere Wertschätzung teil.

Drittens haben die einzelnen Attribute meistens nicht für alle Einwohner eine gleiche Bedeutung. Wenn sich zum Beispiel die Innenstadt in der Kennzeichnung „Bummelparadies" für den einen als Ort kommunikativer Nähe und Spontanität darstellt, ist es für den anderen das Zentrum einseitiger Konsumorientierung. Wenn sich der eine unter der Facette „autogerechte Stadt" eher die gute Erreichbarkeit des Stadtzentrums vorstellt, möchte der andere damit die erhebliche Zerstörung städtischer Bausubstanz und Kommunikation durch ein Ausufern des Verkehrsnetzes kritisieren. Oder: Während der eine unter Kennzeichnung „Großstadt" die geglückte Symbiose metropolitanen Appeals in kleinstädtischer Verpackung schätzt, fehlen dem anderen in

„diesem popeligen Landdorf" die eigentlichen Höhepunkte großstädtischen Lebens.

Viertens wird deutlich, daß die Entstehung von Vorstellungen über den städtischen Lebensraum entscheidend mit dem individuellen Alltagsleben und der eigenen Biographie zusammenhängt. Man kann diese prozeßhaft ablaufende Kongruenz zwischen Vorstellung und Alltagshandeln als Stabilisierungsstrategie auffassen. Sie vollzieht sich in zwei unterschiedlichen Entwicklungsmustern: Sofern sich das Handeln am eigenen Bild von Oldenburg orientiert, ist ein bewußt reflektierter Zusammenhang von Wahrnehmen und Handeln anzunehmen, den man mit dem Begriff der „Stadtaneignung" beschreiben kann. Sofern das Bild von Oldenburg an die – oft restriktiven – eigenen Alltagsbedingungen angeglichen wird, könnte man von einer je individuellen Konstruktion einer „Scheinwelt" sprechen. Bei dieser Strategie ist es möglich, unerwünschte Realitäten der Lebensbedingungen vor Ort zu verdrängen oder zu verklären. Dabei können Klischees übernommen werden, die ein offizielles Stadtimage produzieren, indem es selbst Scheinwelt inszeniert.

In der beschriebenen Unterscheidung erkennt man, daß der urbane Raum – in guter postmodernistischer Formulierung – als „mehrfach codiert" gesehen werden kann. Was ist damit gemeint? In den – auch häufig räumlich – segmentierten bis widersprüchlichen Alltagswelten beginnen sich lebensgeschichtliche Nähe und damit der symbolisch eindeutig gesicherte Bezug zu Elementen des städtischen Lebensraumes aufzulösen. Es besteht die Gefahr emotionaler Verflüchtigung. Identitätsverluste sind die Folge. Die Chance, Heimat in der Stadt zu finden, erhält einen typischen postmodernen Doppelcharakter:

a) Für eine privilegierte Minderheit der Bevölkerung, u.a. mit gesicherter beruflicher Perspektive, ist das Leben in der Stadt eine positive Herausforderung. Es ist ein „kreatives Patchwork" einer nach außen offenen Identitätsarbeit (vgl. FABIAN 1989, S. 11ff). Danach gelingt es einer offenen und entwicklungsfähigen Subjektstruktur leichter, eine sich wandelnde Stadtentwicklung sinnhaft mit eigenen Alltagsansprüchen zu verbinden. Die Sinnhaftigkeit persönlicher Stadtaneignung erkennt sich in der Raumsymbolik postmoderner Architekturdifferenzierung wieder. Diese Form der Stadtaneignung setzt allerdings kollektive Identifikation mit universalisitischen - sogenannten postkonventionellen – Werthaltungen (z.B. in der ökologischen Frage oder den zwischenmenschlichen Beziehungen) voraus. Es geht um einen Identifikationsprozeß über Ansprüche, für die man auch politisch handelnd eintritt: Die reflektierte Einmischung in die Gestaltung des Lebensraumes kann notwendig sein.

b) Für die Mehrheit einer Stadtbevölkerung führt der entfremdete Umgang mit der mehrfach codierten Raumsymbolik in Oberflächlichkeit oder sogar Regression: in eine Anonymität von Arbeits- und Freizeitgestaltung in den öffentlich-gestylten Konsumwelten. Die Stadt verflacht zum „operativen Ereignisraum". Andrerseits drückt sich Entfremdung in der Vereinzelung einer teilweise nur noch telekommunikativ an die Gesellschaft angebundenen Privatsphäre aus. Der städtische Lebensraum, der für die einen bedeutungsvoll bleiben kann, wird für sie zum Ort gesellschaftlicher Anpassung oder sogar Ausschließung.

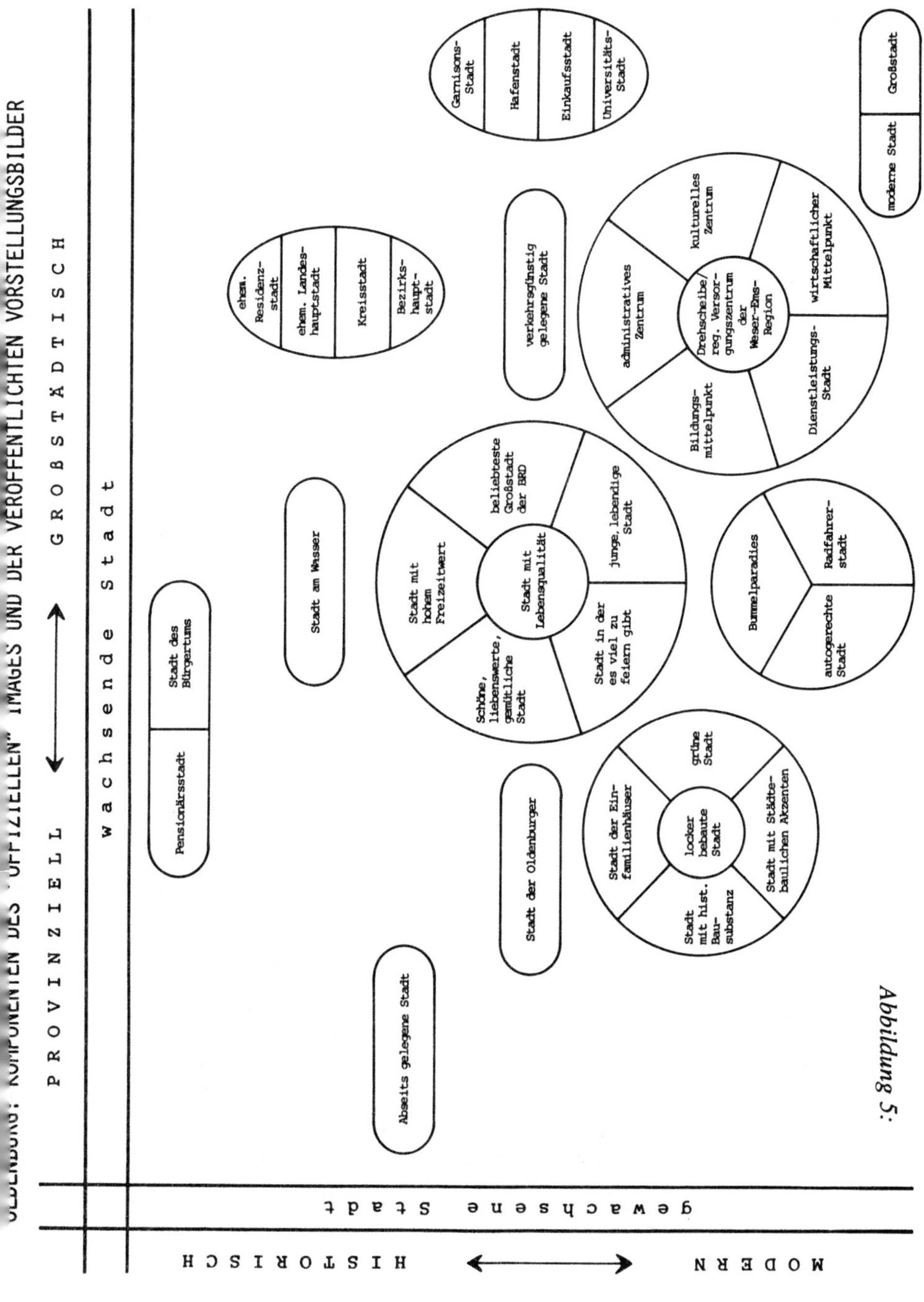

Gerechte Heimat für alle? 115

OLDENBURG: KOMPONENTEN DES "OFFIZIELLEN" IMAGES UND DER VERÖFFENTLICHTEN VORSTELLUNGSBILDER

PROVINZIELL ←→ GROSSTÄDTISCH

wachsende Stadt / gewachsene Stadt

HISTORISCH ←→ MODERN

- Abseits gelegene Stadt
- Pensionärsstadt / Stadt des Bürgertums
- Stadt am Wasser
- Stadt der Oldenburger
- Stadt der Einfamilienhäuser / grüne Stadt / Stadt mit städtebaulichen Akzenten / Stadt mit hist. Bausubstanz / locker bebaute Stadt
- Stadt mit hohem Freizeitwert / beliebteste Großstadt der BRD / junge, lebendige Stadt / Stadt in der es viel zu feiern gibt / Schöne, liebenswerte, gemütliche Stadt / Stadt mit Lebensqualität
- Bummelparadies / Radfahrerstadt / autogerechte Stadt
- ehem. Residenzstadt / ehem. Landeshauptstadt / Kreisstadt / Bezirkshauptstadt
- verkehrsgünstig gelegene Stadt
- administratives Zentrum / kulturelles Zentrum / wirtschaftlicher Mittelpunkt / Dienstleistungsstadt / Bildungsmittelpunkt / Drehscheibe/reg. Versorgungszentrum der Weser-Ems-Region
- Garnisonsstadt / Hafenstadt / Einkaufsstadt / Universitätsstadt
- moderne Stadt / Großstadt

Abbildung 5:

Nach diesen Erkenntnissen wäre zu fragen, unter welchen gesellschaftlichen Entwicklungsbedingungen allen Menschen eine Teilhabe an einer „neuen Heimat" gelingen könnte.

Ausblick: Konstitutionsbedingungen einer „gerechten Heimat"

Auf der Grundlage der jüngeren gesellschaftstheoretischen Diskussion zwischen HABERMAS 1988 einerseits und konstruktiven Postmodernisten (LYOTARD 1983,1986,1987, WELLMER 1985, WELSCH 1987a,b) andrerseits kreisen Gedanken um eine „gerechte Heimat für alle". Es geht um die Vorstellung von der „Einheit der Vernunft in der Vielheit ihrer Stimme": Gemeint sei damit, daß die gesellschaftliche Gerechtigkeit als Traditionsbestand der Moderne auszudifferenzieren sei in unterschiedliche Lebenswelten innerhalb der Postmoderne. Konkret bezogen auf den städtischen wie ländlichen Lebensraum ginge es um folgendes:

(1) Dem Vernunftgehalt der Moderne entspräche die Forderung, funktionale Minimalstandards gleichwertiger Lebensbedingungen verfügbar zu machen: nämlich ausreichende soziale Dienstleistungen und operative Infrastrukturen, ökologische Belastungsminimierung und Förderung auch kleingliedriger Produktions- und Reproduktionsbereiche.

(2) Heimat im postmodernen Gestaltungsrahmen zielt darüber hinaus auf die Entfaltung „endogener Potentiale" als den eigentlichen Besonderheiten eigenständiger Stadt- und Regionalentwicklung.

Es ginge dabei um das Zusammenwirken der folgenden Entwicklungskomponenten:

- Neben die industriegesellschaftlichen Arbeits- und Berufsformen tritt die Förderung traditioneller und neuer informeller Arbeit, die sowohl materielle Sicherung als auch individuelle Selbstverwirklichung ermöglicht.
- Neue Technologien sind in der Weise zu nutzen, daß sie die Entdeckung, Wiederbelebung und Weiterentwicklung endogener Faktoren unterstützen und diese zu regional sinnvollen Mustern ökologischer, ökonomischer und sozialkultureller Bausteine verbinden.
- Es geht um die Aktivierung von Lebensformen, die eine Schlüsselfunktion zur Belebung und Weiterentwicklung sozialkultureller Aktivitäten und alltagskultureller Institutionen besitzen. Sie wirken identifikationsstiftend zwischen Mensch und Lebensraum.
- Letztlich ist eine teilweise Dezentralisierung gesellschaftlicher Entscheidungskompetenz anzustreben. Denn Heimat als Prinzip von Lokalität und Regionalität gewinnt an Bedeutung. Es erleichtert die Vermittlung zwischen den Systembedingungen von Wirtschaft und Staat und den Lebenswelten. Es macht diese Vermittlung sozial wie räumlich überschaubarer. Heimat ist so im guten Fall Pionierraum, in dem die Entfremdung der Menschen im Ort sozialer Besonderheit verhindert oder gemildert wird.

Für eine solche Lebensraumgestaltung, die den Anspruch, Heimat zu sein, erfüllen könnte, lassen sich konkret keine Rezepte anbieten. Wohl aber sind

Gerechte Heimat für alle?

Utopien denkbar, die konkrete Ausgangspunkte im heutigen Raum und Leben haben: In unserem laufenden DFG-Projekt „Ostfriesland – Regionalbewußtsein und Lebensformen" versuchen wir eine solche „Spurensuche nach Gestaltungsperspektiven von Regionalentwicklung und Lebensalltag". (DANIELZYK, KRÜGER 1990).

Literatur

CHAI, E., HAGEN, D.,. HASSE, J., KRÜGER, R. (1986), Heimat im Matschertal. Eine kulturgeographische Untersuchung zu Alltag und Identität in einem abgelegenen Hochtal Südtirols. Wahrnehmungsgeogr. Stud. z. Regionalentw., H. 4, Oldenburg

DANIELZYK, R., KRÜGER, R. (1990), Regionalbewußtsein und Lebensformen – eine Spurensuche nach Gestaltungsperspektiven von Regionalentwicklung und Lebensalltag. Wahrnehmungsgeogr. Stud. zur Regionalentwicklung, H. 9, Oldenburg

FABIAN, R. (1989), Zum Verhältnis von kollektiver und individueller Identität – Oldenburger Vor-Drucke, H. 64

HABERMAS, J. (1988), Die Einheit der Vernunft in der Vielheit ihrer Stimmen. In: Merkur 42, H. 467, S. 1-14

HAGEN, D., HASSE, J., KRÜGER, R. (1984), Bestand und Veränderungstendenzen räumlicher Identität (Heimatbewußtsein) angesichts bevorstehender Umweltveränderungen durch den Neubau eines Seedeiches innerhalb der Ortslage des Sielhafenortes Ditzum. Wahrnehmungsgeogr. Stud. z. Regionalentw., H. 2, Oldenburg

KRÜGER, R. (1987), Wie räumlich ist die Heimat – oder: Findet sich in Raumstrukturen Lebensqualität? Gedanken zum gesellschaftstheoretischen Diskussionsstand um die `Krise der Moderne' und die Bedeutung der Regionalforschung. In: Geogr. Zeitschr., Jg. 75, H. 3, S. 160-177

KRÜGER, R. (1988), Die Geographie auf der Reise in die Postmoderne? Wahrnehmungsgeogr. Stud. z. Regionalentw., H. 5, Oldenburg

KRÜGER, R., PIEPER, A., SCHÄFER, B. (1989), Oldenburg – Eine Alltagsliebe?, Wahrnehmungsgeogr. Stud. z. Regionalentw., H. 7, Oldenburg

LYOTARD, J.-F. (1983), Le différent. Paris

LYOTARD, J.-F. (1986), Das postmoderne Wissen. Graz/Wien

WELLMER, A. (1985), Zur Dialektik von Moderne und Postmoderne. Vernunftkritik nach Adorno. Frankfurt/M.

WELSCH, W. (1987a), Unsere postmoderne Moderne. Acta Humaniora. Weinheim

WELSCH, W. (1987b), Die Philosophie der Mehrsprachlichkeit. Postmoderne und technologisches Zeitalter. In: Die politische Meinung, 32. Jg., H. 231, S. 58-68

Rainer Danielzyk/Ilse Helbrecht

Heimat als Gefahr?
Probleme der Regionalentwicklung im Ruhrgebiet

Zur Skizzierung der Beziehungen zwischen dem soziokulturellen Phänomen Heimat und gegenwärtigen Problemen der Regionalentwicklung im Ruhrgebiet gliedern wir unseren Beitrag in fünf Teile. Zunächst werden einige grundsätzliche Positionen zum Heimatbegriff diskutiert (Kap. 1), um den eigenen Ansatz konzeptionell einordnen zu können (Kap. 2). Anschließend werden die empirischen Ergebnisse zu alltäglichen Wahrnehmungen und Erfahrungen der Bevölkerung im Ruhrgebiet (Kap. 3) mit den Deutungsmustern planungspolitischer Experten (Kap. 4) konfrontiert und regionalpolitisch bewertet (Kap. 5).

1 Zur Diskussion des Heimatbegriffes

Der Stand der sozialgeographischen Diskussion zum Thema „Heimat" ist relativ übersichtlich. Es lassen sich drei Positionen unterscheiden:

Zum ersten gibt es jenen konservativen Heimatbegriff, wie er von vielen traditionellen Heimatvereinen und ähnlichen Gruppierungen verwendet wird und in manchen Bemühungen um ein curriculares „roll back" in den Fächern Erdkunde und Sachkunde eine unerwartete Wiedergeburt erlebt (vgl. HASSE 1987). Die kompensatorische und problemverdrängende Funktion dieser Apotheose des „stillen Glücks im Winkel" ist inzwischen längst ideologiekritisch entlarvt.

Zum zweiten finden sich humangeographische Überlegungen zur „Territorialität" als Grunddimension menschlicher Existenz, die im wesentlichen auf kulturanthropologische, z.T. auch auf ethologische Definitionen und Studien zurückgreifen. Ihnen zufolge wird Heimat als Satisfaktionsraum verstanden, in dem Individuen die menschlichen Grundbedürfnisse wie Wohnen, Arbeiten, Erholen usw. befriedigen können (vgl. BARTELS 1984 mit Bezug auf GREVERUS 1979).

Zum dritten wird u.a. von Teilen der Geographiedidaktik eine prospektive Variante des Heimatbegriffes in den Vordergrund gerückt. Von „Heimatbewußtsein" (im Gegensatz zu dem nicht aufgeklärten „Heimatgefühl") könne gesprochen werden, wenn sich „das sich seiner selbst und seiner alltäglichen Lebensbedingungen bewußte Individuum gegen Fremdbestimmung auch im Bereich seiner räumlichen Umwelt zur Wehr zu setzen vermag" (HASSE 1985, S. 78). In diesem Sinne setzt Oskar Negt den Entwurzelungsprozessen, die die Moderne den Individuen nicht nur durch räumliche Vertreibungen, sondern auch als „Enteignung der in konkreten Lebensverhältnissen integrierten Arbeitsvermögen und ihrer gegenständlichen Anwendungsmöglichkeiten" zugefügt hat, die „rationale Utopie" Heimat entgegen. Diese zeigt sich für ihn in „der konkreten Nähe einer Welt, welche die Menschen selber hergestellt haben und in der sie sich wohlfühlen, weil sie ihre Welt ist" (NEGT 1987, S. 2, 12).

Gegenüber diesen (geographischen und geographiedidaktischen) Grundsatzpositionen ist u.E. aus regionalpolitischer Perspektive vor allem eine „Heimat"-Variante von Interesse, auf die ein großer Teil etwa des legendären Erfolges der baden-württembergischen Wirtschaft zurückgeführt wird (vgl. KUNZ 1986, SINZ/ STRUBELT 1986): die Verbindung von weltmarktorientierter Wirtschaftspolitik, High-Tech-Förderung und Einbindung der Individuen in lokale Kulturen. Politik im Stile „aufgeklärter Sozialtechnologie" ahmt dieses Entwicklungskonzept an verschiedenen Orten nach: das Schleswig-Holstein-Musik-Festival und die Bildungs- und Kulturpolitik der Rüstungsschmiede Ottobrunn sind Beispiele dafür.

2 Zur Untersuchung von Heimat in einer altindustrialisierten Region

Der Überblick macht deutlich, daß „Heimat" kein statischer Begriff ist, sondern mit verschiedenen Inhalten assoziiert und in verschiedenen Kontexten verwendet wird. Wenn sich so etwas wie ein variantenübergreifender Bedeutungskern ermitteln läßt, dann wäre dieser wohl darin zu sehen, daß mit „Heimat" Selbstverständlichkeit, Vertrautheit, Verhaltenssicherheit usw. verbunden werden (vgl. HASSE 1987, S. 18f; WALDENFELS 1985, S. 198ff).

In unserem sozialgeographischen Forschungsansatz geht es nun vor allem darum, die spezifischen Chancen und Probleme eines solchen Heimatverständnisses für eine partizipationsorientierte Regionalpolitik zu untersuchen. Es ist also nach der Bedeutung von bestimmten Lebensformen und Sozialkulturen bzw. den ihnen zugehörigen kollektiven Bewußtseinsformen und Deutungsmustern für die Regionalentwicklung zu fragen. In der empirischen Un-

Heimat als Gefahr?

tersuchung¹ stehen damit die alltäglichen Vorstellungsbilder, Wahrnehmungen und Erfahrungen der Bevölkerung in der und über die Region im Vordergrund. Im Rahmen dieses Erkenntnisinteresses rückt die Untersuchung des soziokulturellen Phänomens Heimat in die Nähe einer sozialwissenschaftlichen Alltagsforschung.²

Ein besonders aufschlußreiches Untersuchungsfeld sind aus dieser Perspektive altindustrialisierte Regionen wie z.b. das Ruhrgebiet. Konstituierend für die Entstehung und Entwicklung dieser Regionen war eine bestimmte Form der Industrialisierung (vgl. z.b. SCHLIEPER 1986, HÄUSSERMANN/ SIEBEL 1987). Auch wenn diese Art der Industrialisierung im überwiegenden Teil der wissenschaftlichen Heimatliteratur eher als „Enteignung" tradierter Lebensweisen verstanden wird, so hat sie Lebensformen und Sozialkulturen geschaffen, die den in ihnen lebenden Menschen „Heimat" im o.g. Sinne geworden sind. Die gegenwärtigen Deindustrialisierungsprozesse, die zu einer umfassenden regionalen Krise führen, bedrohen diese Welten (vgl. BUTZIN 1987, KOMMISSION MONTANREGIONEN 1989). So ist es keineswegs zufällig, daß gerade in den letzten 15 Jahren durch die explosionsartige Zunahme alltagsgeschichtlicher Studien zum montanindustriell geprägten Lebens- und Arbeitsalltag das Bewußtsein für die Bedeutung dieser Strukturen, u.a. auch für die regionale Politik, erheblich gewachsen ist (vgl. NIETHAMMER et al. 1984).

Empirisch sind Bedeutung und Potential der tradierten Lebensformen für die Regionalentwicklung im Übergang zur nach-montanindustriellen Zeit nur in Einzelfällen erforscht worden (vgl. etwa am Beispiel der informellen Wirtschaft JESSEN et al. 1988). Deshalb war es unser erstes Ziel, im schwerindustriellen Kernraum des Ruhrgebietes, in der sog. Emscherzone, zu erkunden, wie der ökonomische Strukturwandel im Alltag verschiedener Sozialgruppen wahrgenommen, erlebt und verarbeitet wird. Darüber hinaus war es unser zweites Ziel, nach der Untersuchung dieser alltagsweltlichen Deutungsmuster der Bevölkerung die Möglichkeiten einer partizipationsorientierten Regionalpolitik zur Bewältigung des Strukturwandels abzuschätzen. Dafür war es notwendig, auch die Sichtweisen von Experten der Planungs- und Wirtschaftsförderungspolitik zu untersuchen, um ihre professionellen Reaktionsformen auf die regionale Krise denjenigen der Bevölkerung gegenüberzustellen.

Zu diesen Zwecken haben wir 1987 und 1988 Gruppendiskussionen und Intensivinterviews mit 54 Personen in der Emscherzone geführt, die zu den

---

1 Die hier dargestellten Untersuchungsergebnisse basieren auf einem zweijährigen DFG-Projekt zur Soziokultur und Planungspolitik im Ruhrgebiet am Institut für Geographie der Universität Münster, an dem J. Aring, B. Butzin, R. Danielzyk und I. Helbrecht mitgearbeitet haben; vgl. ARING et al. 1989.
2 Vgl. ARING et al. 1989, Kap. 3, den Beitrag von R. KRÜGER in diesem Band sowie allgemein zu diesem Forschungsansatz SEDLACEK (Hrsg.) 1989.

sozialen Gruppen der (1.) vom Bildungs- in das Beschäftigungssystem Wechselnden (Berufseinsteigerinnen u. Berufseinsteiger) und (2.) der aus dem Arbeitsleben in den Ruhestand Wechselnden (Berufsaussteigerinnen u. Berufsaussteiger) gehörten. Des weiteren haben wir 16 Gespräche mit Experten geführt, die professionell mit der Gestaltung des Strukturwandels im Ruhrgebiet befaßt sind (vgl. ARING et al. 1989, Kap. 3.3).

3 Ruhrgebiet: Industriemoloch, Bergarbeiteridylle oder Krisenregion? (Ergebnisse der Bevölkerungsinterviews)

Das Ruhrgebiet ist für Außenstehende wohl vor allem i.S. zweier Facetten ein Begriff. Zum einen existieren vielfältige Klischees über das schmutzige, staubige, rußige Ruhrgebiet, das vorwiegend aus Zechen, Hochöfen und Schornsteinen bestehe. Die Geschichte einer massiven Industrialisierung der Region zeigt hier ihre Folgewirkung und hat sich in vielen Köpfen der bundesrepublikanischen Bevölkerung als „Schmuddel- und Schmutzimage" des Reviers festgesetzt. Zum anderen bestehen jedoch auch vielfältige positive Vorstellungsbilder über die Region, die das Leben und Arbeiten der Bergleute unter- und übertage, die Kameradschaft der Kumpels angesichts der schweren Arbeit, die gutnachbarschaftlichen Beziehungen in den Zechensiedlungen und die „Ehrlichkeit und Echtheit" der einfachen Bergleute beschreiben. Seit einigen Jahren tritt zu diesen beiden klassischen Klischees über das Ruhrgebiet die Vorstellung von einer Krisenregion hinzu, die als „sterbender Riese" aus einer vergangenen Industrieepoche mit den entsprechenden sozialen Folgelasten (Arbeitslosigkeit, Armut usw.) zu kämpfen hat.

Die Reaktionsformen der Bevölkerung in der Emscherzone auf das negative Außenimage vom „Industriemoloch Ruhrgebiet" erscheinen regionalpolitisch brisant. Die Bewohnerinnen und Bewohner wissen um den schlechten Ruf der Region. Sie antizipieren ihn z.T., und er prägt somit ihr eigenes Bild von ihrer Region. Der Umgang mit dem Negativklischee weist dabei eine typische Grundstruktur der Verarbeitung auf, die sich in den Dimensionen Raum und Zeit darstellen läßt.

Auf der räumlichen Ebene gleichen die Deutungsmuster unserer Gesprächspartnerinnen und Gesprächspartner dem Spiel vom „Schwarzen Peter". In Form einer „mentalen Absetzbewegung" werden stets die benachbarten Ruhrgebietsstädte – je nach subjektiver Perspektive Herne, Gelsenkirchen, Bochum usw. – als räumliches Synonym für das „tiefste", unbeliebteste Ruhrgebiet verwandt. Nie ist es für unsere Gesprächspartnerinnen bzw. Gesprächspartner ein „Hier", immer liegt das dreckige Ruhrgebiet im „Dort", bei den anderen. Es scheint, als würde die Identifikation mit dem eigenen

Wohnort erleichtert, indem man den Schwarzen Peter des negativen Images anderen Ruhrgebietsstädten zuweist. Die Identifikation mit der eigenen Adresse erscheint durch diese mentale Absetzbewegung gesichert. Gleichzeitig wird so eine regionale Identifikation für die Bewohnerinnen und Bewohner mit dem Ruhrgebiet erschwert oder sogar unmöglich.

In der Dimension der Zeit verarbeitet die Bevölkerung das negative Außenimage in Form einer vergangenheitsbezogenen Betrachtungsweise. Im Rahmen eines Vergleichs mit der Vergangenheit sagen insbesondere die älteren Gesprächspartnerinnen bzw. Gesprächspartner oftmals, das Ruhrgebiet sei gar nicht mehr so verschmutzt. Es könnte gar nicht mehr so dreckig sein, denn es gäbe ja im Ruhrgebiet überhaupt gar keine rauchenden Schornsteine mehr. Früher hätte man ja keinen Apfel vom Baum essen können und da wäre das Kissen im Kinderwagen wirklich sofort schwarz gewesen. Im Vergleich dazu sei es aber heute richtig sauber geworden: wie ein „Kurort".

Mit den beiden Reaktionsformen, der mentalen Absetzbewegung und vergangenheitsbezogenen Umweltwahrnehmung, werden zwar Geborgenheit und Vertrautheit der eigenen Nahumgebung gesichert, jedoch stets um den Preis der Abschiebung oder Verdrängung. Die negativen Klischeefacetten des Außenimages der Region machen das Ruhrgebiet als Gesamtregion nicht identifikationsfähig für viele Bewohnerinnen und Bewohner des Emscherraumes. Besonders in der zeitlich rückwärts gerichteten Wahrnehmung der Umweltbelastung liegt dabei ein Gefahrenpotential des regionalen Alltagsbewußtseins, das umweltpolitisch brisant erscheint. Für die zukünftigen Bedrohungen einer Risikogesellschaft durch Umweltgefahren scheinen weite Teile der Bevölkerung in der Emscherzone kaum sensibilisiert zu sein.

Die positiven Vorstellungsbilder der zweiten Klischeefacette des Reviers vom Bergmannsleben sind aktuell eher bedeutungslos. Die traditionell montanindustriell geprägten Lebensformen in Zechensiedlungen befinden sich im Stadium der Überformung bzw. Auflösung. Für junge Leute sind die engen Nachbarschaftsbeziehungen, die auch früher schon mit sozialer Kontrolle verbunden waren, kaum noch attraktiv. Statt dessen bleibt von der scheinbaren Romantik des Bergarbeiterlebens nur noch der sozial abgesicherte und sozialpsychologisch gut erträgliche Vorruhestand der älteren Bergleute. Durch die besonderen Eigenarten der Siedlungs- und Hausformen (Gärten mit der Möglichkeit zur Selbstversorgung usw.) und die engen Nachbarschaftsnetze ist die verdeckte Arbeitslosigkeit der Männer infolge des seit Jahrzehnten andauernden Zechensterbens kompensatorisch aufgefangen worden. So ist das Leben in den ehemals regionstypischen Werkssiedlungen im Ruhrgebiet nur noch für eine Minderheit attraktiv und damit begrenzt regionalpolitisch relevant. Die Pluralisierung der Lebensstile wirkt sich auch in einer montanindustriell geprägten Industrieregion aus.

Die dritte Klischeefacette bezieht sich auf das Ruhrgebiet als „sterbenden Riesen" und Region in der Krise. Obwohl der wirtschaftliche Niedergang insbesondere der Emscherzone „objektiv" nicht zu übersehen ist (Altlasten, Brachflächen, Verödung der Innenstädte usw.), wird die ökonomische Krise der Region in den selbststrukturierten Aussagen innerhalb unserer qualitativen Interviews als Gesprächsthema kaum erwähnt. Auch hier setzen spezifische Verarbeitungsformen und alltagsweltliche Deutungsmuster ein, die das Leben in der Nahumgebung vor einer Problematisierung und Infragestellung durch regionale Krisenphänomene bewahren.

In den Wahrnehmungen und Alltagsdeutungen der Befragten wird die soziale Wirklichkeit der Region zum einen krisenverarbeitend uminterpretiert. So erzählen unsere Gesprächspartnerinnen und Gesprächspartner von Bekannten, die zwar als Folge des Niederganges im Montanbereich entlassen wurden, dabei jedoch nicht „wirklich arbeitslos" wären, weil sie sich mit vielen kleineren Jobs im Bereich der Schattenwirtschaft über Wasser hielten. In dem traditionell montanindustriell geprägten, kleinräumig orientierten Lebensstil sind Phänomene des regionalen Niederganges nicht mehr spürbar, weil die sinnstiftenden Lebensbezüge in der nächsten Nahumgebung realisiert werden können. Das eigene Leben spielt sich in den engen Grenzen des Stadtteils, eigentlich sogar nur in der Siedlung oder im eigenen Haus und Garten ab. Krisenerscheinungen infolge der kommunalen Finanzmisere, wie etwa die Schließung von Freibädern oder Musiktheatern, beeinträchtigen subjektiv kaum das Gefühl der Geborgenheit in und Vertrautheit mit dem als Heimat erlebten Nahraum.

Des weiteren ermöglicht anderen Bevölkerungsgruppen aber auch die Breite der freizeit- und infrastrukturellen Angebote der Region, mit Krisenphänomenen zu leben. Wenn z.B. das Musiktheater der einen Stadt aufgrund von kommunalen Finanznöten geschlossen werden muß, wird eben das Theater der Nachbarstadt in Anspruch genommen. Zum Canelloni-Kauf fährt man nach Iserlohn, während die beste Eisdiele in Essen liegt. In einem großräumig angelegten Lebensstil wird die punktuell und ungleichzeitig wirkende Krise umgangen, indem mittels räumlicher Mobilität die subjektiven Handlungschancen erweitert werden. Eine Betroffenheit von lokalen Krisenphänomenen wird so durch die Betonung und Nutzung der Vielfalt des Agglomerationsraumes Ruhrgebiet verhindert. Mittels dieser Verarbeitungsformen wird die ökonomische Krise der Region von einem Großteil der Bevölkerung in ihrer Schärfe nicht erfahren.

Das Ruhrgebiet ist somit für die Bevölkerung der Emscherzone weder ein rußiger Industriemoloch noch eine Region der Bergleute oder eine Region in der Krise. Dieses sind fremdbestimmte, regionsextern produzierte Klischees. In den Eigendeutungen und internen Wahrnehmungen der Regionsbewohnerinnen und -bewohner kommt etwas völlig anderes zum Vorschein: Das Ruhrgebiet ist als Raum mittlerer Maßstabsebene für große Teile der Bevölkerung in den alltäglichen Erfahrungen nahezu irrelevant. Das Alltagsleben unserer Gesprächspartnerinnen und Gesprächspartner vollzieht sich in als vertraut erlebten Bereichen, die für die meisten kaum über die nächste Nahumgebung hinausreichen. Vertrautheit und Geborgenheit werden nicht in der Region, sondern weitaus kleinräumiger in Stadtteilen, Vierteln, Baublöcken oder Straßenzeilen erfahren. Jeder regionalistischen Hoffnung auf ein prospektives Heimatbewußtsein im Ruhrgebiet, das sich als Regionalbewußtsein ausprägen und Impulse für eine „von unten" getragene Regionalentwicklung enthalten würde, muß deshalb nach unseren Ergebnissen eine klare Absage erteilt werden.[3] Diese generell für das Alltagsleben vieler Bevölkerungsgruppen konstitutive Kleinräumigkeit wird dabei regionsspezifisch sowohl durch die montanindustrielle Wirtschafts- und Siedlungsgeschichte der Region, die mit der traditionellen Zuordnung von Werk und Werkssiedlung zu kleinräumigen Vernetzungen und Lebensformen geführt hat, als auch durch die oben geschilderten Deutungsmuster verstärkt.

Insgesamt scheint somit mittels mentaler Absetzbewegungen, einer vergangenheitsbezogenen Umweltwahrnehmung, Umdeutungen von Krisenphänomenen und dem Verdrängen von Krisenerscheinungen vor allem durch kleinräumig angelegte Lebensstile die subjektive Vertrautheit und Geborgenheit der Bevölkerung in der Nahumgebung gesichert zu sein. Diese alltagsweltlichen, identitätssichernden Deutungsmuster sind dabei zwar subjektiv plausibel, in ihrer Kollektivität sind sie jedoch regionalpolitisch verhängnisvoll. Durch sie werden Problematisierung und Kritik, damit aber auch Engagement, Protest und Problemlösungsfähigkeit strukturell verhindert. Diese müssen geradezu zur Sicherung des als Heimat erfahrenen Nahraumes ausgeblendet werden. Daß diese Deutungsmuster unter den Bedingungen eines tiefgreifenden ökonomischen Strukturwandels ihre Wirkung entfalten, muß dabei umso schwerer wiegen. In jedem Falle erscheinen die alltäglichen Deutungsmuster weiter Teile der Bevölkerung in der Emscherzone kaum anknüpfungsfähig für eine partizipationsorientierte Regionalpolitik.

4 Ruhrgebiet im Aufschwung? (Ergebnisse der Expertengespräche)

Ein hervorstechendes Ergebnis der Expertengespräche ist, daß die Experten selbst unter „Ruhrgebiet" vor allem den montanindustriell geprägten Kernraum Emscherzone verstehen, was im auffälligen Gegensatz zu den offiziellen Kampagnen zur Imageveränderung des Ruhrgebietes steht. Des weiteren

---

3   Das Interesse der sozialgeographischen Regionalbewußtseinsforschung gilt vor allem den Formen und dem Ausmaß einer Identifikation sozialer Gruppen mit Räumen „mittleren Maßstabs" sowie deren Handlungsrelevanz. Vgl. statt vieler HARD 1987, Informationen zur Raumentwicklung 1987, BLOTEVOGEL/HEINRITZ/POPP 1989.

überraschte uns der durchweg vorfindbare Optimismus bei der Beurteilung der künftigen Entwicklung. Da der „Wandel in den Köpfen" der Entscheidungsträger begonnen habe, werden die negativen Werte der sozio-ökonomischen Indikatoren für überwindbar gehalten. Aus dieser Sicht ist es dann geradezu stringent, daß der überwiegende Teil der Experten im Rahmen selbststrukturierter Passagen in den Interviews nicht auf die sozialen und räumlichen Folgeprobleme des Strukturwandels, insbesondere nicht auf die hohe (Dauer-) Arbeitslosigkeit, zu sprechen kommt. Gleichwohl wird auf Nachfragen umfangreiches Wissen über die sozialen Polarisierungsprozesse in der Region dargeboten, dem überwiegend hilflose Aussagen zur Bewältigung dessen folgen. Es ist deshalb nicht übertrieben, von einer weitgehenden Ausblendung der sozialen Folgen und der Radikalität des Strukturwandels zu sprechen.

Dafür spricht zudem, daß die planungspolitischen Perspektiven der meisten Experten eher eine Fortsetzung der bisherigen Politik mit anderen Mitteln darstellen. Im Mittelpunkt stehen nun nicht mehr Stahl- und Autowerke, sondern japanische Chip-Fabriken und Abfallbeseitigungszentren. Nur eine kleine Gruppe sieht, daß die Radikalität des sozialen und ökonomischen Wandels – wie er etwa im Gefolge der Regulationstheorie mit dem Stichwort „Postfordismus" konzeptionell gefaßt wird (vgl. z.B. ESSER/HIRSCH 1987) – nicht ohne Folgen für die Formen des politisch- planerischen Handelns sein kann.

5 Heimat als Gefahr und Gefährdung zugleich?

Bezieht man die Ergebnissse aus den Untersuchungen der Bevölkerungs- und Expertenebene aufeinander, so kann zunächst festgestellt werden:
- Experten und Bevölkerung blenden die Radikalität der gegenwärtigen Krise und ihrer sozialen Folgen durch jeweils spezifische Absetzbewegungen aus.
- Während dieses der Bevölkerung in der Emscherzone vor allem durch kleinräumige Orientierungen gelingt, hat für die Experten der Aufbruch „mental" schon begonnen, so daß ihr Denken eher auf die Verheißungen der Zukunft als auf die sozialen Probleme der Gegenwart gerichtet ist.
- Durch ihre unterschiedlichen Wahrnehmungsformen und Deutungsmuster sind Bevölkerung und Experten kaum kommunikationsfähig.

An diesem Punkt der Untersuchung entsteht die Frage, an welche Elemente der vorgefundenen Deutungsperspektiven eine angemessene, partizipationsorientierte Planungspolitik anknüpfen könnte und welche sie verändern müßte. Deutlich dürfte geworden sein, daß der „rationale planungspolitische Diskurs" über die Gestaltung des künftigen Lebens unter den Bedingungen unserer Untersuchungsregion eine weit entfernte Utopie bleiben muß.[4] Anzeichen für die Realisierung eines prospektiven Heimatverständnisses sind in der Emscherzone derzeit nicht erkennbar. Welche Bedeutung diese Erkenntnis für Regionalpolitik und deren ethische Reflexion – etwa hinsichtlich des Verhältnisses von Expertinnen/Planerinnen bzw. Experten/Planern und Bevölkerung in einer partizipationsorientierten Regionalpolitik – hat, läßt sich kaum absehen.

Im Hinblick auf unser Thema bleibt festzuhalten, daß angesichts der derzeitigen Regionalentwicklung im Ruhrgebiet – formelhaft verkürzt – gilt: Heimat ist gefährdet und gefährdend zugleich. Die Vertrautheit in den bisher Sicherheit gewährenden und von der vorherrschenden Politik (durch Land, Kommunen, Unternehmen, Gewerkschaften) abgestützen Lebensformen (vgl. ROMMELSPACHER 1985) führt zur Verdrängung ihrer eigenen Bedrohung durch den ökonomischen und technologischen Wandel. Zugleich resultiert aus der Geborgenheit der materiell abgesicherten Bevölkerungsteile in überkommenen Strukturen und Deutungsmustern die Ausblendung der marginalisierten Gruppen. In der auf Bewahrung des Bestehenden gerichteten Alltagsperspektive finden sich zudem kaum Ansätze einer zukunftsgerichteten und kritischen Politik. „Heimat im Industrierevier" gewährt trügerische Sicherheit, denn sie hat selbst Anteil an ihrer eigenen Gefährdung.

Literatur

ARING, J./ BUTZIN, B./ DANIELZYK, R./ HELBRECHT, I. (1989), Krisenregion Ruhrgebiet? Alltag, Strukturwandel und Planung. Oldenburg. (=Wahrnehmungsgeographische Studien zur Regionalentwicklung 8)
BARTELS, D. (1984), Lebensraum Norddeutschland? Eine engagierte Geographie. In: BARTELS, D., Lebensraum Norddeutschland. Kiel, S. 1-31. (=Kieler Geographische Schriften 61)
BLOTEVOGEL, H.-H./ HEINRTZ, G./ POPP, H. (1989), „Regionalbewußtsein". Zum Stand der Diskussion um einen Stein des Anstoßes. In: Geographische Zeitschrift, 77, S. 65-88
BUTZIN, B. (1987), Zur These eines regionalen Lebenszyklus im Ruhrgebiet. In: MAYR, A./ WEBER, P. (Hrsg.), 100 Jahre Geographie an der Westfälischen Wilhelms-Universität Münster. Paderborn, S. 191-210. (=Münstersche Geographische Arbeiten 26)
ESSER, J./ HIRSCH, J. (1987), Stadtsoziologie und Gesellschaftstheorie. Von der Fordismuskrise zur „postfordistischen" Regional- und Stadtstruktur. In: PRIGGE, W. (Hrsg.), Die Materialität des Städtischen. Stadtentwicklung und Urbanität im gesellschaftlichen Umbruch. Basel, Boston, S. 31-56. (=Stadtforschung aktuell 17)
GREVERUS, I.-M. (1979), Auf der Suche nach Heimat. München

---

4 Vgl. ARING et al. 1989, Kap. 7.3. Als eine Möglichkeit, die Kommunikationsbarrieren zwischen Experten und Bevölkerung zu überwinden, wird dort auf das „gemeinsame Handeln in konkreten Projekten" verwiesen.

HÄUSSERMANN, H./ SIEBEL, W. (1987), Neue Urbanität. Frankfurt
HARD, G. (1987), „Bewußtseinsräume". Interpretationen zu geographischen Versuchen, regionales Bewußtsein zu erforschen. In: Geographische Zeitschrift, 75, S. 127-148
HASSE, J. (1985), Welchen Sinn hat Heimat? In: Geographie und ihre Didaktik, 13, S. 7-15, 75-85
HASSE, J. (1987), Heimat. Anmerkungen über nie erreichte Ziele. Schule vor neuen Aufgaben? Oldenburg
Informationen zur Raumentwicklung (1987), Regionalbewußtsein und Regionalentwicklung. H. 7/8
JESSEN, J. et al. (1988), Arbeit nach der Arbeit. Schattenwirtschaft, Wertewandel und Industriearbeit. Opladen
KOMMISSION MONTANREGIONEN (1989), Bericht der Kommission Montanregionen (hrsg. vom Minister für Wirtschaft, Mittelstand und Technologie des Landes Nordrhein-Westfalen). Düsseldorf
KUNZ, D. (1986), Anfänge und Ursachen der Nord-Süd-Drift. In: Informationen zur Raumentwicklung, H. 11/12, S. 829-838
NEGT, O. (1987), Enteignung und Vertreibung. Wissenschaft in der Kulturkrise und das Problem der Heimat. Essay für „Studio Bremen: Leben und Überleben". Sendung am 28.01.87, Radio Bremen, 2. Programm
NIETHAMMER, L. et al. (Hrsg.) (1984), „Die Menschen machen ihre Geschichte nicht aus freien Stücken, aber sie machen sie selbst". Einladung zu einer Geschichte des Volkes in Nordrhein-Westfalen. Berlin, Bonn
ROMMELSPACHER, T. (1985), Periferisierung. Chance für neue Regionalkultur im Revier. In: BRECKNER, I. et al., Regionalentwicklung zwischen Technologieboom und Resteverwertung. Die Beispiele Ruhrgebiet und München. Bochum, S. 93-113
SCHLIEPER, A. (1986), 150 Jahre Ruhrgebiet. Ein Kapitel deutscher Wirtschaftsgeschichte. Düsseldorf
SEDLACEK, P. (Hrsg.) (1989), Programm und Praxis qualitativer Sozialgeographie. Oldenburg (=Wahrnehmungsgeographische Studien zur Regionalentwicklung 6)
SINZ, M./ STRUBELT, W. (1986), Zur Diskussion über das wirtschaftliche Süd-Nord-Gefälle unter Berücksichtigung entwicklungsgeschichtlicher Aspekte. In: FRIEDRICHS, J./ HÄUSSERMANN, H./ SIEBEL, W. (Hrsg.), Süd-Nord-Gefälle in der Bundesrepublik? Opladen, S. 297-307
WALDENFELS, B. (1985), Heimat in der Fremde. In: WALDENFELS, B.: In den Netzen der Lebenswelt. Frankfurt, S. 194-211

Richard Pieper

Regionalbewußtsein als regionale, kollektive Identität.

Zum Naturalismusproblem in der sozialgeographischen Regionalbewußtseinsforschung.

Im Vordergrund der aktuellen Diskussion über Heimat- und *Regionalbewußtsein* stehen empirische und praktisch-politische Aspekte. Das gilt auch für die Tagung „Wem gehört die Heimat?". Zumal angesichts der unerwarteten Aktualität im sich vereinigenden Deutschland steht die Bedeutung einer „Suche nach Heimat" (GREVERUS) außer Frage. Ich möchte dennoch auf einen anderen – wie ich meine ebenfalls wichtigen – Aspekt eingehen: die impliziten naturalistischen Prämissen in raumbezogenen Identifikationen. Das Regionalbewußtsein ist ein fruchtbares Beispiel für zwei weitgehend ungelöste Grundlagenprobleme, die auch und gerade in dieser Debatte viel Verwirrung stiften. Das eine Problem betrifft den *Dualismus* von Natur- und Sozialwissenschaften, das andere Problem das Verhältnis von Mikro- und Makroebenen oder das Problem der *Maßstäblichkeit*. Beide Probleme hängen miteinander zusammen, da mit der Größe sozialer Systeme auch die räumliche, zeitliche, zahlenmäßige und ökologische Struktur oder das „innere Milieu" (DURKHEIM) wächst bzw. sich ändert. *Raum, Zeit, Anzahl* und Umwelt sind aber natürliche oder – auf Theorieprogramme bezogen – *naturalistische Kategorien*. Deshalb möchte ich im Folgenden kurz vom „*Naturalismusproblem*" sprechen, d.h. dem ungelösten Problem der systematischen Rolle dieser Kategorien in sozialwissenschaftlichen Theorien.

Betrachtet man den Titel meines Beitrags als vorläufige Definition – Regionalbewußtsein als regionale (d.h. raumbezogene), kollektive und partikulare Identität – so erweist sich, daß jedes der Bestimmungselemente (Raumbezug, Kollektivität und Partikularität) einen naturalistischen Sprengstoff in sich trägt. Mit der Aufdeckung dieser Implikationen möchte ich einen Beitrag zur Klärung des Begriffs Regional- oder *Heimatbewußtseins* leisten. Die Frage, ob es Regionalbewußtsein heute noch oder wieder gibt und, wenn ja, unter welchen Bedingungen und in welchen Formen, klammere ich dabei aus.

Dennoch möchte ich an eine aktuelle empirische Debatte in der Sozialgeographie und Landeskunde über den Sinn oder Unsinn einer „Regionalbewußtseinsforschung" (BLOTEVOGEL/HEINRITZ/POPP 1986, HARD 1987) anknüpfen. Dieser Ausgangspunkt ist deshalb für meine Fragestellung besonders geeignet, weil sich in der Sozialgeographie das skizzierte „Naturalismusproblem" in geradezu unerbittlicher Weise stellt. In zwei weiteren Schritten möchte ich dann das Problem ein Stück weit in die Sozialwissenschaften und die philosophisch-ethische Debatte hinein verfolgen, die die „Suche nach Heimat" bekanntlich in den letzten Jahren ebenfalls aufgenommen haben.

Die Debatte über „Regionalbewußtseinsforschung"

Eine sozialgeographische Perspektive rückt naturgemäß den Raumbezug der *regionalen Identität* in den Vordergrund - genauer die Wechselbeziehungen zwischen Raumstrukturen und Sozialstrukturen. Damit steht sie mit einem Bein in den Naturwissenschaften, mit dem anderen Bein in den Sozialwissenschaften. Während die Sozialwissenschaften sich dieser Problematik gern schnell entledigen, indem sie den Raum als wahrgenommenen und symbolisch interpretierten Raum für soziale Theorien verdaulich machen (KONAU 1977, PIEPER 1989), ist dies der Sozialgeographie nur um den Preis der Selbstaufgabe möglich – sie müßte entweder das „Soziale" streichen oder in die Soziologie aufgehen. Denn die üblichen Auswege sind der Sozialgeographie versperrt:

1. Der Rückzug auf wahrgenommene, interpretierte oder symbolische Räume, Objekte und natürliche Ressourcen ist zwar in Mode; aber als Sozialgeograph *weiß* man einfach um die Existenz der objektiven Strukturen unabhängig von den subjektiven, sozialen Interpretationen. Man ist auch objektiver „outsider", nicht nur (sub-)kultureller „insider" bezüglich dieser Interpretationen, um in Begriffe von Ann BUTTIMER zu sprechen.
2. Ein anderer Weg ist ebenfalls versperrt, den Soziologie, Politologie und Psychologie gerne wählen. Sie ordnen die Hierarchie der Mikro- und Makroebenen nach dem Muster von Individuum und Gesellschaft und hängen die Natur gewissermaßen „unten" an – vermittelt über den menschlichen Körper bzw. über Disziplininen wie Physiologie, Anthropologie oder Biologie. An der Schnittstelle läßt sich aber allenfalls eine Umweltpsychologie ansiedeln, d.h. ein Raumbezug im Mikrobereich, aber keine Sozialgeographie im etablierten Sinne.

Wenn wir uns eine Schichtung von Ebenen unterschiedlicher Maßstäblichkeit vorstellen, möglichst konkret beispielsweise in Form von Individuen, Haus-

Regionalbewußtsein als regionale, kollektive Identität

halten, Gemeinden, Regionen und Nationen, so befaßt sich die Sozialgeographie nicht bzw. nicht vorrangig mit dem Individuum und einem individuellen Bewußtsein – auch nicht, wenn es um ein Regionalbewußtsein geht -, sondern mit sozioökonomischen und soziokulturellen Strukturen und Prozessen und der Art und Weise, wie sie Raumstrukturen prägen bzw. ihrerseits von Raumstrukturen beeinflußt werden.

Deshalb hat der Vorwurf von HARD (1987), die „Regionalbewußtseinsforschung" sei eine ziemlich sinnlose Forschung über die Verteilung von Personen mit gleichen Bewußtseinsinhalten im Raum, auch eine gewisse Verwirrung gestiftet. Denn tatsächlich untersucht diese Forschung zunächst auf der sog. „mentalen Ebene" (ARING/BUTZIN/DANIELZYK/HELBRECHT 1989) die Einstellungen und Vorstellungsbilder von Individuen. Diese individuellen Vorstellungen setzen sich aber nicht auf irgendeine simple Weise zum Regionalbewußtsein eines regionalen Sozialsystems zusammen. Die individuellen Vorstellungen von und Identifikationen mit einer Region sind nicht schon das – kollektive – Regionalbewußtsein oder die regionale Identität, ebenso wenig wie die Kultur einer Gemeinschaft oder das Wissen an einer Universität darin besteht, was alle (je als Einzelne befragt und dann zusammengefaßt) wissen, sondern in dem, was an Wissensbeständen und Wertvorstellungen sozial bzw. disziplinär verteilt und aufeinander abgestimmt für gemeinsames, problemlösendes Handeln in der sozialen Organisation verfügbar ist bzw. gemacht werden kann. Vieles weiß im übrigen niemand zu einem jeweiligen Zeitpunkt in einem sozialen System, es ist versteckt oder einprogrammiert in dem, was HALBWACHS das kollektive Gedächtnis genannt hat, d.h. die Bücher, Apparate, Gebäude, Straßen, Infrastruktureinrichtungen etc., die unsere materielle Kultur und Kulturlandschaft ausmachen.

Auch der Rückgriff auf den Begriff der *Lebenswelt*, wie etwa von BLOTEVOGEL in einem Vortrag vor dem Arbeitskreises „Regionalbewußtsein und Landeskunde" (siehe WOOD 1989), hilft hier im übrigen wenig. Erstens handelt man sich hier erkenntnistheoretische Probleme bezüglich des Verhältnisses von Lebenswelt und Welt ein, die zumindest in der Behandlung empirischer Fragen durch die Verwendung des Begriffs der *Alltagswelt* besser vermieden werden sollten. Zum anderen läuft man in das Problem der Maßstäblichkeit. Lebens- oder Alltagswelten sind üblicherweise kleiner – räumlich-zeitlich und sozial bzw. nach der Anzahl der Personen – als die mit Region anvisierten Einheiten. Dies gilt jedenfalls für den Sprachgebrauch außerhalb der im engeren Sinne erkenntnistheoretisch-philosophischen Kontexte. Regionen in Abgrenzung zu Lebenswelten nur auf einer System-Ebene zu betrachten, d.h. als politisch-ökonomische, funktionale Einheiten, wird wiederum ihrem Charakter als kollektive Deutungsmuster nicht gerecht (vergl. WOOD 1989). Nun ist es natürlich legitim, kleinere Lebenswelten – auch sozialgeographisch – zu untersuchen; es ist aber einfach nicht wahr, daß solche kleinen Einheiten, soziale Netze oder Gruppen nach den gleichen Prinzipien oder Gesetzmäßigkeiten funktionieren wie größere Einheiten (Organisationen, Gemeinwesen oder regionale Gemeinschaften), und das nicht zuletzt aufgrund der Effekte von Raum-Zeit-Strukturen und Mitgliederzahlen.

So entsteht die Widersprüchlichkeit, daß eine Studie über das Ruhrgebiet mit einem lebensweltlichen Ansatz kein einheitliches „Ruhrgebietsbewußtsein" nachweisen kann (ARING u.a. 1989), eine andere Studie demgegenüber mit Bezug auf die Rolle von Großorganisationen und Massenmedien sehr wohl eine Wirksamkeit regionaler Leitbilder konstatiert (WOOD 1989). Darüber hinaus entsteht für viele das Paradox, daß vielleicht nur wenige und insbesondere die vermutlich so traditionsverhafteten sog. „kleinen Leute" kaum ausgeprägte Regionsvorstellungen haben (können), die sog. „Macher" in der Region wie Politiker, Unternehmer, Heimatpfleger oder Regionalplaner demgegenüber ein relativ klares Bild haben. Nochmals: nicht die individuellen Vorstellungen, sondern ihre konkrete gesellschaftliche und regionale *Organisation* ist der Stoff, aus dem ein Regionalbewußtsein als kollektive Identität besteht. Sie ist ein Strukturmerkmal und Interaktionseffekt, keine irgendwie geartete Summe von Vorstellungen. Das Konzept ist seinem theoretischen Stellenwert nach vergleichbar mit dem Begriff des „endogenen Entwicklungspotentials" einer Region, der ebenfalls eine in den objektiven gesellschaftlichen Verhältnissen einer Region existierende Chance zur Verwirklichung bestimmter sozialer Prozesse meint, die sich in individuellen Vorstellungen, Entscheidungen oder Handlungen äußert, aber nicht in diesen aufgeht oder gar die Homogenität individueller Bewußtseinszustände voraussetzt. Ähnlich verhält es sich mit dem Heimatbegriff, wo individuelles „Heimat haben", d.h. Identifikationen zu haben, unterschieden werden muß von der Eigenschaft eines sozialräumlichen Systems „Heimat zu sein", d.h. u.a. systematisch solche individuellen Identifikationen über Sozialisationsprozesse zu (re-)produzieren. Dieser (Re-)Produktionsprozeß sollte gerade in der sozialgeographischen Perspektive in seiner Strukturiertheit über konkrete Raum-Zeit-Verhältnisse untersucht werden, so wie es etwa GIDDENS in Anknüpfung u.a. an den Sozialgeographen Torsten HÄGERSTRAND vorschlägt. Allerdings bietet auch GIDDENS keine überzeugende „Ontologie von Raum und Zeit als konstitutives Prinzip sozialer Praktiken" (1988, S.53) an.

Zur soziologischen Diskussion über den Regionalismus

Für die hier geforderte unmittelbare Verknüpfung von Raum- und Sozialstrukturen in einem Prozeß der Produktion und Reproduktion regionaler Verhältnisse, gibt es auch in den Sozialwissenschaften auf theoretischer Ebene

Regionalbewußtsein als regionale, kollektive Identität

wenig Anknüpfungspunkte (PIEPER 1989). DURKHEIM dachte die Wechselbeziehungen noch in diesem Sinne, aber seitdem setzten sich andere Positionen durch:

- Entweder wurden in der Entwicklung von Handlungs- und Systemtheorien alle naturalistischen Kategorien wie Raum, Zeit, Anzahl der Bevölkerung, konkrete Technik und natürliche Ressourcen – ja selbst die Sinnlichkeit und Emotionalität konkreter Menschen – explizit aus der Theorie verbannt,
- oder die Beherrschung der Natur und die Überwindung ihrer Restriktionen wurde in Fortschritts- und Modernisierungstheorien derart in den Vordergrund gerückt, daß die nach wie vor bestehende Tatsache aus dem Blick geriet, daß sich gesellschaftliche Verhältnisse nur als *auch* raum-zeitlich konkrete Verhältnisse reproduzieren lassen. (Um in einem aktuellen Bild zu sprechen: Die Hatz nach dem jeweils neuesten und schnellsten Personalcomputer hat vergessen lassen, daß es nicht nur um Programme, sondern auch um Rechenzeit und Speicherplatz geht.)

Bei Niklas LUHMANN beispielsweise, den die Opponenten der „Regionalbewußtseinsforscher" zum Zeugen aufgerufen haben (HARD 1987), reicht die Relevanz konkreter räumlicher Bezüge allenfalls bis auf die Ebene der sozialen Interaktion von Angesicht zu Angesicht und die Anzahl der Personen hat keinen systematischen Effekt in seinen Kommunikationssystemen. Es darf mit Recht bezweifelt werden, daß derartige, auf kommunikative Prozesse angelegte Sozialtheorien zur Erforschung des Regionalbewußtseins sonderlich geeignet sind – zumindest soweit es gerade um die Raumbezogenheit dieser Identifikationen geht.

In der Regionalismusdebatte macht sich das „Naturalismusproblem" aber auch an anderer Stelle und ebenso virulent bemerkbar. Typischerweise wird die Diskussion über regionale Selbstbestimmung von einer Argumentation über die Entstehung oder Verhinderung angemessener Formen der politischen Willensbildung geprägt. Die Identität, um deren Selbstbestimmung es hier geht, wird entweder als historisch gewachsen und schlicht vorhanden vorausgesetzt oder – häufiger – erst als Produkt eines i.d.R. als emanzipatorisch begriffenen Prozesses in den Blick genommen.

Dagegen ist mit Recht Einspruch erhoben worden und – wie sich zeigt – mit letztlich naturalistischen Argumenten:

1. Das „Recht auf Heimat", wie Ina GREVERUS (1979) es reklamiert, gründet sich nicht nur, aber auch (gewissermaßen naturrechtlich) auf anthropologische Bedingungen menschlicher Existenz, wie sie unter dem Titel eines „territorialen Imperativs" dargelegt hat. Die *Kategorie des Raumes* steht hier im Vordergrund. Die Erarbeitung einer konkreten historischen Identität hängt auch von (biologischen und) konkreten, historischen Gegebenheiten ab und geht nicht in der Idee der Selbstverwirklichung des sich von allen Zwängen emanzipierenden Subjekts auf. Dieses Argument hat Bestand,

auch wenn man der spezifischen theoretischen Begründung nicht in allen Punkten folgen mag, die GREVERUS liefert.
2. Ähnlich steht es um ein „Recht auf herkunftbedingtes Anderssein", wie es Herrmann LÜBBE (1981) fordert. LÜBBE beruft sich auf Zweierlei: Erstens auf ein „Recht auf Anderssein", d.h. auf den Umstand, daß es unter Bedingungen eines Wertpluralismus keine zwingende Begründung für die Aufforderung zur Übernahme einer anderen, fremden Identität geben kann. Darauf komme ich noch zurück. Zweitens beruft er sich auf eine Art „Recht auf Herkunft", d.h. darauf, akzeptieren zu dürfen oder – bis zu einem gewissen Grad auch – zu müssen, daß man eine historisch-gesellschaftlich bedingte Biographie in einem soziokulturellen Kontext hat. Diese Biographie macht ein individuelles bzw. kollektives Schicksal aus, dem sich historisch konkrete Individuen und Kollektive nicht beliebig in der Verfolgung der Emanzipation entziehen können. Die *Kategorie der Zeit* ist hier wesentlich. Denn die Bewältigung von historischen Zwängen ist nicht nur eine diskursive Aufgabe, sondern erfordert konkrete raumzeitlich und sozial stratifizierte Lernprozesse. Lernen braucht Zeit, ebenso wie die Entwicklung kollektiver Traditionen; und das einzelne Leben ist viel zu kurz, als daß man Traditionen völlig neu schaffen und sich nicht nur aneignen könnte. Hinter den Argumentationen für die Bedeutung von Traditionen und Geschichte verbergen sich deshalb immer auch naturalistische Argumente für die Bedeutung der Zeitlichkeit menschlicher Existenz.
3. Ein „Recht auf *Überschaubarkeit* sozialer Prozesse" (insbesondere demokratischer Prozesse) könnte als drittes Recht angeführt werden (PIEPER 1989). Der Sache nach geht es darum, daß schon die schiere Zahl der betroffenen Personen Folgeprobleme für die soziale Organisation demokratischer Prozesse aufwirft, so daß bestimmte – etwa basisdemokratische – Formen der Kommunikation nicht in jedem Maßstab möglich sind. Der inhaltliche Bedeutungswandel des Demokratiebegriffs in der Geschichte der politischen Theorie wurde nicht zuletzt hinterrücks erzwungen durch die konkreten Folgeprobleme der Organisation von Massendemokratien und die Verfügbarkeit technischer Hilfsmittel und Medien. Es geht somit nicht zuletzt um die *Kategorie der Anzahl*.

Gegen die von politischen Systemen geforderte Identifikation mit einer unüberschaubaren Groß-Identität wird das „Recht auf Überschaubarkeit" geltend gemacht. Begründet wird dieses Recht zudem mit dem Verweis auf die Grenzen einer *Rationalität*, die sich in großen Sozialsystemen noch verwirklichen läßt. Die Einsicht in die Grenzen kollektiver – etwa politischer – Rationalität macht aber auf theoretischer Ebene die Einführung von *Vertrauen* (LUHMANN 1973) in soziale Beziehungen und Strukturen als kompensatorischen und stabilisierenden Mechanismus erforderlich. Vertrauen und soziale Integration ist aber, wie wir wissen, ganz wesentlich von der Überschaubarkeit sozialer Beziehungen abhängig, d.h. von der gerin-

gen Zahl, wenn auch nicht – wie bei LUHMANN – begrenzt auf Situationen im Maßstab der face-to-face-Interaktion (PIEPER 1989).
Im Regionalismus als sozialer Bewegung werden deshalb in dreifacher Hinsicht die „natürlichen Grenzen des sozialen Wachstums" eingeklagt; sie zeigen darüber hinaus, daß der Begriff der Identität letztlich kein sozialer Begriff i.e.S. ist, weil die Konstitutionsprozesse in alle Disziplinen hineinreichen und Mikro- und Makroprozesse involvieren.

Emanzipation vs. Solidarität: ein Wertkonflikt

Wenn LÜBBE von der *„Emanzipationszumutung"* spricht, gegen die sich der Neue Regionalismus unter Berufung auf das „Recht auf herkunftbedingtes Anderssein" zur Wehr setzt, so ist das sicherlich eine Provokation angesichts der sozialen Ungleichheiten und regionalen Disparitäten, die Anlaß vieler regionaler Bewegungen sind. Dennoch trifft er mit dieser Formulierung den Kern eines ethisch-politischen Wertkonflikts – die Unverträglichkeit der Identifikation mit partikularen Lebensformen einerseits mit dem Universalitätsanspruch emanzipatorischer Prinzipien wie Gerechtigkeit andererseits.

Denn ein Problem, das in der Emanzipationsdebatte i.d.R. nicht berücksichtigt wird, ist die Frage, ob bzw. nach welchen Kriterien eine Person überhaupt als Partner im moralischen Diskurs zugelassen werden kann oder muß. Der Ausschluß von Teilnehmern vom Diskurs wird unter der Emanzipationsidee prinzipiell abgelehnt. Das führt dazu, daß die Entwicklung der Kompetenzen zur Teilnahme am „herrschaftsfreien Diskurs" (HABERMAS) eine absolute Priorität erhält. Die Emanzipationszumutung besteht dann darin, daß mit der Entwicklung dieser Kompetenzen eine Vorentscheidung über die persönliche und kollektive Identität gefällt wird. Man kann sich nicht zugleich diesem Bildungsprozeß unterziehen und in jedem Falle die ursprüngliche Identität bewahren! In jeder Gesellschaft existieren soziale Ungleichheiten, und jede Form sozialer Ungleichheit bietet einen Ansatzpunkt für die Behauptung, daß sie für den fiktiven, herrschaftsfreien Diskurs ein Hindernis darstellt. Die uneingeschränkte Anerkennung und eine soziale Institutionalisierung der Emanzipationsforderung begründet somit eine Situation fundamentaler Anomie im Sinne DURKHEIMs, denn jede gesellschaftliche Regelung steht im Prinzip in Frage.

BUCK (1979) wendet gegen LÜBBE ein, daß Identität als Bildungsgeschichte gerade in der Aufhebung der Partikularität durch eine individuelle Verkörperung allgemeiner Werte entsteht. Aber *erstens* muß gefragt werden, ob von allgemeinen Werten jenseits von spezifischen Kulturtraditionen und damit von kulturellen Identitäten sinnvoll gesprochen werden kann. Die Zurückweisung regionalistischer oder ethnischer Partikularitäten darf sich jedenfalls nicht nur auf einen Partikularismus in größerem Maßstab etwa der nationalen Kultur stützen, wenn sie ethisch-moralisch begründet sein soll. Es ist somit keineswegs klar, für wen allgemeine Werte gelten sollen und damit auch nicht, welche Inhalte in der jeweiligen Allgemeinheit bestimmt werden können. OLDENQUIST argumentiert in diesem Sinne, daß über den Anwendungsbereich von moralischen Maximen aufgrund von Identifikationen mit oder Loyalitäten gegenüber einer Gemeinschaft vorentschieden wird: „Our wide and narrow loyalties define moral communities or domains within which we are willing to universalize moral judgements, treat equals equally, protect the common good, and in other ways adopt the familiar machinery of impersonal morality" (1982, S.177). So reklamiert er für sich eine relativ geringe Identifikation mit dem galaktischen System, eine etwas stärkere mit der Erde oder der menschlichen Gattung und eine noch stärkere mit seiner Familie. Denn: „More is not always better because it is not always more of the same thing" (1982, S.183). Mit dem Hinweis auf eine Identifikation mit Wesen auf anderen Sternen erinnert OLDENQUIST an das „problem of imperfect specimens". Es gibt keine Liste der Kriterien für Mitgliedschaft in der menschlichen Gemeinschaft, die es ausschließen könnte, daß nicht auch einige Menschen – Mitglieder anderer Kulturen, geistig oder körperlich Behinderte, Altersschwache oder Neugeborene – die Kritierien nicht erfüllen, oder umgekehrt, daß irgendwelche Affen oder Computer sie erfüllen.

Zweitens liefert die Verkörperung allgemeiner Werte, selbst wenn über ihren Inhalt Einigkeit erzielt werden könnte, noch keine hinreichende Antwort auf die Frage nach der eigenen Identität und den Maßstäben moralischen Handelns. Auf die Frage „Wer bin ich?" antworten wir nicht mit dem Hinweis auf die Gattung homo sapiens und allgemeine Werte, sondern mit der Charakterisierung einer persönlichen Identität und den Mitgliedschaften in partikularen kollektiven Identitäten. Mit OLDENQUIST nennen wir unsere Loyalitäten oder mit DURKHEIM geben wir an, welche Solidaritäten wir fühlen. Die Verpflichtungen, die uns aus diesen Mitgliedschaften erwachsen sind partikular, haben aber dennoch auch einen moralischen Charakter. Ich habe zudem eine Verpflichtung gegenüber einer Freundin oder einem Freund, gegenüber einer Gemeinschaft oder einer Nachbarschaft, insofern sie ganz spezifische Personen oder kollektive Identitäten sind. Wenn eine Science-Fiction-Maschine identische Kopien davon herstellen könnte, so bestände meine Verpflichtung nur gegenüber dem Original. Wären Kopie und Original nicht mehr zu unterscheiden, so könnten sie nur noch meine Loyalität als *Mitglieder einer Art* erwarten. Das ist logisch und emotional eine völlig andere Situation. Die Massengesellschaft verändert deshalb über die Standardisierung von Rollen und konkreten Lebenswelten die Bedingungen von Solidarität. Tatsächlich fordert die Idee der *Gerechtigkeit* in gewisser

Regionalbewußtsein als regionale, kollektive Identität

Hinsicht von uns, jeden Menschen so zu behandeln, als wäre er das Produkt einer Science-Fiction-Maschine. Es gibt somit keine zwingenden normativen Gründe für die Beschränkung oder Ausdehnung unserer Identifikationen mit Solidargemeinschaften in räumlicher, zeitlicher, zahlenmäßiger oder sozialer Hinsicht. Wir haben uns angewöhnt, Selbstbestimmung zunächst als individuelle Aufgabe und im weiteren Sinne als Emanzipation der Gattung zu begreifen. Das Leitbild einer Emanzipation der Gattung bleibt aber abstrakt, weil es auf eine offene Zukunft bezogen wird, in der sich diese Gattung selbst erst verwirklicht. Platzhalter ist deshalb die fiktive Diskursgemeinschaft rationaler Individuen, die letztlich den konkreten Entscheidungen der Einzelnen die Verantwortung auferlegt, in ihrer Identitätsentwicklung die Utopie vorwegzunehmen und die Vergangenheit abzuschütteln.

Wie ich LÜBBE verstehe, billigt er dem Regionalismus und dem Ethnizismus ebenso wie unterschiedlichen Religionen die Funktion zu, eine Orientierungshilfe und Lebensform jenseits der individuellen Person und diesseits der Ebene allgemeiner Werte menschlichen Zusammenlebens anzubieten. MacINTYRE (1981) appelliert zudem an die historische Evidenz, die zeigt, daß sittlich-moralische Lebensformen auch in der Vergangenheit gesellschaftliche Krisen auf der Ebene lokaler oder regionaler Gemeinschaften überdauert haben. Daraus läßt sich ein ethischer Appell ableiten, solche überschaubaren Lebensformen wieder herzustellen bzw. zu erhalten.

Der Wertkonflikt zwischen konkreter menschlicher Existenz und partikularer Identifizierung mit der jeweiligen historisch-gesellschaftlichen Situation einerseits mit dem Projekt der Emanzipation andererseits verweist einmal mehr auf das ungelöste und wohl in gewisser Hinsicht unlösbare „Naturalismusproblem". Der Wertkonflikt zeigt aber auch, was mein Anliegen war: die eminente Bedeutung und Fruchtbarkeit der Debatte über Regionalbewußtsein und Heimat für die Klärung von Grundlagenproblemen (nicht nur) der Sozialgeographie und der Soziologie.

Schlußbemerkung

Der Titel „Wem gehört die Heimat?" suggeriert die prinzipielle Trennbarkeit der Kategorie des „Wer" von der Kategorie der „Heimat" – eine Variante des Dualismus von Körper und Geist bzw. Subjekt und Umwelt und zugleich ein Mißverständnis über Maßstäblichkeitsprobleme. Zumindest Einzelnen gehört eine Heimat schon allein deshalb nicht, weil Heimat als kollektive Struktur nicht von Einzelnen (jedenfalls nicht von Mitgliedern) „besessen" werden kann, sondern allenfalls im Sinne einer Teilhabe und Identifikation mit der

Heimat angeeignet werden kann. Und es macht die Widerborstigkeit von Begriffen wie Heimat oder Nation gerade aus, daß sie nicht bruchlos und restlos in den nicht-naturalistischen Begriffen der allgemeinen, emanzipatorischen und demokratischen Willensbildung zu fassen sind. Daraus ein prinzipielles Argument gegen die Emanzipation zu schmieden, hieße allerdings, das Dilemma von Wertkonflikten in der menschlichen Existenz gerade *nicht* als Dilemma zu begreifen.

Literatur:

ARING, J. / BUTZIN, B. / DANIELZYK, R. / HELBRECHT, I. (1989), „...daß die Wahrnehmung wichtiger ist als die Realität"? Zur Krisenbewältigung und Regionalentwicklung im Ruhrgebiet. In: Berichte zur deutschen Landeskunde, 63, H.2, S. 513-536
BLOTEVOGEL, H.-H. / HEINRITZ, G. / POPP, H. (1986), Regionalbewußtsein. Bemerkungen zum Leitbegriff einer Tagung. In: Berichte zur deutschen Landeskunde 60, H.1, S.103-114
BUCK, G. (1979), Über die Schwierigkeiten der Identität, singulär zu bleiben. In: MARQUARD, O. / STIERLE, K. (Hrsg.), Identität, München: Fink
GIDDENS, A. (1988), Die Konstitution der Gesellschaft. Frankfurt: Campus
GREVERUS, I.-M. (1979), Auf der Suche nach Heimat. München: Beck
HARD, G. (1987a), „Bewußtseinsräume". Interpretationen zu geographischen Versuchen, regionales Bewußtsein zu erforschen. In: Geographische Zeitschrift, 75, S. 127-148
KONAU, E. (1977), Raum und soziales Handeln. Stuttgart: Enke
LÜBBE, H. (1981), Politischer Historismus – zur Philosophie des Regionalismus. In: Bayerische Landeszentrale für politische Bildungsarbeit (Hrsg.), Regionalismus in Europa, Bd. 1, München
LUHMANN, N. (1973), Vertrauen. Stuttgart: Enke
MacINTYRE, A. (1981), After Virtue. University of Notre Dame Press
OLDENQUIST, A. (1982), Loyalties. In: The Journal of Philosophy, LXXIX, No. 4, S. 173-193
PIEPER, R. (1989), Die Neue Sozialphysik. Zur Mechanik der Solidarität. Frankfurt: Campus
WOOD, G. (1989), Regionalbewußtsein im Ruhrgebiet in der Berichterstattung regionaler Tageszeitungen. In: Berichte zur deutschen Landeskunde, 63, H. 2, S.537-562

III. Vom Nationalstaat zum demokratischen Verfassungsstaat: Kollektive Identitätsbildung unter den Bedingungen vielfältiger Lebensformen und universalistischer Prinzipien

Arnold Schmieder

Nur neue Innerlichkeit – oder: Ein radikalisiertes Bedürfnis nach Heimat

Vom bloßen Wünschen ist noch keiner satt geworden.
Bloch

Heimat kommt wieder in Mode. Filmemacher und Literaten setzen sich mit ihr auseinander, für die bundesdeutsche Kulturszene ist sie wieder salonfähig. In den Feuilleton-Teilen der Presse ist bisweilen vom „Heimattrip" die Rede. Möglich, daß sich so mancher bei der mühseligen Suche nach seinem Shangri-la auf die nähere Heimat besonnen hat. Dabei werden aber nicht nur die schönen oder bitteren Erfahrungen vergangener Tage zwischen Dorfschule und Kartoffelfeuer beschworen, sucht sich die Sisyphusarbeit an der eigenen Identität in zunehmend verdinglichten Verhältnissen einen Ausweg in der Kindheit-Heimat-Regression (vgl. HANSEN 1989, 9ff) – so vielschichtig und schillernd der Heimatbegriff seit eh und je ist, es scheint eine neue Verständnisvariante aufzukeimen.

Der Begriff „Heimat" ruft jedoch häufig noch das Bild der beschaulichen Welt des braven Landmannes ab, die es in dieser Form zu keiner Zeit gegeben hat und die in ewiggleicher Wiederkehr von bierernstem Schützenfest und nur noch traditionellem Erntedank zäh bewahrt wird. Daß man den Heimatgedanken pflegen muß, zeigt, wie angekränkelt er ist. Heimat, damit mag auch abfällig der Ort langweiliger Spießergemütlichkeit gemeint sein, das traute heilige Heim der Vorgestrigen, wo alles Fremde schon Bedrohung und umstandslose Anpassung eine hohe Tugend ist.

Leicht folgt der Heimatbegriff bigotter Naturromantik, die ihr Glück im Winkel und ihr weltabgewandtes Daheim noch zwischen sterilen Fichtenkulturen und Zug um Zug begradigten Bachläufen, in vergifteten bäuerlichen Kulturlandschaften und an den Gestaden eutrophierender Seen findet.

Heimat, das ist schließlich ein verschwommenes Bedürfnis, Rohmaterial der Kulturindustrie, die es in bewährten Schablonen gewinnträchtig aufbereitet.

Ungeachtet dieser Erbschaft wird seit geraumer Zeit der Heimatbegriff neu bemüht; ausgelöst aus seinen vaterländischen Bezügen und nicht mehr nur

Sammelbecken treudeutscher Werte, soll er nun Wunsch und Bedürfnis nach einem „identifizierbaren Mikrokosmos" (GREVERUS) anzeigen.

Dieses neue Bedürfnis, diese Suche nach einer – inneren wie äußeren – neuen Bleibe, hat mit dem alten Heimatromantizismus und der so melancholischen wie kitschigen Heimatduselei den Bezug auf überschaubare Nahwelten gemein. Vertraute Orte identitätsvollen Lebens, der Selbstverwirklichung und tief humaner Gemeinschaftlichkeit ... Dies mögen die achtbaren Tagträume derjenigen sein, die ihr Öko-, Sozio- und Psychotopia auf dem abgeschiedenen Land und im stillen Dorf suchen und dabei irgendwie doch dem Heile-Welt-Versatzstück in der überkommenen Heimatideologie aufsitzen, umstandslos von Berlin-West nach Krähwinkel übersiedeln, was sich dann schließlich als Reinfall erweist; denn dörfliche Interaktionsstrukturen und das Bewußtsein der alteingesessenen Landbewohner entsprechen in der Realität kaum den euphemistischen Vorstellungen der neuen Landromantiker über intakte Lebensgemeinschaften und die Möglichkeiten, eine stabile Ich-Identität bei giftfreiem Gemüseanbau zu entwickeln (vgl. ILIEN/JEGGLE 1978). Fertige Gegenstücke zur Gesellschaft finden sich eben nicht in der Gesellschaft, auch nicht seitab der großen Städte in nur vermeintlich beschaulichen Ecken.

Immerhin aber stellt sich die Frage, ob sich in diesem Exodus der neuen Heimatsuchenden bloß (entpolitisierte) neue Innerlichkeit ankündigt, deren Gegenstück die beklagte politische Apathie des „außengeleiteten" Bürgers wäre, oder ob hier ein Bedürfnis aufscheint, das zum Lernen provoziert und hin zu einem ganz anderen, noch zu erörternden Begriff von Heimat führt.

Im Zuge der Wiederentdeckung der Relevanz alltäglicher Lebenswelten für die Entwicklung politischen Bewußtseins wurde der Heimatbegriff von der westdeutschen Linken neu diskutiert: Sie sollte der „Heimat der Spießer" abgewonnen werden, die „das traute heilige Heim" ist, „der verbohrte Besitz und die lästernde Abschirmung nach außen, das Lächeln über die anderen, die nicht zu der Runde des Stammtisches gehören. Heimat ist ein einschließender Begriff, der alles und jeden ausschließt, der das Spiel der Anpassung nicht mitmacht" (HERRENKNECHT 1980, S. 195). Wie dann aber einen dergestalt besetzten Heimatbegriff in eine emanzipatorische Dimension bringen, ohne ihn völlig konturlos werden zu lassen...

Wenn hier also die volkstümelnde, patriotische, nationalistische und konservative bis reaktionäre Beimengung ausgemustert werden soll, wenn jene Unzufriedenen, welche gleichsam auf der Flucht vor den hiesigen materiellen Lebensbedingungen mitsamt ihren gesellschaftlichen Verhaltensforderungen sind, ein qualitativ neues Heimatbedürfnis entwickeln, das sich von der traditionellen Apostrophierung emanzipiert, dann steht zur Debatte, ob es sich um solch ein „*radikales Bedürfnis*" (MARX) handelt, das als inhärentes Moment der kapitalistischen Bedürfnisstruktur doch nicht im Rahmen dieser gesellschaftlichen Verhältnisse zu befriedigen, gleichwohl aber Keimform eines neuen qualitativen Bedürfnisses ist (vgl. HELLER 1975, S. 30; GRONE-MEYER 1988, S. 209ff).

In bezug auf das neue Heimatbedürfnis wäre demnach zu prüfen – will man es nicht vorschnell als links-nostalgische Variante frohgemuten Biedersinnes abtun –, wo die Ursachen seiner Entstehung liegen und wohin die Versuche seiner Befriedigung weisen; denn als „radikales Bedürfnis", sofern es das ist, vermag es im Hier und Jetzt, am Ort seiner Entstehung, nicht gestillt zu werden, doch mag es Einsichts- und Lernprozesse anleiten, mit denen die Gründe der Versagung in den gegebenen Lebensverhältnissen ausgemacht werden und durch welche sich ein zum Veränderungshandeln bereiter Wille entwickelt.

Das neue Heimatbedürfnis, so meint der Kulturwissenschafter Hermann BAUSINGER, habe durchaus – und richtige – Impulse vom alten, schöngefärbten Heimatbegriff erhalten: selbst die Versatzstücke von Heimat hätten die Sehnsüchte und Bedürfnisse der Menschen nicht nur umnebelt, sondern auch wachgehalten, den „Traum vom richtigen Leben" und den Traum von Identität.

Diese Argumentationsfigur scheint bei MARX (1844; hier 1970, 378f) entlehnt; vergleichbar ist Religion als „Selbstbewußtsein und das Selbstgefühl des Menschen" kritisch eingeschätzt, „der sich selbst entweder noch nicht erworben oder schon wieder verloren hat". Religion – und unschwer ist dieser Gedanke auf den Heimatbegriff zu wenden – ist „in einem der *Ausdruck* des wirklichen Elendes und in einem die *Protestation* gegen das wirkliche Elend". Erst ihre Aufhebung als „des *illusorischen* Glücks des Volkes ist die Forderung seines *wirklichen* Glücks. Die Forderung, die Illusionen über seinen Zustand aufzugeben, ist die *Forderung, einen Zustand aufzugeben, der der Illusionen* bedarf" – ein erster programmatischer Schritt auch in bezug auf die Eroberung von Heimat.

Wenn wir diesen Gedanken illusorischer Befriedigung und darin gleichzeitig immer auch mitschwingender, latenter Opposition auf das Heimatbedürfnis übertragen, dann sind jene Stücke der alten, rückwärts in eine immer schon ideologisch aufbereitete Vergangenheit gerichteten Heimatillusion bloß Schein eines in Wirklichkeit schon ruinierten Glücks. In Heimatliedern und Brauchtumspflege, in allen diesen eingefahrenen Ritualen heiler, nächstenliebender Gemeinschaft findet sich die handfeste Alltagsrealität verleugnet; diese Selbstlüge bringt aber auch eine verschwommene Sehnsucht nach integrierter Lebensgemeinschaft und nach einer *kollektiven Identität* zum Ausdruck, in die sich Ich-Identität ohne Not und vielfältige Brüche einfinden könnte; insofern erhält sich hier, wenn auch verquer und bewußtlos gegenüber seinen Emanzipations- und Realisierungschancen, die Ahnung möglichen und zu verwirklichenden Glücks. Im neuen Heimatbedürfnis, in der subkulturellen Suche nach Heimat, kündet sich demgegenüber aber schon trennschärfer die – zukunftsweisende – Forderung an, einen nur durch Illusion, durch Scheinbefriedigungen erträglichen Zustand aufzugeben. Dabei wird ein gegen den Strich der herrschenden Verhältnisse gerichteter Bedürfnisegoismus in praktischer Kritik mit der Erkenntnis der objektiven und subjektiven Möglichkeiten einhergehen müssen, wie und wo nämlich jene ganz andere, vorerst utopische Heimat geschaffen werden kann: dann aber ist Heimat Projekt, und zwar als Gewinnung der Voraussetzungen für Heimat.

Der Heimatbegriff in dieser Fassung (oder: was aus dem neuen Heimatbedürfnis werden könnte...) und der alte Heimatbegriff sind unvereinbar. Mögen sie auch die gleiche Ursache haben, beide Male für den Wunsch stehen, Einsamkeit, Anonymität, Angst überwinden zu wollen (vgl. GREVERUS 1978, S. 229), mag sie der Traum vom besseren Leben verbinden – in den Trauminhalten unterscheiden sie sich deutlich. Während sich der neue Heimatbegriff, und zwar vermittels der Qualität des ihm vorausgesetzten Bedürfnisses, (vielleicht) an den Entwurf besserer Zukunft und die Bereitschaft aktiver Umgestaltung herantastet, hockt der alte auf den Trümmern seiner Lügen; selbst jene provinziellen Nahwelten, an die sich das Etikett „Heimat" haften läßt und die nur in geschönten Erinnerungen so idyllisch und heil sind, wurden inzwischen weitestgehend touristisch vermarktet oder vom allgemeinen Fortschritt überrollt. Die Reservate der eigenen Vergangenheit sind längst aufgelöst. Und auch der übergeordnete ideologische Strang „Volk-Kultur-Heimat-Identität" wurde bereits mit der Konsolidierung der bürgerlichen Gesellschaft aufgeweicht. So machte Johann Gottfried HERDER, dessen kulturschützerisches Anliegen auf die Bewahrung schöpferischer Völkerindividualität und darin die Selbstverwirklichung des Einzelmenschen zielte, das Prosperitätsdenken und die wachsende soziale Distanz zwischen den gesellschaftlichen Schichten für den Niedergang der räumlich gebundenen Eigenart eines Volkes und seiner Kultur verantwortlich. Wenn er die Wurzel des Übels im „großen Gott Mammon, dem wir jetzt alle dienen", und in dem „Pöbel auf den Gassen" verortete (zit. n. GREVERUS 1979, S. 183f), dann beklagte er Erscheinungen des gesellschaftlichen Umbruchs, durch den sich die Gehalte des alten Volks-, Kultur-, Heimat- und auch Identitätsbegriffs notwendig verdünnen mußten. Die Ausbildung neuer Inhalte stand auf der historischen Tagesordnung. Heimat im emphatisch-völkischen und heute nur noch verbandsmäßig gepflegten Sinne ist also längst passé, und zwar spätestens mit den „vaterlandslosen Gesellen", den Arbeitern, für die sich aufgrund ihrer Lebensbedingungen und (Überlebens-)Interessen diese Form der Heimat politisch verbot.

Seit der Heimatbegriff keinen präzisen Rechts- und Eigentumssinn mehr hat, also keinen Rechts- und Pflichtsanspruch gegenüber dem heimatlichen, von Geburt her als Heimat bestimmten Ort mehr meint und in der unpersönlicheren Staatsbürgerschaft aufgegangen ist, wurde er (und wird er bis auf den heutigen Tag) ideologisiert, ästhetisiert und romantisiert. Mit dieser Erbschaft belastet, fällt es schwer, ihn aus seinen Konnotationen zu befreien –

zäh klebt an ihm das so trügerisch Beschauliche und Behagliche, der Ungeist geruhsamer Biedermeierlichkeit, die heimelige Assoziationen abruft. Darum wohl auch ist so vielen billigen Massenprodukten der heutigen Kulturindustrie „Heimat" als Topos überschaubarer zwischenmenschlicher Beziehungen und unverrückbarer Seßhaftigkeit eingeflochten: Gefühle voll unstillbarer Sehnsucht sollen geweckt werden, in denen sich der wohlige Seelenschmerz der Regression genießen läßt. Nicht von ungefähr verschränken sich in solcherlei naivsentimentalem Sud Kindheit und Heimat, und zwar als Traumangebot und Erinnerungskorrektur, wie beides hätte sein können, in Wahrheit jedoch nie gewesen ist. So wird das Heimweh, das der Baseler Mediziner Johannes HOFER mit dem Kunstwort Nostalgie schon 1688 als Krankheit bestimmte, von ihm darauf zurückgeführt, daß die Befallenen sich weder an „fremde Sitten und Lebensarten" gewöhnen „noch der mütterlichen Pflege vergessen" können (zit. n. ebd., S. 107). Deutlicher sagt es Jean AMERY (1977, S. 82), wenn er über die psychischen Folgen der Emigration berichtet: „mein, unser Heimweh war Selbstentfremdung"; daraus schließt er, daß man Heimat haben muß, „um sie nicht nötig zu haben".

Offensichtlich bedarf es nicht erst erzwungener oder freiwilliger Auswanderung in gastlichere Lande, damit diese Selbstentfremdung im Bedürfnis nach Heimat, wenn auch nicht in aller Klarheit bewußt, so doch spürbar wird. Im neuen Heimatbedürfnis artikuliert sich Unbehagen gegenüber dieser *Selbstentfremdung*, kommt etwas zum Ausdruck, was hier mit dem von Erik H. ERIKSON (1977, S. 171; vgl. auch S. 141ff) entlehnten Begriff des *„Identitäts-Widerstandes"* bezeichnet werden soll (wenngleich der Begriff zur Bezeichnung eines Krankheitszustandes vorgesehen ist und von Erikson nur in diesem Sinne verwandt wird).

Konstante Objektbeziehungen, dauerhafte Beziehungen zu Menschen und Dingen, werden psychologisch als Reifungsmerkmal angesehen. Viel ist darüber geschrieben worden, daß und wodurch diese Objektbeziehungen verflachen, der Reifungsprozeß des Menschen stagniert. Die vielfältigen und zum Teil widersprüchlichen Verhaltensanforderungen in und zwischen den einzelnen Lebensbereichen, die überzogene Konsumorientierung als Merkmal voranschreitenden Sinnzerfalls, die Ohnmacht des Individuums angesichts seines nicht durchschauten, gesellschaftlichen Schicksals, alle diese und andere kulturkritische Klagen laufen in der Annahme einer gefährdeten oder gar zerstörten *Identität* zusammen. Statt der Identität, meint Alexander MITSCHERLICH (1969, S. 128f), entwickele sich die „Momentpersönlichkeit", die zum Träger vorprogrammierter Rollen herabgewürdigte Person, deren Erfahrungen im Umgang mit Menschen und Dingen nur flüchtig und oberflächlich blieben. Berührungsängste, Distanz und Anonymität beherrschen die sozialen Beziehungen, die Alltagswelt ist die Welt schaler Routine, in der Identitätsarbeit zur Bemühung verkommt, die Pseudoindividualität auf Dauer zu stellen.

Doch scheint es – und dieser Lesart soll hier das neue Heimatbedürfnis als allerdings nur ein Phänomen unter vielen anderen zugeführt werden –, daß diese „Momentpersönlichkeit" mit ihrer flachen Identität nicht zum Abschluß zu sozialisieren ist. Wunsch und Wille, beheimatet zu sein, sind nicht so ohne weiteres vor den Karren der vergreisten Heimatformeln zu spannen; es sind suchende Schritte aus dem Elend der Selbstentfremdung – Widerstand gegen entfremdete Identität, der sich aus dieser selbst nährt.

In diesem Sinne will Ernst BLOCH den Heimatbegriff als philosophischen Gegenbegriff zur Entfremdung verstanden wissen (vgl. TAUB; R./WIESER, H. 1977, S. 206f). Sein Werk „Das Prinzip Hoffnung" beschließt er mit den Sätzen: „Die Wurzel der Geschichte aber ist der arbeitende, schaffende, die Gegebenheiten umbildende und überholende Mensch. Hat er sich erfaßt und das Seine ohne Entäußerung und Entfremdung in realer Demokratie begründet, so entsteht in der Welt etwas, das allen in die Kindheit scheint und worin noch niemand war: Heimat" (BLOCH 1973, S. 1628).

Unter diesem Blickwinkel ist es erklärlich, daß der Heimatbegriff, und zwar provoziert durch ein neues Heimatbedürfnis, trotz seiner politisch-ideologischen Belastung und trotz seiner kulturindustriellen, verkitschten Aufbereitung eine Renaissance erlebt hat. Dies spiegelt das neue Heimatbedürfnis als Knotenpunkt des Identitätswiderstandes, der in dieser Form selbstredend in Gefahr steht, sich in nur gewendete Innerlichkeit zu verlaufen, als Ausbruchsversuch in schon bereitstehende Einfangmechanismen zu münden (vgl. DANIEL 1981, S. 174ff), sanft gebrochen zu werden, ohne daß seine Ursachen beseitigt wären. Dieser in das Heimatbedürfnis gekleidete *Identitätswiderstand* zeigt jedoch auch die Identitätsarbeit jener „Momentpersönlichkeit" an, die sich an – wenn auch nur an einem Gegenstand – ihrer erst zu gewinnenden Identität zu versichern sucht – dann aber als Lernprozeß und veränderndes Handeln zugleich, als Weg aus der Selbstentfremdung und ihren Ursachen.

Unter dieser Perspektive benutzen Kritische Volkskunde und Empirische Kulturwissenschaft den Heimatbegriff im Rahmen ihrer Analyse des Zwangscharakters gesellschaftlicher Verhältnisse auf mikrologischer Ebene, um hier emanzipatorischen Potentialen nachzuspüren (vgl. BAUSINGER 1980b, S. 103). Das verbindet sie mit Teilen der Linken, die im Zuge der Diskussion des ‚subjektiven Faktors' das längst bekannte „kleine Milieu" (Charles Wright MILLS) wiederentdeckten. Es geht darum, nicht nur die Entfremdungserscheinungen in alltäglichen Lebenszusammenhängen dingfest zu machen, sondern auch jene Ausdrucksformen des (Identitäts-)Widerstandes auszumachen, die sich gleichsam gegen die entfremdeten Lebenszusammenhänge aufbäumen und Initiationsmomente ihrer Aufhebung abgeben könnten. So gesehen ist der Konstitutionsprozeß von Identität immer auch als Vermittlungszusammenhang potentiell nonkonformer Identität auszuweisen (vgl. SCHMIEDER 1984, S. 229ff), wird im Begriff des Identitätswiderstan-

Nur neue Innerlichkeit

des faßbar, daß die „äußeren Widersprüche" jederzeit im Stande sind, „alte, nur scheinbar verschwundene Konflikte wieder in Gang zu bringen; sie können in die psychische Struktur eingreifen, zu nachhaltigen seelischen Veränderungen führen und auch scheinbar verschwundene Tendenzen mobilisieren, in die soziale Umwelt aktiv einzugreifen" (PARIN 1980, S. 24).

Es sind die Sandkörner, die man im Getriebe der kleinen Welten sucht. Die sprichwörtliche Bauernschläue, die wohlbekannten Überlebenslisten der kleinen Leute werden zum Thema, ebenso wie innermenschliche Widerstandsnester in Gestalt von Bedürfnissen, die sich nicht im Rahmen der zu Gebote stehenden Befriedigungsmöglichkeiten einlösen lassen.

Soweit im neuen Heimatbegriff ein solches, als ‚radikal' zu bezeichnendes *Bedürfnis* gemeint ist, hat er nichts mit der Besinnung auf die Provinz und mit dem subkulturell-schicken Landleben gemein. Wie eingangs gesagt, ist nicht darauf zu hoffen, gegengesellschaftliche Enklaven als materielle, soziale und psychische Freiräume zu finden, in denen sich das neue Heimatbedürfnis verwirklichen ließe. Die vorschnelle Kompensation eines solchen Bedürfnisses, das aus dem Leidensdruck entfremdeter Verhältnisse und entfremdeten Lebens hervorgetrieben wird, öffnet den Vermarktungsfallen Tür und Tor und führt zu demoralisierenden Enttäuschungen; denn das Bedürfnis nach Identität, das Bedürfnis nach einer nicht in erzwungener Mobilität zerstückelten Biographie, die in Form der Abarbeitung an fremden Erwartungshorizonten in immer neue, schießlich inflationäre Identitätsarbeit zwingt, alle die mit dem Heimatbedürfnis verzahnten Wünsche und Sehnsüchte müssen erst noch in gemeinsamer Anstrengung auf ihren Begriff und in eine Perspektive gebracht werden.

Immerhin aber sind die Begriffe Heimat und Identität in diese Verbindung zu bringen: Identität – eben auch verstanden als Widerstand des Individuums gegen die gesellschaftliche Zurichtung zur „Momentpersönlichkeit" – klagt Heimat als verständliche und überschaubare, gestaltbare Nahwelt ein, als Chance zu realer Demokratie vor Ort, zunächst im kleinen Milieu.

So verständlich und sympathisch solch ein perspektivischer Inhalt des neuen Heimatbegriffs auch sein mag, so illusorisch ist er auch. „Global 2000", der Bericht an den ehemaligen amerikanischen Präsidenten Carter, zeichnete ein düsteres Bild der vermutlichen Entwicklung auf diesem Planeten, das zwar offiziell totzuschweigen, nicht aber als böswillige Unkenrufe zu verwerfen ist. Eine Welt zunehmend knapper Ressourcen, zunehmender Verwüstung einst fruchtbarer Regionen, kippender Ozeane und verkrautender Flüsse, abgeholzter Urwälder und vergifteter Atemluft, aussterbenden organischen Lebens und bis an die absolute Belastungsgrenze anwachsender, zum größten Teil hungernder und kranker Menschheit (sollte der Omnicid vorher nicht gelingen) – wie wohl ist in einer solchen Welt Heimat zu finden?

Auf Atomsprengköpfen ein Heim zu bauen, erscheint vielen Zeitgenossen schlechterdings lebensgefährlich, zwischen ungesicherten Giftmülldeponien und tickenden Entsorgungslagern, unterm Ozonloch und in der Ungewißheit über die Folgen klimatischer Veränderungen will es kaum heimelig werden. In solchen Nahwelten, gleichviel ob in Atomstaaten oder in den von Hunger und Seuchen heimgesuchten Gebieten der Dritten und Vierten Welt, hat jeder im Sinne AMERYs Heimat bitter nötig, weil es keine gibt.

Angesichts weltweit geschmälerter Existenzbedingungen und verringerter Überlebenschancen für die Nachgeborenen kommt man vorerst über die von Ernst BLOCH (1973, S. 1628) formulierte Forderung des „Umbaus der Welt zur Heimat" nicht hinaus; das Ziel, das ihm vorschwebt, ist eine „Gemeinschaft, wo die Sehnsucht der Sache nicht zuvorkommt, noch die Erfüllung geringer ist als die Sehnsucht". Solche Worte klingen – gemessen am Zustand dieser Welt – utopisch und werden wohl darum von allzu pragmatischen Geistern belächelt oder angefochten. Und doch haben sie programmatischen Charakter für einen neuen Heimatbegriff, der dem noch diffusen Bedürfnis, das ihn zu handlungsanleitender Analyse nötigt, einen gangbaren Weg anzeigen sollte.

Sicherlich geht es letztlich um eine „Humanisierung der *ganzen* Gesellschaft und aller Lebensbereiche. Gewißt droht der Begriff Heimat jegliche Kontur zu verlieren, wenn er nicht auf eine überschaubare Nahwelt bezogen bleibt. Aber diese Nahwelten haben keine geschlossenen Horizonte mehr. Heimat und Identität, Heimat *als* Identität ist nur möglich, wo es – mit dem Philosophen Walter Schulz gesprochen – gelingt, die ‚Ethik im Nahhorizont' mit der ‚Ethik im Fernhorizont' zu vermitteln" (BAUSINGER 1980b, S. 29). Wenn Heimat auch Kürzel für die zu gewinnenden äußeren Voraussetzungen einer gegen die Entfremdungserscheinungen aufbegehrenden Identitätsarbeit sein soll, dann greift der nur auf überschaubare Nahwelten verengte Heimatbegriff zu kurz, so lange er die fernweltlichen Einflüsse auf die engere Heimat ausblendet, das heißt die fernweltliche Überformung nicht zum Thema macht.

Es mag sich fürs erste geruhsam hinter den Scheuklappen heimatlicher Innerlichkeit leben, das aber bedeutet, das neue Heimatbedürfnis zu vergewaltigen und Heimat als Aufgabe aus dem Blick zu verlieren.

Es ist nur scheinbar paradox: Die Kontur des ausschließlich auf Nahwelten bezogenen Heimatbegriffs ist zwingend aufzulösen, um letztlich Heimat als Nahwelt zu gewinnen; borniertes, provinzielles und lokales, auch nationales Heimatdenken ist zu überwinden, um eine Welt-Heimat zu schaffen und anzuzeigen, in der Nahwelten dann möglich werden können. Dort, aber erst dort, wird Heimat der Ort werden können, wo man in Verantwortung zu nehmen ist und man verantwortlich handeln und sein kann (vgl. GEBAUER 1986, S. 350). Aktive Heimatlosigkeit als Prinzip der Verneinung kurzsichtiger und auf die Dauer zerstörerischer Interessen bringt der Nahwelt eben das nahe, was in der Welt zu tun ist, um endlich beheimatet zu sein.

Literatur

AMERY, J. (1977), Jenseits von Schuld und Sühne. Stuttgart: Klett-Cotta
BAUSINGER, H. (1980a), Heimat und Identität. In: E. MOOSMANN (Hrsg.), Heimat. Sehnsucht nach Identität. Berlin: Ästhetik & Kommunikation
BAUSINGER, H. (1980b), Zugangsweisen: Kultur und Gesellschaft. Diskussion zwischen Hermann Bausinger et al. In: Ästhetik & Kommunikation, Jg. 11, No. 42, S. 99 - 105
BLOCH, E. (1973), Das Prinzip Hoffnung. Dritter Band. Frankfurt/Main: Suhrkamp
ERIKSON, E.H. (1977), Identität und Lebenszyklus. Frankfurt/Main: Suhrkamp
GEBAUER, K.-E. (1986), „Small is beautiful" und „Do it yourself". Vor einem Trend zur „Kleinen Einheit"? In: WEIGELT, K. (Hrsg.), Heimat – Tradition – Geschichtsbewußtsein. Mainz: Hase & Koehler
GLOBAL 2000 (1980), Der Bericht an den Präsidenten. Frankfurt/Main: Zweitausendeins
GREVERUS, I.M. (1978), Kultur und Alltagswelt. München: Beck
GREVERUS, I.M. (1979), Auf der Suche nach Heimat. München: Beck
GRONEMEYER, H. (1988), Die Macht der Bedürfnisse. Reinbek b. Hamburg: Rowohlt
HANSEN, K. (1989), Zurück ins Dorf meiner Kindheit. In: ARLT, J./LANG, M., Vaters Land und Mutters Erde. Pulheim: Rhein, Eifel, Mosel-Verlag
HELLER, A. (1975), Theorie und Praxis: ihr Verhältnis zu den menschlichen Bedürfnissen. In: LUKACS, G./HELLER, A./FEHER, F. et al., Individuum und Praxis. Positionen der „Budapester Schule". Frankfurt/Main: Suhrkamp
HERRENKNECHT, A. (1980), Heimatsehnsucht – Eine verdrängte Kategorie linker Identität. In: E. MOOSMANN (Hrsg.), Heimat. Sehnsucht nach Identität. Berlin: Ästhetik & Kommunikation
ILIEN, A./JEGGLE, U. (1978), Leben auf dem Dorf. Opladen: Westdeutscher Verlag
MARX, K. (1844; hier 1970), Zur Kritik der Hegelschen Rechsphilosophie. In: MEW Bd. 1. Berlin: Dietz
MITSCHERLICH, A. (1969), Die Unwirtlichkeit unserer Städte. Anstiftung zum Unfrieden. Frankfurt/Main: Suhrkamp
PARIN, P. (1980), Die äußeren und die inneren Verhältnisse. Ethnopsychoanalytische Betrachtungen auf unsere eigene Ethnie angewandt. In: Berliner Hefte, No. 15, S. 5 - 34
SCHMIEDER, A. (1984), Identität. In: KERBER, H./SCHMIEDER, A. (Hrsg.), Handbuch Soziologie. Reinbek b. Hamburg: Rowohlt
WIESER, H./MÜNSTER, A. (1975), Gespräche mit Ernst Bloch. Frankfurt/Main: Suhrkamp

Thanos Lipowatz

Über kollektive Identifizierungen: die Nation

Freud erwähnt in seiner „Massenpsychologie und Ich-Analyse", (daß das Verhältnis des Subjekts zum anderen doppelter Natur ist: der andere ist entweder Objekt des Begehrens oder Objekt der Identifizierung. Das Subjekt hat ursprünglich keine „Identität", sondern erwirbt sie sich durch das *„sich-Identifizieren mit"* dem anderen. Dieser Prozeß beginnt mit der allerfrühesten Kindheit und bildet die unabgeschlossene Matrix aller nachfolgenden Identifizierungen im Erwachsenen-Alter, wobei „Identität" die jeweils vorläufige „Summe" dieser Identifizierungen darstellt. Hier kommen einige eigentümliche Züge zum Vorschein. Die Identifizierung vollzieht sich meistens als *partielle Identifizierung* mit „einigen Zügen" der geliebten oder gehaßten (gefürchteten) Person (ursprünglich die Eltern). Dieser partielle Charakter deutet auf das symbolische Trägerelement jeder Identifizierung; denn diese hat immer einen metaphorischen Charakter: man ist wie der andere, so daß die Nachahmung immer eine Folge davon ist.

Aber die Identifizierung findet auf mehreren Registern statt: nicht nur auf dem symbolischen, vermittels der Zeichen, Symbole, oder Eigenschaften, sondern auch auf dem imaginären, d.h. durch die Unterwerfung unter den anderen. Dieser zweite Aspekt ist der problematische: denn das Subjekt befriedigt seinen *Narzißmus*, d.h. seine Allmachts- und Vollkommenheitsphantasien, durch die Identifizierung mit jemandem, der angeblich diese Eigenschaften besitzt, wodurch jene Phantasien auf imaginäre Weise „realisiert", d.h. befriedigt werden. Freud gibt für diese imaginäre Identifizierung mehrere Varianten an: die Massenbildung, das Verliebtsein, die Hypnose. Das erste Beispiel ist wichtig für die politische Psychologie; denn die Elementarstruktur jeder Gemeinschaft besteht darin, daß a) eine Menge von Subjekten an Stelle ihres Ichideals ein äußeres, gemeinsames Objekt, den Führer, setzen, den sie lieben, fürchten und bewundern, und von dem sie glauben, daß er sie liebt, und b) daß die Subjekte infolgedessen „einige Züge" von ihm übernehmen, aufgrund deren sie sich miteinander „identifizieren" (indem sie z.B. alle die gleiche Uniform tragen).

Diese Struktur der Abhängigkeit schafft *Identität* und Einheit, indem sie die latent oder unbewußt vorhandenen Aggressions- und Konkurrenztendenzen untereinander nach außen (oder nach innen) ablenkt. Dieses Bedürfnis darf nicht unterschätzt werden; die Subjekte haben immer panische Angst vor „Identitätsverlust" oder Ich-Spaltung.

Die notwendige Folge aber der imaginären Identifizierung ist die Abschließung nach außen und die Fixierung der latent oder manifest vorhandenen aggressiven Tendenzen auf einen imaginären oder realen, inneren oder äußeren Feind. Will man diese Situation durchbrechen, so muß man die Grenze zum Nichtidentischen hin öffnen, und das kann nur in Form der Annahme eines Universalen Gesetzes geschehen, das gleichzeitig die Differenzen respektiert. Denn das Gesetz wird immer durch die Sprache erst ermöglicht, und wird nur in ihr formulierbar. Das Gesetz schafft Differenz und den Mangel, indem es an mich durch den sprechenden Anderen ergeht. Damit durchbricht dieser die selbst-zufriedene Allheit des reinen (imaginären) Beisichseins, das sich in seinen endlosen Bildern bespiegelt.

Demnach setzt jede abgeschlossene Ganzheit immer die Negierung des Nichtidentischen, unreinen, voraus. Indem aber die Subjekte das Nichtidentische, den Mangel, die Differenz akzeptieren (ohne sie zu verdinglichen), identifizieren sie sich symbolisch mit dem Gesetz und mit dem Anderen. Sie gehen einen Vertrag, einen Bund mit ihm ein, sie setzen ihr Vertrauen in das Wort des Anderen, sie respektieren die Individualität des Anderen, von dem sie erwarten, daß er seine Singularität zwar bewahrt, es aber nicht auf einen Konkurrenzkampf ankommen läßt. Das „Gesetz" ist in diesem Sinn nicht mit Vollkommenheitsträumereien und Autarkie- bzw. Autonomie-Utopien vereinbar. Das Gesetz akzeptieren heißt, das Nichtidentische, die Heteronomie akzeptieren, denn das Gesetz ist im Wort des Anderen, im Unbewußten verankert.

Die nationale Problematik ist eine Identitätsproblematik: es genügt, sich ein wenig ernsthaft mit dieser grundlegenden psychoanalytischen Kategorie zu befassen, um einiges dabei zu klären. Eine „gestörte" Identitätsbildung deutet auf ein gestörtes Verhältnis zur Realität und zur Sprache hin (wobei es keine „vollkommene" Identität gibt). „Identität" ist ein problematischer, vielschichtiger Begriff, der nicht allein für sich da ist, sondern nur aus seiner (strukturalen) Opposition zum Begehren zu begreifen ist, und zwar auf dem Hintergrund einer anderen semantischen Opposition: der zwischen Sprache und dem (sprachlosen) Narzißmus.

Um mit der Identitätsproblematik fertig zu werden, muß man akzeptieren, auf dem Hintergrund der Sprache eine Identität zu haben, d.h. auch auf dem Hintergrund einer gewissen Normativität, die den grenzenlosen Ansprüchen eines imaginären „Ich" irgendwie Grenzen setzt. Dabei bedeutet ein sich verleugnendes Ich das gleiche wie ein übersteigertes Ich. Selbstverständlich ist der *Nationalismus* aller Völker Grundlage ihres Narzißmus und ihrer nationalen Vorurteile, aber die Auseinandersetzung mit ihnen kann nicht ausgespart werden, und sie bedeutet nicht, daß man die nationale Identität für überflüssig erklärt.

Über kollektive Identifizierungen: die Nation

Identität und *Begehren* sind zwei strukturale Komponenten der menschlichen Psyche (egal ob individuell oder kollektiv, wobei es natürlich keine kollektive („organische") Psyche gibt, sondern nur sprachlich tradierte oder vermittelte Inhalte). Die Identitätsproblematik wird aber dadurch entspannt, daß man seine und der anderen Identität als selbstverständlich annimmt und sein Hauptinteresse nicht ihr, sondern dem Begehren (den Interessen, im Sinne von „interessiert sein", nicht als „Verteidigung von Besitz") widmet. Wichtig ist hier, den Unterschied zwischen Begehren und Identität festzuhalten, etwas, was die Ichpsychologie oder die nur sozialkritische Psychoanalyse nicht tun.

Der andere zentrale Aspekt ist die *Sprache* bzw. der *Diskurs*, denn die Identität lehnt sich an symbolische Produkte an, die Träger von Inhalten und Fantasmen sind, aber die Produkte können die Fantasmen transzendieren (relativ), und nur so haben sie einen Bestand: die westdeutsche Identität besteht zuerst in der deutschen Sprache und Symboltradition (im weitesten Sinne). Aber das allein reicht nicht aus (denn es umfaßt noch die deutsche Schweiz und Österreich); es könnte eine romantische d.h. eine unrealistische Position sein. Entscheidend ist noch die andere, ethische und politische Komponente der Sprache, und es ist ein Unglück, daß in der deutschen Tradition „Formen" und „Inhalte" voneinander getrennt und schroff gegeneinander ausgespielt werden (Verstehen vs. Erklären).

In der deutschen Geistestradition besteht eine hartnäckige Weigerung zu akzeptieren, daß die Normen sich nie auf eine evolutionistische, dialektische oder sonstige Art und Weise, historisch-partikular begründen und legitimieren, oder sich in Kommunikation auflösen lassen, denn sie sind immer einfach „da", indem man sich zu ihnen hält oder sie verdrängt. Diese Weigerung ist die Konsequenz der Unterschätzung der Form. Daraus resultiert auch das gebrochene Verhältnis der Deutschen zu dem Gesetz und zum Recht. Es wäre hier einseitig zu sagen, daß „Luther daran schuld sei", daß man mit „Gesetz" etwas „Böses" assoziiert, fest steht aber eine auffällige schroffe Ambivalenz: entweder eine übersteigerte „objektivistische" Strenge des Gesetzes, die aus ihm ein Über-Ich macht, jenseits von Milde, Menschlichkeit und politischer Vernunft, oder eine „subjektivistische" totale Verleugnung des Gesetzes im Reich der halluzinierten gesetzlosen Utopie. Aber das *Gesetz* ist etwas anderes, es ist ebenfalls eine strukturale Komponente der Subjektivität, mit der man ein unproblematisches Verhältnis haben könnte: das Gesetz ist nichts „Äußerliches" (obwohl man es „betrügen" darf: es ist dafür da, aber es muß vorher akzeptiert werden, und man muß mutig die Konsequenzen dann akzeptieren, aber so ein „Spiel" ist für viele zu viel), oder genauer, nur dann „äußerlich", wenn man auf die reine Innerlichkeit pocht, die nach wie vor auch bei den sog. „Postmodernen" dominiert.

Die kulturellen Produkte oder die politischen Auseinandersetzungen sind immer schon normativ geprägt, man braucht nur die Augen nicht davor zu verschließen. Jedoch die Inhalte der Normen oder der Kulturprodukte können imaginärer Natur sein. So ergibt sich dann die Situation, daß im Diskurs eines Subjektes (individuell oder kollektiv) beide Momente aneinander „kleben", und eine Analyse hat das Ziel, auf diese grundlegende Ambiguität und Spaltung des Subjekts hinzuweisen: zwischen dem unbewußten Subjekt des Aussagens (symbolisch) und dem bewußten Subjekt der Aussage, das Ich-zentriert ist und imaginäre Werte, Normen oder Inhalte im „Sinn" hat.

Die totale Ablehnung der nationalen Identität bedeutet strukturell das gleiche wie der übersteigerte Nationalismus von Wilhelm II. oder von Hitler, und das wollen viele Linken nicht wahrhaben. Ein offener, klarer *Nationalismus* ist auch ein ausgelebter Nationalismus, ist berechenbar und eingrenzbar, man kann dazu Stellung nehmen und ihn in Frage stellen. Aber ein verleugneter? Er kann nur durch die Hintertür krampfhaft bzw. in lächerlicher oder übersteigerter Form zurückkehren. Daran sind die Linken ebenfalls schuld, wenn sie den Nationsbegriff den Rechten kampflos überlassen, anstatt einen anderen, fortschrittlichen Nationsbegriff vorzustellen: die Tradition des Bauernkrieges, der Reformation, der Revolutionen, der Aufklärung und der Menschenrechte, der Arbeiterbewegung und der antifaschistischen Widerstandsbewegung reichen zu diesem Zwecke aus.

Durch diese allgemeine Schilderung des Begriffs Identität haben wir folgende Begriffe miteinander verknüpft: kollektive Identität, Nation, Sprache, Kulturtradition, Gesetz, politische Differenz (rechts, links). Das geschah in einer bestimmten Absicht, denn das Verhältnis von *Heimat* und regionaler Identität zu der nationalen Identität wiederholt auf einer anderen Ebene das Verhältnis, das zwischen Nationalität und Internationalität besteht. (Das Entstehen einer europäischen Gemeinschaft bedeutet die Bildung einer kontinentalen Identität, die eine Stufe höher, über der nationalen Identität, zu situieren ist). Hier wie dort existiert eine ähnliche Problematik und es kommt auf die Gewichtung der einzelnen Terme an.

Es dürfte hier als allgemein akzeptabel gelten, daß es nicht darum geht, Gemeinschaft gegen Gesellschaft auszuspielen, sondern vielmehr vernünftige Kompromisse zwischen diesen zwei Momenten jeden kollektiven Lebens zu finden. Beide, Gesellschaft und Gemeinschaft, bestehen immer gleichzeitig, während an beiden imaginäre und symbolische Elemente mitwirken. Die Menschen scheinen trotzdem, je nach ihrer besonderen Interessenstruktur, jene beiden Momente jeweils einseitig zu bevorzugen. Darüber hinaus muß man folgendes berücksichtigen: wir sprechen hier von kollektiven Identitäten, aber so laufen wir Gefahr zu vergessen, daß das letzte Ziel auf das es ankommt, die individuelle Identität ist. Denn das entscheidende emanzipatorische Moment der Moderne ist und bleibt die Tatsache, daß der Einzelne, nicht mehr wie in allen traditionellen Gesellschaften zuerst als Teil eines Ganzen definiert wird, sondern umgekehrt, der Einzelne ist mit seiner menschlichen Existenz zuerst da und dann werden alle intermediären gesell-

Über kollektive Identifizierungen: die Nation

schaftlichen Kollektivitäten konzipiert. Der Einzelne steht dennoch nicht auf sich allein gestellt da: denn er ist der Sprache unterworfen, d.h. auf den Anderen angewiesen.

Die Sprachlichkeit ist und ist nicht Gesellschaftlichkeit, oder sie ist eine Gesellschaftlichkeit avant la lettre. Sie verbindet nämlich die zwei extremen Pole von Humanität: sie vertritt einerseits die Universalität, denn der Andere der zu mir spricht, kann jedes Sprechwesen sein, aber andererseits, indem jedes Sprechwesen „Ich" sagen kann, vertritt die *Sprache* auch die absolut einmalige Individualität. Wir haben guten Grund zu befürchten, daß die Soziologen, wegen ihrer beruflichen Deformation, die individuelle Existenz nicht genügend berücksichtigen und andererseits auch die Universalität als philosophische Spekulation abtun. Auf diese beiden Aspekte kommt es aber entscheidend an, wenn man dem Soziologismus entkommen will. Die regionale Identität einerseits und die nationale Identität andererseits sind nur zwei intermediären Bildungen, wie auch jede andere Gruppierung, und sie bekommen ihren Sinn nur aus ihrem Verhältnis zu der Differenz: individuelle Existenz – universelle Menschheit.

Um zu dieser Überlegung zu gelangen, sind wir von der Besonderheit der Sprache ausgegangen: sie ist ein Schlüssel zum Verständnis der Problematik. Noch zwei Aspekte werden uns hier aufhalten: die Sprachenvielfalt und die Sprachlichkeit des Unbewußten. Es gibt keine natürliche Universalsprache, obwohl es das Gebot zur Universalität gibt: davon zeugt die Geschichte vom Turm zu Babel. Mit der *Sprachenvielfalt* ist es wie mit der Küche, denn es gibt keine internationale *Küche*, sondern nur nationale bzw. regionale Küchen. Das alles hat Konsequenzen: denn einerseits haben alle Sprachen eigentümliche Grenzbereiche die in anderen Sprachen schwer zu übertragen sind, aber andererseits sind sie alle nach dem gleichen Prinzip der Differenz aufgebaut. Jede Sprache ist in sich schon eine Einheit des Besonderen und des Allgemeinen, sie existiert neben einer anderen Sprache, die ebenfalls das gleiche darstellt und es besteht die Aufforderung zum symbolischen Tausch und zur gegenseitigen Anerkennung: es gibt nicht die eine Sprache, die die volle Wahrheit über die Dinge an sich ausspricht, und es gibt keine Sprache, die strukturell besser wäre als eine andere, wohl aber historisch entstandene, dominanten Kultursprachen.

Das alles hat Folgen für das Verständnis der Begriffe Region und Nation. Die historische Erfahrung zeigt, daß überall die kollektive Identitätsbildung ständig von imaginären gegenseitigen Abschließungstendenzen und Vorurteilsbildung, Xenophobie und Rassismus (nach beiden Seiten) begleitet wird. Jener universalitische Anspruch, nach dem jeder Sprechende Mensch, der Andere ist und das Gesetz repräsentiert, gilt sehr bedingt. D.h., die Dimensionen der Macht und der sie begleitenden bzw. stützenden Mythen treten hervor. Hier spielt das Unbewußte eine entscheidende Rolle, denn der naturwüchsige kollektive Narzißmus führt immer zu problematischen Ergebnissen: die Nationenbildung bedurfte zu ihrer Verwirklichung der Unterdrükkung der Regionen (zugunsten einer), umgekehrt aber reproduzieren die Regionen ihren verarmten Provinzialismus, wenn sie die Tatsache und die Notwendigkeit einer größeren Einheit verleugnen. Hier ist der Begriff der *Differenz* wichtig, denn er ist nicht selbstverständlich: die einen wollen daraus eine Einheit bzw. Ganzheit machen, während die anderen eine Zweiheit, eine antagonistische Polarität darin erblicken.

Die Prozesse der Identitätsbildung und Entgegensetzung laufen unbewußt ab, so daß wir dem folgenden Satz: „Kollektive Identität konstituiert sich als bewußtes Resultat reflexiv anerkannter Deutungen im Rahmen eines offenen diskursiven Einigungsprozesses" (Problemhorizont und Fragestellungen zum 11. Workshop-Kongreß) nicht zustimmen können.

Identitäten und Mythen entstehen unbewußt, aber sie werden davon entscheidend mitbeeinflußt, je nachdem ob in einer Kultur das Gesetz und die Differenz anerkannt und respektiert werden oder nicht. Die irrationalen Mythen einer über alle herrschenden Nation oder einer auf der „Gemeinschaftsseele" gegründeten Regionalidentität, werden wirksam auf dem Hintergrund der Verleugnung von Gesetz und Differenz. Wir haben auch zu Beginn des Textes darauf verwiesen, daß es eine progressive nationale Tradition gibt; also ist die Nation nicht identisch mit Reaktion bzw. die Tradition ist nicht identisch mit Konservatismus.

Die imaginären Abschließungen und die Mythenbildung weisen auf die Dimension der *Geschichtlichkeit* und der Tradition hin: ohne gemeinsame Sprache und Kulturtradition gibt es kein Volk, denn es bedarf eines kollektiven Gedächtnisses. Im Streit um die Grenzen der Emanzipation von partikularen Interessen vermischen sich die *Sachen*: man muß zweierlei Traditionen auseinanderhalten, denn eine Tradition anerkennen, bedeutet auch die Pflicht, kritisch damit umzugehen. Denn eine Sache ist es, nostalgisch auf die mittelalterliche Dorf- und Zunftgemeinschaft zurückgehen zu wollen, und eine andere, sich auf die Ideen und Werte der Aufklärung zu berufen, wobei die deutsche Geschichte eine zwiespältige Eigentümlichkeit aufweist: da die *Nation* sich verspätet und sich nicht auf dem Boden der Aufklärung gebildet hat, was später noch zu der Katastrophe des II. Reichs führte, versuchten viele Linken sie entbehrlich zu machen. Diese Verdrängung der Nation kam aber dann der regionalen Identität zugute: zwar ist der Begriff „Heimat" immer noch problematisch, aber schon wird er bei vielen als Ersatzbegriff für Nation verwendet und er trägt unverkennbare Züge einer Unmittelbarkeits- und Gemeinschaftsideologie.

Wir betrachten hier die Thematik *Region* und *Heimat* einerseits aus der Perspektive ihres Verhältnisses zur Nation, und andererseits zur aufklärerischen Tradition. Die Heimatproblematik wird partikularistisch verstanden, d.h. mit Volksbräuchen, Folklore und dergleichen in eins gesetzt: dies kann aber nicht das gesuchte Ziel sein. Wer den Begriff „Heimat" entideologisieren will, muß Wert auf gewissen Differenzen und Verhältnisse legen: es gibt wichtige Unterschiede zwischen Stadt und Land bzw. zwischen Klein- und Großstadt, und all das ist nicht unter einen Hut zu bringen. Die Kultur verlangt nach einer gewissen Dichte der menschlichen Kommunikation, eine entwickelte Kultur kann nicht in dünnbesiedelten Gebieten entstehen, außerdem verlangt sie nach alten kontinuierlichen Traditionen, denn Kultur entsteht nicht von heute auf morgen, und es gibt wieder nur wenige, historisch entstandene Kulturzentren. Es darf weder zu der ausschließlichen Dominanz eines Zentrums (wie Paris in Frankreich) kommen, noch darf man eine mediokre, geschichtslose Gleichverteilung fordern. Was man in Deutschland vermißt, ist die Existenz eines Kulturzentrums, denn es kann nicht durch beliebig viele Zentren ersetzt werden. Anderseits hat man oft den Eindruck, daß durch den Regionalismus der bornierte Provinzialismus und der dörfliche Haß auf die Stadt legitimiert werden sollen, darüber hinaus wird die Konkurrenz unter den Regionen verdeckt. Die Natur- und Umweltschutzbewegung trägt oft kulturfeindliche, unhistorische Züge, indem sie bloß physisch saniert, aber nicht die tradierten (nicht traditionalistischen) *Kultursymbole* pflegt; letztere werden eher als konservatives und bürgerliches Kulturgut angesehen. Aber der Mangel an nationalem Kulturbewußtsein hängt mit dem Mangel einer Kulturmetropole zusammen.

Das regionale Bewußtsein wird in anderen Ländern von dem Wiedererstarken von Mininationen bzw. von bisher unterdrückten kleinen Völkern begleitet. Oft sind aber diese Nationalismen zweideutig: einerseits verlangen sie nach einer Emanzipation, anderseits aber sind sie oft intolerant, xenophob und terroristisch gegen die Nachbarn oder die eigenen Minderheiten: gerade die Ereignisse in Osteuropa und in Spanien sind ein Beispiel dafür. Es besteht Grund zur Vorsicht beim Umgang mit den Regionalismen, die oft mit der extremen Rechten sympathisieren.

Für traditionelle Aufklärer dürfte das Wiedererwachen des Nationalismus ein Betriebsunfall und eine Regression darstellen, aber die Tendenz, alles nach der universellen Vernunft zu beurteilen, verdrängt die Existenz der „unvernünftigen" Triebe, und der Notwendigkeit mit ihnen auf spezifische Weise auszukommen. Umgekehrt laufen viele Aufklärer häufig Gefahr, das, was sie bisher übersehen haben, zu unkritisch in den Mittelpunkt zu stellen, oder es gleich nach der alten Manier zu behandeln: die Aversion von vielen, von der Nation zu sprechen ist die Kehrseite der Begeisterung für die Regionen, als ob letzteren „besser" als die ersten wären. Die adäquate Art von Nation und Region zu sprechen ist, beide auf die Normen der Aufklärung zu verpflichten und gleichzeitig zu wissen, daß sie bestimmte imaginären Identifizierungsansprüche befriedigen. In jeder solchen Identifizierung steckt der Wunsch, das eigene „Selbst" zu erhöhen, und wenn dies nicht auf die eine Weise geschehen darf, dann wird es auf jeden Fall auf eine andere Weise geschehen. Es ist aber nicht gleichgültig auf welche Weise es geschieht und hier haben die Intellektuellen eine Verantwortung, der sie sich nicht durch Nörgelei und Idealismus oder Ästhetizismus entziehen dürfen: sie dürfen nämlich diesen Narzißmus nicht denunzieren, sondern sie müssen helfen, ihn symbolisch und kollektiv zu verarbeiten und zu sublimieren. Der Fall des Rassismus ist hier exemplarisch: die Unterdrückung von Minderheiten (regionale und andere) kann rassistischen Charakter annehmen, aber Menschen die als Minderheit zu sehr partikularistisch denken, können auch rassistisch werden.

Wir möchten noch auf zwei Punkte hinweisen: das Wiedererwachen der Regionen ist nicht unabhängig von der Bildung einer *multikulturellen Gesellschaft* zu betrachten. Die vielen ausländischen Elemente im Schmelztiegel der modernen Städte stellen ein Pendant zu den regionalen Elementen dar. Der Rassismus (und der Ethnozentrismus) entzündet sich daran: die Rassisten vertragen es nicht, die nationalen Differenzen in ihrer „Heimat" zu erleben, denn die enge kulturelle Kommunikation stellt für sie einen unerlaubten sexuellen Verkehr dar. Aber das Eine existiert nur vermittels der Vielen, und nur indem die Vielen voneinander unterschiedlich sind, können sie in Austausch miteinander treten. Jeder Ruf nach „Reinheit" in diesem Sinne ist problematisch, denn er wird vom Fantasma der abgeschlossenen, selbstgenügsamen, sich selbst befriedigenden, imaginären Identität getragen. Jede lebendige und große Kultur ist jedoch aus einer Verschmelzung von vielen unterschiedlichen Elementen hervorgegangen. Die regionalen Unterschiede sind also wie die anderen ethnischen Unterschiede zu behandeln, jedoch weder als Folklore, noch als Betreuungsfälle fürs Sozialamt.

Die Regionalismen haben noch viele Gemeinsamkeiten mit den sozialen Bewegungen, mit den verschiedenen Minderheiten, den Frauenbewegungen, usw. Aber wie diese haben sie die Tendenz im Vorpolitischen stehen zu bleiben und partikularistisch zu werden: die eine Region konkurriert gegen die andere, die Frauen gegen die Männer, die Alten gegen die Jungen, und umgekehrt, usw. Auf diese Weise zersetzen die Gruppenpartikularismen die Klassenkonflikte und den Raum des Politischen, anstatt ihn zu erweitern. Die betonte Hervorhebung des Partikularismus läßt die ganze Gesellschaft ein Mosaik von egoistischen Sonderinteressen werden, in dem auf die Differenz, auf die es ankommt, nicht mehr Bezug genommen wird. Nämlich auf jene Differenz, die jedes Subjekt spaltet, indem es gleichzeitig ein universales und ein individuelles Wesen wird, d.h., nie bei sich „ganz zu Hause" ist, und „Heimat" nie ein „Gruppenzugehörigkeitsgefühl" sein kann. Wer auf das Heimliche der Heimat zu sehr pocht, vergißt jene Differenz und verharrt bei der schlechten Empirie der vielen, gegenseitig undurchdringlichen Einheiten. Damit wird aber das Heimliche zum Unheimlichen: nämlich als die Rückkehr zurück in den Mutterleib, wo es die Differenz nicht gab.

Was die „Heimat"-Diskussion betrifft, so muß man anerkennen, daß dies ein vieldeutiger Begriff ist. Aber es ist nicht zu leugnen, daß er mit bestimmten Assoziationen regelmäßig verbunden wird, die wir hier in Form von Hypothesen formulieren möchten. Wenn so oft von „Heimat" die Rede ist, so bedeutet das, daß das Wort „Heimat", die unbewußte Funktion erfüllt, an Stelle des Wortes „Nation" zu treten, d.h. den Begriff Nation zu verdrängen. Das Argument, das Wort „Nation" sei aus historischen Gründen diskreditiert worden, ist nicht stichhaltig, denn dies gilt auch für den Begriff Region.

Die Verdrängung der „Nation" hängt auch mit einem anderen Aspekt zusammen: mit der Verdrängung der Vaterfunktion. Im Zuge einer gewissen feministischen Ideologie, wird die „vaterlose Gesellschaft" die z.T. schon de facto da ist, zum Ideal erhoben. Der Begriff „Nation" ist, trotz gegenteiliger Assoziationen, ein Begriff, der auch den Begriff des Gesetzes mitenthält, wogegen die „Heimat" etwas ist, das keinen Gesetzesbegriff hat oder braucht. Ein entkrampftes Verhältnis zu diesen Begriffen würde das Nebeneinander beider Begriffe akzeptieren und jede Art von Verdrängung zurückweisen.

Warum assoziiert man die „Nation" mit dem „Gesetz"? Die „Nation" ist eine französische (und amerikanische) Erfindung. Im klassischen jakobinischen Sinn, enthält die Nation auf unauflösbare Weise nicht nur die „Volksgemeinschaft" sondern ebensosehr die Prinzipien von Freiheit, Gleichheit und Brüderlichkeit, sowie das Gesetz. Der deutsch-romantische Alternativ-Begriff von „Nation" als organische „Volksseele" ist eine (strukturale) Perversion der ersten und impliziert die Verleugnung des Gesetzes.

Mit der Niederlage des Nationalsozialismus hat der französische Begriff der Nation gesiegt, so daß er heute einzig und allein, auch für die Deutschen in Frage käme. Aber er braucht nicht als „unglückliche" Alternative zur „Heimat" verstanden zu werden, es genügt, nur ihre Differenz, ihre Nicht-Identität anzuerkennen und das Wort des Anderen nicht zu überhören. Außerdem ist heute jede Nation in supranationale Verbindlichkeiten eingespannt.

Literatur

J. Florence: L'identification dans la théorie freudienne, Bruxelles, 1984.
S. Freud: Massenpsychologie und Ich-Analyse, in: Studienausgabe III
Th. Lipowatz: Die Verleugnung des Politischen, Weinheim und Berlin, 1986.
Th. Lipowatz: Über den Begriff der Identifizierung bei Freud, in: RISS Nr. 12, Zürich, 1989.

Heinz Bude

Die Verwestlichung der Bundesrepublik durch die 45er- und durch die 68er-Generation

1968 stießen nicht nur eine Eltern- und eine Kindergeneration aufeinander, sondern auch zwei Geschwistergenerationen: die um 1930 und die um 1940 Geborenen. Die älteren hatten sich von Helmut SCHELSKY (1957) als „skeptische Generation" bezeichnen lassen. Das Ende des Zweiten Weltkriegs hatten sie als Flakhelfer oder als Feuerwehrhelfer in den bombardierten Städten erlebt. Ihr Unverständnis für Weltverbesserer hatte in der Erfahrung des gesellschaftlichen Zusammenbruchs von 1945 ihren Grund. Dem Nachkriegskonsens der Bundesrepublik hatten sie sich zwar mürrisch, aber anpassungsflexibel gefügt. Sie waren die vorsichtigen, aber erfolgreichen jungen Männer des bundesrepublikanischen Wiederaufstiegs. Aber plötzlich meldete sich eine „rebellische Generation", die den Neubau in Frage stellte. Im Zeichen von Antifaschismus und Antikapitalismus wurde ein großes Fest inszeniert, das das fragile Gebäude der gesellschaftlichen Übereinkünfte erschütterte. Auf der Seite der älteren entstand durchaus Haß auf diese „Wiedertäufer der Wohlstandsgesellschaft". Aber auch die jüngeren haßten ihre älteren Brüder, die sich in den frühen gesellschaftspolitischen Debatten der Bundesrepublik einfach weggeduckt und sich dem stummen Tun des Wiederaufbaus hingegeben hatten. Sie hatten in das gesellschaftliche Schweigen nach Auschwitz eingestimmt und suchten im Eigenheim ihr kleines Glück. Das war der entscheidende Impuls von 1968: der Abriß der Verständnisbrücken, damit frische Luft durch dieses stickige Haus wehen konnte.

Heute werden die verdeckten Anschlüsse in dieser offenbaren Konfrontation von 1968 sichtbar. Die Generation der Studentenbewegung hat etwas vollendet, was die Generation der Flakhelfer begonnen hat: die kulturelle Verwestlichung der Bundesrepublik. Die 45er sind mittlerweile sechzig geworden. Man denke an Hans-Joachim Friedrichs, Hans-Dietrich Gentscher, Karl-Otto Pöhl, an den Kardinal Joseph Ratzinger und an den General Wolfgang Altenburg sowie an die Soziologen Jürgen Habermas und Niklas Luhmann. Die 68er gehen auf die fünfzig zu. Aus dieser Generation fallen einem wohlklingende Namen nicht so schnell ein. Zuerst denkt man an die schon Toten wie Rudi Dutschke, Gudrun Enßlin, Uwe Barschel und dann an die noch Lebenden wie Björn Engholm, Jil Sander, Ulf Fink, Ingrid Matthäus-Maier, Udo Lindenberg, Fritz Pleitgen sowie die Lyrikerin Ulla Hahn und der Philosoph Peter Sloterdijk.

Beide Generationen sind aus der gesellschaftlichen Nullstellung von 1945 geboren: die einen haben den Neubeginn als frühgereifte Jugendliche, die anderen als frühgestörte Kinder erlebt. Im Bild einer familiendynamischen Konstellation ausgedrückt: die älteren haben den geschädigten Eltern als ödipale Stütze gedient – das Praktische, Handfeste, Naheliegende übernehmend; die jüngeren wurden als narzißtisches Pendant für die innere Konsolidierung der Eltern in Anspruch genommen – ihrer Trauer und ihrer Wut wegen der zerstörten Ich-Ideale ausgesetzt. Möglicherweise hat diese unterschiedliche Art der emphatischen Überlastung unterschiedliche Befreiungsschläge notwendig gemacht. Auf jeden Fall haben die älteren den Nachkriegskonsens schweigend ertragen, und die jüngeren haben ihn nach dem Wiederaufbau zum Platzen gebracht. Für beide war Amerika das „neue Land": fern und weit.

Es waren zwei Bewegungen westwärts, die zu einem grundlegenden Wandel im intellektuellen Stil der tonangebenden Gruppen in Westdeutschland geführt haben: Was 1945 und was 1968 passierte, war die schrittweise Verabschiedung des „deutschen Geistes". Sie bedeutete eine Verwestlichung des Denkens, welche die alte und schwere Dichotomie von „Kultur" und „Zivilisation" zugunsten einer prinzipiell freundlichen Einstellung zum Schein der „populären Kultur" überwand.

Das Klischeebild der Flakhelfer-Generation stammt von Bernhard Wickis Film „Die Brücke" (1960) und von Dieter Nolls Roman „Die Abenteuer des Werner Holt" (1960). In Wahrheit lagen die Dinge wohl etwas anders (vgl. SCHÖRKEN 1984). Die Flakhelfer waren mehrheitlich keine fanatisierten Jugendlichen, die auf den Führer eingeschworen waren. In den Flakbatterien erfanden sie vielmehr, besonders im alltäglichen Kampf gegen die sie ausbildenden Unteroffiziere, eine Lebenstechnik der Rettung durch Rückzug. Hier setzte sich die Erfahrung einer Diskrepanz zwischen äußerem Mitmachen und innerer Beteiligung fest. Anfang 1945 war fast allen klar, daß der Krieg verloren war und sie an lächerlichen Abwehrmanövern beteiligt waren. Aber sie wollten natürlich nicht als feige gelten. Die Jugendlichen schufen sich ihre kleinen Fluchtwelten im Kompetenzwirrwar und in der Polykratie des Nationalsozialismus. Eine Stilnische war der Jazz – genauer: der Swing. Daraus erwuchs die Atmosphäre einer Gegenwelt. Flüchtend vor dem Strammstehen und dem Marschieren war hier eine ganz andere Bewegungsform zu entdecken. Die Körper wurden geladen von der kühlen Erotik des Jazzbesens. Elektrisiert vom langsamen Kreisen des tzt, tzt, tzt löste sich der Affektpanzer des faschistischen Körpers auf. Und merkwürdigerweise waren schon damals die langen Haare ein Zeichen des Protests. Selbstverständlich spielten dabei heimliche Identifikationen mit dem Gegner eine Rolle, dessen Boing-Bomber

Die Verwestlichung der Bundesrepublik

man vom Himmel holen sollte. Die Amerikaner stellte man sich als einen generösen Sieger vor, der keinen Raum fürs Volk brauchte, sondern aus enormen Reserven schöpfen konnte.

Vor diesem Hintergrund wird verständlich, daß die frühgereiften und jazzbewegten Jugendlichen 1945 die Chance eines Bruchs sahen. Manche begrüßten sogar die Teilung des Landes. Sie versprachen sich davon das Ende des ewigen deutschen Schwankens zwischen Osten und Westen. Im übrigen war für viele die Spaltung nur der gerechte Ausdruck deutscher Schuld. Der Neubau begann damit, daß man die Stuckfassaden an den Bürgerhäusern abschlug. Sie hielten das für eine großartige Geste des aktiven Vergessens (vgl. dazu und zum folgenden BUDE 1987).

Vergessen sollte man vor allem eine bestimmte Tradition deutscher Selbstthematisierung: nämlich den „deutschen Geist". Der „deutsche Geist" hat drei Merkmale: Erstens ist er immer in Gefahr. Die Gefahr besteht im Kulturschwund durch Zivilisationssteigerung. Es ist vor allem das rettende Dichterwort, das in der Literaturflut untergeht. Zweitens sucht der „deutsche Geist" beständig den Sonderweg zwischen westlichem Rationalismus und östlicher Mystik, worin sich Thomas Mann zufolge die Musikalität der deutschen Seele verwirklicht. Und drittens hofft der „deutsche Geist" unentwegt auf einen kommenden Gott, der das „ursprüngliche Chaos der menschlichen Natur" (Friedrich Schlegel) ansichtig macht. In diesem Sinne ist auch der „Appell ans Genie" (Goethe) zu verstehen, welcher den „deutschen Geist" durchstimmt.

Von dieser Art deutscher Kunstreligion wollten die Flakhelfer nichts mehr wissen. Die romantische Idee einer Universalkunst, nach der alles Gesellschaftliche, Religion, Wissenschaft, Recht, selbst die Ökonomie, in einen Strom fließt, der ins Ästhetische mündet, diese Idee konnte sie nicht mehr locken. Sie setzten lieber auf funktionale Differenzierung als auf ästhetische Integrierung und glaubten, den Geist der Zeit auf ihrer Seite zu haben.

Das war jedoch eine Täuschung. Das Pathos der Kultur beherrschte das Denken der fünfziger Jahre. Genervt hörten die 45er die Rede vom „Verlust der Mitte", vom „Geschick des Seins" oder von der „Unbehaustheit" des modernen Menschen. Die moderne Gesellschaft, so hieß es, sei eine Massengesellschaft. Jean AMERY, ein des „deutschen Geistes" wirklich unverdächtiger Autor, schrieb 1961: „Der Westen ist geworden in den späten fünfziger Jahren und wird mit jedem Tage, jeder Stunde weiter. Aber er wurde und wird auf anarchische Weise, wie es die Anarchie der Konsumproduktion will, wächst vor unseren Augen ins Unübersichtliche und schließlich Sinnlose. Die euroamerikanische Zivilisation, wie sie sich uns zu Ende des schicksalsschweren Jahrzehnts 1950 - 1960 darstellt, hat nur einen Bezugspunkt: den Konsum. Der Rest ist Illusion." (S. 298) Im Topos der Vermassung kehrt der altdeutsche Gegensatz von „Kultur" und „Zivilisation" wieder. Die „populäre Kultur" ist nur Konsum; der Rest ist Illusion. Aber wer spricht hier?

Die 45er gingen in Deckung und schwiegen. Und zwar aus dem sicheren Gefühl heraus, „daß die Diskrepanz zwischen der bedrohten Existenz und der geruhsamen Problematik jener älteren Generation, die aus ihrem olympischen Schweigen nach zwölf Jahren heraustrat, zu groß ist, um überbrückbar zu sein." (Hans Werner RICHTER 1946) Man ließ sie reden und machte seine Arbeit: realitätsverbissen und anpassungsgeschickt. Nur manchmal sang einer „mit Fisches Stimme" (Hans Magnus ENZENSBERGER 1957). Im übrigen stimmte man Paul Kuhn zu, es gebe auf Hawai kein Bier, und deshalb bleibe er hier. So schaukelte man sich in eine große gesellschaftliche Langeweile hinein. Wie schon auf der Flakbatterie machten die 45er äußerlich mit, aber beteiligten sich innerlich nicht.

In den lebensgeschichtlichen Erzählungen gleichen sich die Bilder. Die Bewegung, die Mitte der sechziger Jahre aufkam, war etwas ganz Anderes, Umstürzlerisches, Schnelles. In den Universitäten wuchs eine Generation mit dem Gefühl heran, an einer Mischung aus Schwulst und Fachidiotie zu ersticken. Die neue Kultur, die plötzlich wuchs, war eine Popkultur. Die in der Tiefe der fünfziger Jahre entstandene Sehnsucht nach Welt bekam durch die Beatles, die Stones, durch Jimmi Hendrix und Janis Joplin ihren Ausdruck. So als hätte man sich von einem Alp befreit, der alle seelische Energie niederdrückte.

Vielleicht mehr als an der Veränderung der Wertpräferenzen läßt sich an der Veränderung der vorherrschenden Bewegungsmuster der unterschwellige Wandel des Lebenszuschnitts studieren. Dabei scheint jede Generation ihr ganz spezifisches körperliches Bewegungsmuster zu besitzen. Und die Bewegungsmuster der 68er sind durchaus anschlußfähig an die Bewegungsmuster der 45er: vom tzt, tzt, tzt des Jazzbesens zum Rockin' & rollin'. Es handelt sich offenbar um eine Linie der Entbindung von Bewegungsenergien, die sozusagen ins Spiel gebracht werden. Die gestische Musik des Swing oder des Rock kann in jedem Moment ein- oder ausgeschaltet werden. Sie braucht keinen eigenen Veranstaltungsrahmen, der die Bewegung ideologisch bannt. Die Popkultur hat diese eigentümliche mikrophysische Freiheit hervorgebracht, sich beim Hören eines Stücks oder eines Songs einfach so bewegen lassen zu können: weder mit dem Gestus ursprünglicher Macht noch mit dem Gestus utopischer Erfüllung, sondern ganz gelegentlich und ganz peripher. Vielleicht ist dies ein Ausdruck unverhärteter Subjektivität. Man kann in diesem Sinne von einer Verwestlichung des Körpers sprechen, die von den 45ern entdeckt und von den 68ern entfaltet worden ist.

Aber auch die Sprache verrät eine Bewegung nach Westen. Als Beleg mag Rolf Dieter BRINKMANNS Gedicht „Die Orangensaftmaschine" aus seinem Band „Westwärts 1&2" (1975) dienen. Der Song wird zum Modell des Gedichts, die Alltagssprache zur lyrischen Sprache. „Und jeder sieht, daß/ihr's Spaß macht, sich zu bewegen/auf diese Art, was den Barmann/auf Trab bringt nach einer langen/Pause, in der nur der Ventilator/zu hören gewesen

Die Verwestlichung der Bundesrepublik

ist wie/immer, oder meistens, um/diese Tageszeit." Die Worte evozieren eine Filmszene. William Carlos Williams ist in Deutschland angekommen. Es ist dieser selbstverständliche spielerische Umgang mit dem Inventar der „populären Kultur", die den Abschied vom „deutschen Geist" vollendet: Die Leichtigkeit der Popkultur hat offenbar über die Schwere der Dichtung den Sieg davon getragen. Am Ende stehen Vanilla Fudge neben Petrarca, Douglas Sirk neben Thomas Mann, Andy Warhol neben Giovanni Battista Bracelli.

Allerdings verlaufen solche Prozesse nie bruchlos. Dies zeigt die in beiden Generationen vorherrschende Haltung zu den USA. In der Nachkriegszeit befleißigten sich die 45er eines ausgesprochenen Proamerikanismus. Die amerikanische Lebensart eines unbekümmerten Individualismus wurde bewundert und bisweilen kopiert. Dies verdeckte freilich einen latenten Antiamerikanismus, der in letzter Zeit zum Vorschein kommt. Ein sprechendes Beispiel dafür ist Günter GAUS (1983) mit seiner Kritik an den Westdeutschen. Aus ihrer Grube kämen die Westdeutschen nur über eine Entidentifizierung mit Amerika heraus. Hinter dem Plädoyer für neue gaullistische Antworten verbirgt sich ein stilles Ressentiment gegen die amerikanische Existenz, bei der die Dichotomie von „Kultur" und „Zivilisation" wieder durchschimmert. Der manifeste Antiamerikanismus der 68er ist das Ergebnis einer großen Enttäuschung wegen des Vietnamkriegs. Dieser politische Antiamerikanismus ist jedoch grundiert von einem kulturellen Proamerikanismus. Im Zweifelsfall glauben die meisten 68er, daß die wahre Geschichte des Kinos die von Hollywood ist. Selbst hymnische Leser Adalbert Stifters lieben die unergründlichen Augen Robert Mitchums.

Gleichwohl hat es in der 68er-Generation immer auch ein Festhalten an der deutschen Kunstreligion gegeben. „Wenn das Politische und das Poetische nur eins sein könnten", sagt der Wilhelm Meister beim Gang in der Höhe über dem Rhein in Wim Wenders Film „Falsche Bewegungen" (1975). Und seit Beginn der achtziger Jahre sind es die beiden Brüder der neueren deutschen Literatur, nämlich Botho Strauß und Peter Handke, die die Vorstellungen der Kunstreligion hochhalten. So präsentiert uns Botho STRAUSS in seinen „Fragmenten der Undeutlichkeit" (1989) einen Dichter, der „der zurückgetretene, der nutzlos gewordene, der in Vergessenheit geratene Ursprüngliche" ist. Das ist schwerste deutsche Romantik, deren letzte Wurzel Carl SCHMITT (1919) zufolge im privaten Priestertum angesichts einer individualistisch aufgelösten Gesellschaft liegt. Möglicherweise müssen wir von hier aus das Thema vom Ende des „deutschen Geistes" durch die Verwestlichung der Bundesrepublik doch noch einmal aufrollen.

Literatur

AMERY, J. (1961), Geburt und Gegenwart. Gestalten und Gestaltungen der westlichen Zivilisation seit Kriegsende. Olten/Freiburg: Walter
BRINKMANN, R.D. (1975), Westwärts 1 & 2. Reinbek bei Hamburg: Rowohlt
BUDE, H. (1987), Deutsche Karrieren. Lebenskonstruktionen sozialer Aufsteiger aus der Flakhelfer-Generation. Frankfurt a.m.: Suhrkamp
ENZENSBERGER, H.M. (1957), Verteidigung der Wölfe. Frankfurt a.M.: Suhrkamp
GAUS, G. (1983), Wo Deutschland liegt. Eine Ortbestimmung. Hamburg: Hoffmann und Campe
RICHTER, H.W. (1946), Warum schweigt die junge Generation? In: Der Ruf, Nr.2 vom 2. Sept. 1946
SCHELSKY, H. (1957), Die skeptische Generation. Eine Soziologie der deutschen Jugend. Frankfurt a.M./Berlin/Wien: Ullstein 1975
SCHMITT, C. (1919), Politische Romantik. Berlin: Duncker und Humblot 1982
SCHÖRKEN, R. (1984), Luftwaffenhelfer und Drittes Reich. Die Entstehung eines politischen Bewußtseins. Stuttgart: Klett
STRAUSS, B. (1989), Fragmente der Undeutlichkeit. München: Hanser

Rainer Krieger

Heimat und Familie in der Erinnerung prominenter Zeitgenossen:
Eine Studie zur Anthologie „Mein Elternhaus" von Rudolf Pörtner

1. Zur Fragestellung und Methode

Norbert Bischof hat kürzlich darauf hingewiesen, daß wissenschaftliche Begriffe Grenzen haben – umgangssprachliche Begriffe dagegen Zentren (BISCHOF 1989, S. 223). Im Zentrum des umgangssprachlichen Begriffs „Heimat" liegt wohl semantisch und topografisch das Elternhaus.

„Mein Elternhaus" ist der Titel einer Kollektion autobiografischer Texte prominenter Zeitgenossen, die Rudolf PÖRTNER (1985) herausgegeben hat. Insgesamt sind 42 Repräsentanten aus Politik, Kultur und Wirtschaft auf das Angebot von Herausgeber und Verlag eingegangen und haben Retrospektiven auf ihr Elternhaus – jeweils ca. zehn Seiten – zur Verfügung gestellt. Soziodemografisch ist es eine Stichprobe aus der politisch-kulturellen Prominenz – Pressesprecher und Professor, Schauspieler und Schriftsteller, Kanzler und Kardinal sind versammelt; geboren sind die Autoren zwischen 1900 und 1937.

Tab. 1: Autoren der Anthologie

Reinhard Appel	Karl-Günther von Hase
Egon Bahr	Walter Henkels
Wolf Graf von Baudissin	Helmut Hentrich
Graf Lennart Bernadotte	Alfred Heuß
Hans Blickensdörfer	Hermann Höcherl
Norbert Blüm	Werner Höfer
Horst Ehmke	Josef Kardinal Höffner
Ida Ehre	Marianne Hoppe
Joachim von Elbe	Ignaz Kiechle
Erhard Eppler	Helmut Kohl
Josef Ertl	Henry Marx
Iring Fetscher	Bruno Moravetz
Friedrich Karl Fromme	Ernst Ney
Anke Fuchs	Eduard Pestel
Eugen Gerstenmaier	Rudolf Pörtner
Hermann Glaser	Paul Raabe

Annemarie Renger
Luise Rinser
Philip Rosenthal
Mildred Scheel
Maria Schell

Max Schmeling
Loki Schmidt
Joachim Steffen
Hans Thimme
Otto Wolff von Amerongen

Über ihre Wahrnehmung von Heimat und Elternhaus soll hier berichtet werden, natürlich nicht in der Absicht nachzuerzählen „wie's daheim gewesen", sondern im Hinblick auf Konzepte aus der sozialwissenschaftlichen Diskussion. Als Schlagworte für die Katalogarbeit einer Dokumentationsstelle wären hier wohl zu nennen:

Autobiografie, autobiografisches Gedächtnis, Selbstenthüllung, Geschichtlichkeit und Sozialisation

und unter methodischem Aspekt

Retrospektivdaten und qualitative Analyse.

Vorgefundene Texte sind keine Daten, die für oder gegen eine Theorie im geplanten Versuch experimentell erzeugt werden. Dem Referenten ist es dabei nicht anders ergangen als anderen, die sich auf die Auswertung solcher Produkte eingelassen haben: Gutgemeinte Kategorien, die anfangs als Suchraster an das Material herangetragen wurden, mußten aufgegeben werden, und mit zunehmender Vertrautheit mit dem Stoff änderten sich Akzente der Fragestellung. Stets blieb natürlich das Leitthema des Workshops heuristisch wirksam. In der Differenzierung ist das verbliebene Raster bescheiden – eingedenk der ethnomethodologischen Mahnung, beim Ordnen fremder Vorstellungsinhalte Enthaltsamkeit zu üben und ihnen die strukturelle Gewalt aufgestülpter Kategoriensysteme möglichst zu ersparen.

Es werden daher nur drei relativ weite Suchkategorien formuliert, die dann noch durch einen Auswertungsgesichtspunkt „*Fundsachen*" ergänzt werden. Diese Kategorie soll Offenheit für relevantes Material gewährleisten, das sich der Zuordnung zu den Kategorien nicht ohne weiteres fügt:

– Das Elternhaus als „Gestalt" in der Erinnerung
– Das Vermächtnis: Bilanzen zur Funktion des Elternhauses
– Das Elternhaus als Ort politischer Sozialisation
– *Fundsachen*

Mit der groben Einteilung in Suchkategorien und Fundsachen ist eine Aufmerksamkeitsspaltung beim Lesen verbunden. Eine Lesestrategie geht davon aus, daß Texte partiell durchaus mit Hilfe von Kategorien mit einigem Gewinn abgesucht werden können. Die andere Strategie – mehr eine Haltung – hält sich eher an die bekannte Verszeile „... um nichts zu suchen, das war mein Sinn" – nennen wir sie also vorläufig „Buschwindröschen-Strategie" (denn so heißt das Gedicht).

Heimat und Familie

2. Das Elternhaus als „Gestalt" in der Erinnerung

Das Elternhaus in der Erinnerung ist keine Planzeichnung auf Millimeterblock oder ein Objekt, das sich als umbauter Raum beschreiben läßt. Auch viele, deren Eltern nie ein Haus besaßen oder die gar häufig umziehen mußten, verwenden den Begriff mit Selbstverständlichkeit. Ein Elternhaus ist also mehr als die Summe der Mauern. Die Personen und ihre Beziehungen, die Regeln des Zusamenlebens, das mobile Hab und Gut, Geräusche am Morgen, Gerüche im Keller und Gerichte am Sonntag sind zu einer Erinnerungsgestalt legiert, die man – da sie alle Sinne tangiert – als multimodalen Komplex bezeichnen könnte; im Sinne FREUDs ist ein Komplex ja ein „Knäuel affektmächtiger Gedanken".

Die vorliegenden Texte malen und zeichnen Bilder dieser Erinnerungsgestalt, wobei die Künstler die Bildkomponenten sehr unterschiedlich akzentuieren. Manche Partien sind miniaturhaft fein gestrichelt, andere nur grob angedeutet, und hier und da scheinen auch volkstümliche Vorlagen den Pinsel geführt zu haben. Der Band gleicht einer Ausstellung zu einem thematischen Schwerpunkt. In der Anordnung der Bilder folgt der Herausgeber schlicht dem Alter der Autoren. Die Stimmungen und Botschaften, die diese Exponate vermitteln, fordern aber zu anderen Ordnungsversuchen heraus. Ähnlichkeiten in der Präsentation von Merkmalen, Metaphern und Leitmotiven können hier als Grundlage der Klassifikation herangezogen werden.

Ein Ordnungsvorschlag zu den vorliegenden Texten:

A. Arbeitsplatz Bauernhof
(KIECHLE – ERTL – HÖCHERL)

B. Kinderhaus und Abenteuerspielplatz
(SCHELL – EPPLER – EHRE – APPEL – GERSTENMAIER – MORAVETZ – BLÜM)

C. Das offene Haus – ein Ort der Begegnung
(BAUDISSIN – EHMKE – RENGER – FUCHS)

D. Bei kleinen Leuten
(HENKELS – SCHMIDT – RAABE – STEFFEN)

E. Der goldene Käfig
(BERNADOTTE – ROSENTHAL)

F. Bergender Hort der Tugend und Güte
(HASE – ELBE – HÖFFNER – PÖRTNER – KOHL – THIMME)

G. Die unheile Welt
(RINSER – HOPPE – PESTEL – BLICKENSDÖRFER – GLASER)

H. Weißer Fleck mit Hintergrund: Das Bild ohne Haus
(SCHMELING – HÖFER – BAHR – AMERONGEN – FROMME MARX – FETSCHER)

A. Arbeitsplatz Bauernhof

Übereinstimmend schildern die drei Minister ein Landleben ohne Romantik. Weit abgeschieden von anderen Höfen ist das Elternhaus ein Ort, an dem das Leben durch den Rhytmus der Natur und durch harte Arbeit unter strengem Regiment bestimmt ist (v.a. ERTL). „Mein Vater schonte mich bei keiner Arbeit" sagt auch KIECHLE, und HÖCHERL verweist darüberhinaus noch auf „äußerlich unbeschreiblich einfache Verhältnisse". Auffallend ist auch in allen Berichten die Erinnerung an klirrende Kälte und erbärmliches Frieren. Ans Elternhaus wird gern und in Dankbarkeit zurückgedacht.

B. Kinderhaus und Abenteuerspielplatz

Freiheit, Spielraum und Auslauf in Garten und Wald verbindet EPPLER mit seinem Elternhaus, GERSTENMAIER aus dem „Haus in der Au" spricht von „Kindergeschrei und Sang und Klang", und Ida EHRE erinnert sich an „ungeheures Lärmen und Lachen" und „Fröhlichsein" in einem Elternhaus, das ihr mehr ein „Kinderhaus" war. „Alles war heiter ... wir wurden auf die Weide gelassen" heißt es bei Maria SCHELL – aber Landleben (natürlich ohne Bauernarbeit!) ist nicht unbedingt notwendige Voraussetzung solcher Glückserfahrung. Auch APPEL – aufgewachsen als Hausmeistersohn im Keller einer Berliner Schule – kann sich „eine schönere Kindheit und Jugend" überhaupt nicht vorstellen; der Schulhof, Sportgeräte, Lehrmittelsammlungen boten Anregungen in Hülle und Fülle. Als junger Überlebenskünstler präsentiert sich BLÜM, der allem offenbar eine lustige oder aufregende Seite abgewinnen konnte – selbst den Stunden im Luftschutzbunker und den Hamsteraktionen der Nachkriegszeit. Das Leben der evakuierten Großfamilie – zu siebt in zwei Zimmern – beschreibt er als „sehr gemütlich"; seine Bilanz „Tritatrallala" rechtfertigt einen Platz in dieser vorwiegend heiteren Gruppe. Bleibt zu ergänzen, daß MORAVETZ, der aus Siebenbürgen stammt, seine fröhliche Welt der Sippentreffen in sommerlichen Blumengärten schon mit spürbarer Melancholie zeichnet – als kleine Insel des heiteren Lebens in einer ständig fremder werdenden Umgebung.

Heimat und Familie

C. Das offene Haus – ein Ort der Begegnung

Rang und Namen des Vaters, quer durchs ideologische Spektrum, prägen diesen Typ von Elternhaus. Der Vater mag erfolgreicher Arzt sein (EHMKE, M. SCHEEL), Landrat, Regierungsbaumeister oder Fabrikant (BAUDISSIN, HENTRICH, NEY), Komponist und Freund Einsteins (A. HEUSS) oder auch in der Führungsspitze der Sozialdemokratie (RENGER, FUCHS) – in diesen Häusern finden wir Gespräche zwischen jung und alt und gastfreie Weltoffenheit. Ob rechts, links oder liberal, die Kinder sind hier früh in die Welt der Erwachsenen einbezogen, nicht nur weil viele als Gäste das Haus besuchen, sondern auch wegen der engen Verschränkung von Wohnung und Arbeit, Familie und Politik. Dies bedeutet frühe Erfahrung ethischer Probleme, weltanschaulicher Kontroversen und politischer Arbeit. Dieses Elternhaus ist eindeutig ein „Vaterhaus". Der Vater steht sonnenhaft im Zentrum einer geordneten Dynamik als „das große Vorbild" (A. RENGER) und die „überragende Persönlichkeit" (.M. SCHEEL) – ganz anders als im turbulenten „Kinderhaus" (Gruppe B), in dem er allenfalls eine Nebenrolle spielt.

D. Bei kleinen Leuten

In dieser proletarisch bis kleinbürgerlichen Wohnung haust die Sorge ums Auskommen und um den sozialen Aufstieg der Kinder. Es sind Mietwohnungen in der Stadt, in denen das Leben unter der Arbeitslosigkeit oft bedrückend ist (RAABE, L. SCHMIDT), so sehr sich die Eltern auch bemühen, die Kinder nichts von der Armut spüren zu lassen und sie nach Kräften zu fördern. Etwas besser dran ist STEFFEN mit einem Vater, der als Sparkassenangestellter schon eine Wohnung etwas abseits vom proletarischen Viertel – und dem Sohn ein regelmäßiges Pausenbrot! – bieten kann. Der Gesamteindruck von diesem Typ des Elternhauses ist aber überwiegend durch Entbehrung und Sorge charakterisiert, teils gemildert durch Ziegenmilch von der „Kuh des kleinen Mannes" (HENKELS). Für die Bildung der Kinder als Vehikel zum Aufstieg aus diesem Milieu werden Opfer gebracht. Wirtschaftliche Krisen werden gerade in diesem Elternhaus besonders schmerzhaft erfahren.

E. Der goldene Käfig

Völlig den Sorgen ums Dasein enthoben gibt es auch einen Haustypus, den man nur als Elternschloß bezeichnen kann. Ein Traum von Kindheit als Prinz in prachtvollen Gemächern? Für die Repräsentanten dieser Kategorie ist es eine „grausige Umgebung", ein Leben in „höfischer Zwangsjacke" (BERNA-

DOTTE), ein Dasein in erlesenem Ambiente, das trotz aller Bälle, Diners und Empfänge „leer und nichtssagend" erscheint (ROSENTHAL). Bei beiden sind es Frauen (Großmutter bzw. Mutter), die das ungeliebte Zeremoniell inszenieren, und bei beiden ist es der Vater, der dem Sohn über den Zaun hilft und mit ihm in die Welt der Abenteuer und der tätigen Arbeit entflieht. Dafür werden die Väter geliebt und verehrt, während zur Herrin der Residenz allenfalls ein distanziertes Verhältnis besteht. Bilanz der Autoren: Ein goldener Käfig, aber kein Heim.

F. Bergender Hort der Tugend und Güte

„Trautes Heim" und „heile Welt" sind Assoziationen, die sich bei der Lektüre dieser Texte mit Macht ins Bewußtsein drängen. In ihren Hymnen aufs Elternhaus sind die Autoren mit vollen Akkorden nicht sparsam. Bei den Eltern, einem „in voller Harmonie in sich ruhenden Paar" fühlte man sich „wundervoll geborgen" (ELBE). Karl Günther von HASE ist „voller Dankbarkeit über eine glückliche, ohne jede Einschränkung harmonische ... Kindheit im Elternhaus". Kardinal HÖFFNER sagt es ohne Umschweife, wenn er vom „heilen Elternhaus" spricht. Seine Formulierung, daß an diesem heilen Elternhaus „auch kein Zweifel erlaubt" sei, irritiert allerdings etwas. Heil ist das Haus nicht nur durch die Harmonie der Eltern – für alle gilt das Miteinander-Füreinander: „Man war für den anderen da, man stand zu seinen Freunden, man half einander" (KOHL). Ähnlich formuliert es PÖRTNER, wenn er seine „Welt der Gesittung und des Maßes" beschreibt; sie ist ihm zudem noch „Insel der Ordnung und Zuversicht", „Zuflucht" und „sicherer Hafen". Unübertroffen in diesem Wettstreit ums wärmste Wort ist aber sicher Kirchenmann THIMME: Sein „Haus an der Sonne" ist „Stätte der Geborgenheit", „Idyll des Friedens", – „Hort und Halt", „bergender und prägender Ort der Kindheit", – „Heimat schlechthin" (dies ist nur eine Auswahl). Wer der Kirche nicht ganz entfremdet ist, wird aus diesem Text den Psalm oder das Preislied heraushören.

G. Die unheile Welt

Erster Eindruck: Ein schroffer Kontrast zur vorhergehenden „Bildergruppe". „Mein Elternhaus, was ist das?" fragt sich Luise RINSER. „Ich hatte keines. Ich bin an einem beliebigen Ort gebracht worden, von dort ... nach einem anderen, von dort ... und so weiter. ... „Das Kind, das einzige, schlug nirgendwo Wurzeln." Der ständige – karrierebedingte – Wohnungswechsel spielt aber in diesem Zusammenhang noch nicht einmal die Hauptrolle in der von der Autorin vorgelegten Abrechnung. Wichtiger ist wohl, daß der Vater als „typisch autoritär" und „finster" erlebt wurde. „Er schlug mich oft" hießt es im Text „und die Mutter tat es ihm nach". L. RINSER zeichnet ein fast furchtbares Zuhause vor dem Hintergrund von Krieg und Unruhen der Nachkriegszeit. Auch Marianne HOPPE – ebenfalls Jahrgang 1911 – sieht keinen Anlaß zu „genüßlicher Nostalgie". Von ihrer Kindheit auf stattlichem Gutshof ist ihr zwar die Erinnerung an üppige Gastmähler geblieben, aber „das Wort Elternhaus ... ist mir nie in den Sinn gekommen" heißt es im Text. Der „Drang hinaus" war übermächtig – mehr gibt sie aber nicht preis.

Bei PESTEL und BLICKENSDÖRFER wird das Ende der Weimarer Republik und die NS-Zeit zum Anlaß kritischer Familienbetrachtung. PESTEL beklagt die „politische Sterilität" des bürgerlichen Elternhauses, das keinen „geistigen Kompaß" vermittelte. BLICKENSDÖRFER – neun Jahre jünger, Jahrgang 1923 – vermißt ebenfalls den politischen „Halt" im Elternhaus; sein Vater erscheint ihm feige, weil er sich das „Nicht-Auffallen" zum Prinzip gemacht hat. Hermann GLASER kann es sich selbst nur schwer erklären, warum ihm das Elternhaus noch heute nächtliche Alpträume verursacht, in denen er fast erstickt – gab es doch „keine besonderen Vorkommnisse". Beklemmung in muffig-überladenen Räumen, kindliche Angst im dunklen Korridor, Angst vor dem Einbrecher, der überall lauerte, sind Anhaltspunkte, aber letztenendes bleibt der Alptraum ungedeutet. GLASER malt in düsteren Farben ein Bild trügerischer Geborgenheit über einem Abgrund, der jederzeit aufbrechen kann.

H. Weißer Fleck mit Hintergrund – das Bild ohne Haus

In der letzten Abteilung der Galerie finden wir – FETSCHER und MARX einmal beiseite – beredte Schweiger und listige Verhüller. Max SCHMELING schildert, unbekümmert am Thema vorbeischreibend, seinen Werdegang als Boxer. Werner HÖFER äußert sich ausführlich und mit Dankbarkeit zum Nachbarhaus, in dem er den Rundfunk kennenlernte, und Egon BAHR gibt nach seiner Flucht vor dem Thema wenigstens schuldbewußt zu, daß er sich wohl „zu sehr mit Essen und Zahlen aufgehalten" habe (gemeint sind z.B. Wurst- und Zigarettenpreise); immerhin erfahren wir bei ihm etwas über Torgau.

Henry MARX, ohne Mutter und mehr in Hotels als in Wohnungen aufgewachsen, kann rückblickend allenfalls eine geistige Heimat im Berlin der frühen 30er identifizieren – Heimat wird hier mehr mit der Studentenzeit verbunden. Ähnliches finden wir bei Iring FETSCHER: Die ersten fünfzehn Lebensjahre, die den Begriff Elternhaus in besonderer Weise bestimmen, sind ausgeblendet; Elternhaus wird bei ihm zur Adresse für die Feldpost aus dem Krieg. Bei Wolf von AMERONGEN, der dem Leser zwar 2 1/2 Elternhäuser anbietet, keinem aber zu nahe kommt, macht sein Hinweis auf „komplizierte Familienverhältnisse" die Zurückhaltung noch verständlich. Rätselhaft und etwas provozierend ist dagegen der Text von F.K. FROMME, der eine Technik der Verhüllung praktiziert, die mit dem ständigen Verweis auf die Normalität aller Vorgänge arbeitet. Immer wieder klingt bei ihm durch, daß absolut nichts zu beanstanden sei. „Normal" war die Kindheit, „normal" die Jugend, auch die Schulzeit im NS-Staat war „halbwegs normal". Irgendwelche „Sozialkritiker", denen er offenbar einen Hang zum Schnüffeln und zur Miesmacherei unterstellt, könnten bei ihm nun wirklich nichts Auffälliges finden. Bei diesem Elternhaus wird der Leser mit dem Hinweis „alles in Ordnung" an der Haustür abgefertigt. Das macht eher neugierig (siehe „Fundsachen").

Die Kategorien A - H lassen sich auch als Pole von Dimensionen deuten, wenn man sie auf geeignete Begriffe verkürzt – z.B. „Arbeit-Spiel" (A-B), „Wohlstand-Armut" (C-D), „Soziale Offenheit- Enge" (C-D), „Würdigung-Kritik" (F-G), „Enthüllung-Verhüllung" (H). Wie bei einer Bildbetrachtung sind es formale und gegenstandsbezogene Beschreibungsdimensionen, die sich auf diese Weise aus den Texten extrahieren lassen. In seinen „Familienerinnerungen" spricht KAISER (1989, S. 163 ff) von Struktureigenschaften, die einer Familie retrospektiv zugeordnet werden (Hierarchie, Rollenverteilung, Werte usw.). Die Dimensionen der vorliegenden Texte bieten hier ergänzende Auswertungsperspektiven.

3. Das Vermächtnis: Bilanzen zur Funktion des Elternhauses

Von Elternhäusern, die so unterschiedlich beschrieben werden, kann man auch unterschiedliche Wirkungen erwarten. In den Texten geht es natürlich um die subjektive Zuschreibung von Prägeerfahrungen, nicht um den objektiven Nachweis von Effekten. Folgt man den Autoren, so verdanken sie ihrem Elternhaus

– die intellektuelle Neugier (KIECHLE, RAABE, ...)
– die Kompetenzen sozialer Interaktion (AMERONGEN, KOHL, BAUDISSIN ...)
– Härte im Nehmen/Durchhaltevermögen (RINSER, MARX, APPEL ...)
– berufliche Neigungen (SCHEEL, FUCHS, RENGER, KIECHLE ...)
– rosoziale Haltungen/Verantwortungsbewußtsein (KOHL, PÖRTNER ...)
– Geborgenheitsgefühle/Urvertrauen (THIMME, HÖFFNER, PÖRTNER ....)

Heimat und Familie

– Abenteuer- und Ausstiegsgelüste (ROSENTHAL, BERNADOTTE ...) sowie ein Kinderspiel („Tritratrallala) für's Leben (BLÜM).

Die systematische Kreuzklassifikation von Elternhaustypen und Vermächtnissen dieser Art ergibt der kleinen Fallzahl wegen keine sehr eindrucksvollen Konfigurationen. Dennoch gibt es prägnante Lesererfahrungen, die mir mitteilenswert erscheinen:

– Die Autoren, deren Elternhaus als „bergender Hort" bezeichnet wurde, betonen das Vermächtnis am eindringlichsten. Für sie wirkt das Elternhaus fort als Modell des Zusammenlebens, als Maßstab für eine verkommene Gegenwart, in der der Egoismus dominiert (HÖFFNER, PÖRTNER, KOHL). Wie bei keiner anderen Gruppe wirkt hier das Elternhaus ins Leben hinein als Leitbild, von dem man notfalls auch als einsamer Rufer in der Wüste Zeugnis ablegen muß.

– Bei denen, die das Elternhaus als Keimzelle ihres beruflichen Werdegangs beschreiben, ist auffallend, daß übereinstimmend der Vater als prägende Gestalt hervorgehoben wird: „Die überragende Persönlichkeit (SCHEEL), ein „mitreißender Vater" (ROSENTHAL), „das große Vorbild" (RENGER), – „Ich bewunderte ihn ..." (KIECHLE).

– Bemerkenswert ist auch, daß die beiden einzigen Autoren, die freimütig beschreiben, wie sie unter ihrem Vater gelitten haben (ERTL, RINSER), ihre Bilanz zum Schluß noch ins Positive wenden. „Er meinte es sicher gut" resümiert ERTL, und „trotz allem" habe er (ERTL jr.) wohl „viel von ihm gelernt". Selbst bei Luise RINSER wird die gnadenlose Abrechnung, die sie zunächst präsentiert, schließlich aufgehoben in dem aufs Elternhaus gemünzten Fazit: „Zeit der Rebellion! Wie sie sein soll." Dem Elternhaus wird damit eine objektiv notwendige Unterdrückungsfunktion zugewiesen, die es aber gleichzeitig vom Schuldvorwurf entlastet – d.h. Eltern können garnicht anders. – Eine spezielle Schwierigkeit bei der Deklaration der guten Gaben, die das Elternhaus ins Marschgepäck steckte, liegt sicher in der Scheu vor dem Eigenlob, das sich dabei implizit einstellen muß. Von dieser Scheu sind die Autoren aber nicht gleichermaßen bedrückt. Viele praktizieren einen Kompromiß, der dem Elternhaus Anerkennung zollt, die Protzerei mit entsprechenden Vorzügen der eigenen Person aber vermeidet – etwa mit Formulierungen wie „dem Elternhaus habe ich viel zu verdanken" oder „innerlich ist das Elternhaus auch heute noch bestimmend".

Andere – auch hier klingt noch Bescheidenheit durch – danken dem Elternhaus in allgemeiner Weise für geistige Anregung oder das Interesse an Büchern, das dort vermittelt wurde.

Manche werden aber auch deutlicher:

„Das Elternhaus hat mir auch seine Liberalität vermacht: die Fähigkeit, den Standpunkt anderer, auch den von Gegnern zu verstehen, sich selbst kritisch zu sehen und aus Fehlern zu lernen; das Vermögen auf andere zuzugehen, die Offenheit für Ideen, die Bereitschaft zum Gespräch. Noch etwas war im Elternhaus zu lernen: die Bereitschaft zuzufassen, seine Pflicht ohne große Worte zu erfüllen." (KOHL)

Die konkrete Aufzählung der guten Gaben führt also fatalerweise zur Glorifizierung der eigenen Person, aber vielleicht geschieht dies ja auch bisweilen nicht ohne Absicht – nach dem Motto „Preise die Eltern und meine dich selbst".

4. Das Elternhaus als Ort politischer Sozialisation

Politische Orientierungen als Vermächtnis des Elternhauses verdienen natürlich besondere Beachtung. Um es vorwegzunehmen – die Materialien eignen sich nicht als Belege für Theorien der politischen Sozialisation, die im Elternhaus eine mächtige, weichenstellende Instanz sehen, obwohl sich auch einige Beispiele für eine unübersehbare Kontinuität im Übergang von Generation zu Generation aufzeigen lassen.

Dennoch dominiert der Eindruck, daß ähnliche politische Standorte der Autoren offenbar von sehr verschiedenen Ausgangsstationen erreicht werden konnten – und andererseits ähnliche Startbedingungen höchst unterschiedliche Karrieren hervorbrachten.

Wir wissen ohnehin, daß schwarze und rote Vögel aus einem Nest entschlüpfen können. Dieses Buch beweist uns darüberhinaus, daß man Landwirtschaftsminister werden kann – egal ob der Vater gerecht und bildungsfreundlich oder tyrannisch und bildungsfeindlich ist (KIECHLE, ERTL). Wir müssen auch zur Kenntnis nehmen, daß sich nicht nur der Sohn eines deutsch-nationalen Polizeioffiziers freiwillig zu Hitlers Wehrmacht meldet (von HASE) sondern auch der Sohn eines pazifistischen Arztes und Nazi-Gegners (FETSCHER).

Eine klare Zuordnung von Elternhäusern und Bewußtseinsentwicklungen wird auch durch das Defizit an Informationen erschwert. Für mehr als die Hälfte der Elternhäuser fehlt eine klare Charakterisierung, und die Autoren selbst lassen sich wiederum auch nur zum Teil politisch eindeutig verorten.

Die kleine Schnittmenge von Autoren, deren eigener Standort bekannt ist und die das Elternhaus auch politisch charakterisiert haben – (*) – erlaubt keine Schlußfolgerungen über Zusammenhänge von Herkunft und Entwicklung (vgl. Tab. 2).

Tab. 2: Elternhäuser, deren politische Orientierung im Text charakterisiert wird als ...

Sozialdemokratisch	Liberal	Deutsch-National
Henkels	Ehmke	Baudissin
Renger	Ertl	Blickensdörfer
Fuchs	Scheel	v. Hase
	Kohl	Hentrich
		Heuss
		Hoppe
		Ney
		Pestel

von den anderen Autoren fehlen entsprechende Angaben

Autoren mit hinreichend bekanntem politischen Standort:

Links/SPD	Liberal/FDP	Konservativ/CDU-CSU
Rosenthal	Ertl*	Gerstenmaier
Renger*		Höcherl
Steffen		Kiechle
Fetscher		v. Hase*
Bahr		Höffner
Eppler		Fromme
Ehmke*		Kohl*
Glaser		Blüm
Fuchs*		

Bei der Suche nach anderen Anhaltspunkten fällt allenfalls auf, daß sich bei der konservativen Gruppe mehr explizit christliche Elternhäuser finden lassen. In den Häusern der linken Autoren – folgt man ihren Texten – war dagegen die Atmosphäre stärker freigeistig geprägt.

Nach W. REICH können wir erwarten, daß eine Glorifizierung des Elternhauses vor allem für autoritär-konservative Personen typisch ist; dagegen gehört die „Nestbeschmutzung" klar zum Stereotyp des heimatlosen Linken. Bei den extrem positiven Würdigungen (Typ: Bergender Hort ...) finden wir in der Tat vor allem konservative Autoren, während die schärfsten Kritiker GLASER und RINSER wohl eher das Etikett „Links" akzeptieren würden. In den gemäßigten Zonen der Urteilsskala treffen wir Vertreter beider Lager.

Während dies sicher keine brisante Erkenntnis ist, läßt sich wenigstens zum Problem des Nationalsozialismus in den Elternhäusern etwas m.E. Bemerkenswertes aufzeigen. Die nach dem 1. Weltkrieg geborenen waren in irgendeiner Form als Kinder oder Jugendliche mit dem Nationalsozialismus konfrontiert – wie erlebten sie das Elternhaus in dieser Zeit?

Die 21 Texte sind ausnahmslos entlastend. Die Eltern waren den Nazis gegenüber „mißtrauisch" (KIECHLE), hatten „andere Werte" (KOHL), sahen in Hitler den „Antichristen" (APPEL); „man war nicht Nazi" (BAHR), Hitler wurde als „entsetzlich vulgär" empfunden (EHMKE), die Nazis galten als

„Lumpen" (ERTL) usw. Den höchsten Grad an „Komplizenschaft" finden wir bei Loki SCHMIDT, deren Eltern – in großer materieller Not lebend – der Mitgliedschaft ihrer Tochter im BDM zustimmten, um das Schulgeld für sie nicht selbst aufbringen zu müssen.

Kein Text enthält auch nur den leisesten Hinweis, der die Eltern als Anstifter oder Förderer des braunen Denkens und Treibens bei ihren Kindern belasten könnte. Im Gegenteil – sie waren skeptisch, warnten die Heranwachsenden oder hatten gar selbst unter den Nazis zu leiden.

Die NS-Ideologie und -Bewegung erscheint in diesen Texten zuweilen wie eine Jugendreligion mit starker Sogwirkung, die auch liberale Elternhäuser nicht verschonte (EHMKE, ERTL). Die Mitgliedschaft in der HJ hatte ihren besonderen Reiz, weil man damit den Verweis von der Schule riskierte (ROSENTHAL). Die Offizierslaufbahn faszinierte die Oberschüler (v. HASE, FETSCHER), und BAHR erinnert sich an seinen „Stolz auf das Land, mit dem es so sichtbar aufwärts ging".

Das Leitmotiv der Texte in dieser Sache ist der Freispruch der Eltern und – mehr zwischen den Zeilen – die Bitte an den Leser, dem Jugendlichen von damals mildernde Umstände zuzubilligen. BLICKENSDÖRFER ist der einzige, der in seiner Rückschau meint, daß ihm das Nicht-Auffallen-Wollen und der ohnmächtige Zorn des Vaters auf die Nazis zuwenig gewesen seien, aber auch hier wird nicht Täterschaft sondern Unterlassung vorgeworfen.

Die Texte dieser Autorengruppe sind auch geeignet, Vorstellungen von einem vermeintlich zeitlosen Generationskonflikt zurechtzurücken. Der Riß durchs Elternhaus hatte in dieser Zeit wohl eine politische Qualität – kaum zu vergleichen mit anderen Epochen, deren Generationskonflikte durch Kontroversen um Berufsentscheidung und Partnerwahl bestimmt sein mögen.

5. Fundsachen

Die Fülle erwähnenswerter Anekdoten, heiterer und erschütternder Erfahrungen, die die Texte bieten, ist in meinem Manuskript nicht zu bewältigen. Techniken der Verklärung und Verhüllung sind Fundsachen, auf die ich mich hier beschränken möchte.

5.1 Variationen zum Thema „Verklärung"

„An diesem, am heilen Elternhaus ist auch kein Zweifel erlaubt" schreibt Kardinal HÖFFNER.

Heimat und Familie

Auch Autoren, die zunächst der Zweifel plagt (ERTL, RINSER), finden nach anklagenden Worten, dann doch wieder den Übergang zu versöhnlichen Schlußakkorden: Es war nicht bös gemeint, und wer weiß wozu es gut war. Blick zurück im Dank! als Gebot?

Zur Strategie der Verklärung noch einige Beobachtungen:

– *Diachrone Kontraste*

Erduldetes wird erträglicher, wenn es mit schlimmeren Möglichkeiten konfrontiert wird; dazu F.K. FROMME zur Schulzeit im NS-Staat: „Auch die Schule ... war halbwegs normal. Es gibt keine Erinnerung, daß ein Lehrer je gesagt hätte, der Vater sei noch nicht einmal in der Partei; in hessischen Schulen der achtziger Jahre konnten da andere Erfahrungen gemacht werden." Der diachrone Kontrast dieses Typs stellt klar: „Längst nicht so schlimm wie heute."

Auch Kardinal HÖFFNER, der mit neun Jahren erleben mußte, wie seine Mutter starb, rettet seine heile Welt des Elternhauses mit dem Verweis auf eine Kontrastempfindung: „Schrecklicher als der Tod meiner 32jährigen Mutter wäre es für mich gewesen, wenn Vater und Mutter sich hätten scheiden lassen."

Damit ist m.E. die Grenze der Glaubwürdigkeit überschritten, denn in einem katholischen Westerwalddorf des Jahres 1915 war Scheidung kein Thema – schon garnicht für neunjährige Bauernjungen. Auch hier wird – so vermute ich – der entlastende Kontrast diachron inszeniert. Das Scheidungselend von heute läßt das Leid von damals kleiner erscheinen – anders formuliert: Die Vergangenheit wird aus der Perspektive der Gegenwart erfunden, ein Phänomen, das uns aus der Geschichtsschreibung vertraut ist.

– *Abziehbilder und Klischee-Kaskaden*

K.G. von HASE dankt besonders seiner Schule, weil sie ihm „den dauernden Respekt vor den Idealen der humanistischen Bildung" vermittelte, d.h. „die abendländischen Maßstäbe für menschliche Größe, Sittlichkeit, Schönheit und Qualität." Zu alledem bereiteten ihn auch noch die Eltern „durch Liebe, Güte, Vorbild und Gerechtigkeit" auf das Leben vor. Wird hier nicht eine pädagogische Musterwelt aus vorgestanzten Abziehbildern zusammengeklebt? Mehr kaskadenhaft rauscht es dagegen bei Helmut KOHL herunter: „Man war für den anderen da, man stand zu seinen Freunden, man half einander, man hatte ..., man stellte ..." usw.

In ähnlichen Anaphern werden die staatsbürgerlichen Tugenden der Eltern gerühmt: Sie „fühlten sich dem Vaterland ... verbunden, sie identifizierten sich mit seinen Interessen ohne die anderen zu leugnen, sie hatten die Daten der deutschen Geschichte im Kopf, sie waren stolz auf die kulturellen Leistungen ihres Volkes, sie liebten ihre Heimat, deren Bräuche ..." usw. usw.

Wir hörten bereits, daß sie zudem auch noch liberal, selbstkritisch, offen und pflichtbewußt waren, d.h. alles in allem: Leitbilder aus einem sozialkundlichen Lehrwerk.

– Die HONECKER'sche Täuschung

Die Schilderung von allzu trauten Idyllen und Lichtgestalten, die in Tugendtempeln wandeln, weckt natürlich auch Zweifel an der Glaubwürdigkeit von Zeugen. Skeptiker sollten in ihrem Argwohn aber die dpa-Meldung vom 12.10.1989 beachten, die sich auf das Weltbild des noch amtierenden Erich HONECKER bezog: „In der DDR sieht man ein Problem darin, daß er glaubt, was er in seinen Reden sagt." Nennen wir diese verklärte Sicht sozialer Gebilde einmal „Honeckersche Täuschung". Wie bei anderen Illusionsphänomenen dieser Art ist der, der seine Wahrnehmung schildert, zumindest vom Verdacht der bewußten Irreführung entlastet.

5.2 Form wurde gewahrt

Alles ganz normal – nichts zu enthüllen! klingt es als Botschaft im Text von F.K. FROMME durch. Eine Vorwärtsverteidigung gegen ungebetene Eindringlinge (vgl. SPITZNAGEL, 1986, S. 39)?

Die Familienmitglieder werden so normiert-normal präsentiert, daß sie in vielen Sätzen nicht mehr als Personen in Erscheinung treten, sondern eher als ungenannte Rollenträger bzw. Charaktermasken in subjektfreien Vorgangsbeschreibungen. FROMME über sich selbst: „Das Kind von damals" oder „An einem schönen Sommersonntag ging man mit den Eltern zum Bahnhof ..." Die Eltern treten nicht als Handelnde auf, scheinen aber aus verborgenen Schaltzentralen Sollwerte für den geregelten Ablauf aller Dinge vorzugeben: „Daß es mit der Schule funktionierte, wurde erwartet und erfüllt" ... „Widerrede war nicht erwünscht" ... „der rechte Zeitpunkt war zu suchen und die Form zu wahren" ...

Klar, daß da auch Gefühle nicht dem Stil des Hauses entsprechen können: Die Bemerkung der Mutter „Dein Elternhaus brennt" (bei der Zerstörung Dresdens) „wurde für einen vorbeihuschenden Moment als übermäßig pathetisch empfunden, als eine Äußerung, die durchaus unüblich war". Auch hier wieder das Passiv, das in den Beispielen zuvor die Handelnden verschwieg; hier verhüllt es den, der eine Empfindung hatte. In seinem Versuch, ein Elternhaus zu präsentieren, in dem wirklich alles ganz normal war, gelingt dem Autor schließlich die Skizze einer kafkaesken Welt. Der Leser fröstelt. Alles normal?

5.3 Vier Kinder – vier Welten

Abschließend eine Fundsache, die das Elternhaus noch einmal als höchst subjektiven und individuellen Vorstellungsinhalt deutlich macht. Maria SCHELL wundert sich, daß die vier Kinder, die „mit denselben Eltern, in derselben alten Jagdhütte, mit denselben Hügeln, denselben Wäldern heranwuchsen", alle jeweils ein anderes Leben zu erzählen haben.
Ähnlich dürfte es mit dem Begriff „Heimat" bestellt sein. Auch gute Nachbarn können in verschiedenen Welten leben.

Schlußbemerkung

Autobiografische Berichte prominenter Personen können nicht erst seit der Erfindung der Talkshow auf ein neugieriges Publikum zählen. Als Quelle valider Erkenntnis sind sie bekanntlich umstritten. Die Literaturwissenschaft weist hin auf die Funktion der Rechtfertigung und das Bestreben, Konsistenz im Wandel zu demonstrieren (PASCAL, 1965). Kognitionspsychologen belegen die Unzuverlässigkeit selbstbezogener Erinnerungen (STRUBE & WEINERT, 1987) und zeigen, daß Erlebnisse aus der Kindheit und dem mittleren Erwachsenenalter in besonderem Maße von Amnesie betroffen sind (RUBIN et al., 1986).

Zwischen dem unschuldigen Vergessen von Einzelheiten und der bewußten Verhüllung peinlicher Ereignisse und Taten liegen die eigentlich interessanten Phänomene – unbemerkt wirksame Prozesse, die eine Erinnerung im Laufe der Jahre verändern. Wahrscheinlich fällt die Rückschau auf das Elternhaus bei einem 20jährigen anders aus als bei einem 60jährigen, ohne daß dem einen oder anderen bewußte Absichten der Verzerrung unterstellt werden müssen.

Wenn wir für Erinnerungsinhalte wie Elternhaus oder Heimat zugestehen, daß der Erinnernde diese Vergangenheit erfindet, wird auch klar, daß die methodischen Einwände gegen Retrospektivdaten in diesem Zusammenhang nicht angemessen sind.

Das Kriterium der Glaubwürdigkeit unterstellt eine Wahrheit. Retrospektiven der vorliegenden Art sind aber mehr ästhetische Produkte als Zeugenaussagen. Die Wahrheit über das Elternhaus gibt es nicht.

Literatur

BISCHOF, N. (1989), Enthymeme, Definitionen und Semantik – eine Replik. Psychologische Rundschau 4, S. 222-225
KAISER, P. (1989). Familienerinnerungen. Heidelberg
PASCAL, R. (1965). Autobiographie. In: FRIEDRICH, W.H. & KILLY, M. (Hrsg.), Fischer-Lexikon Literatur 2/1. Frankfurt
PÖRTNER, P. (Hrsg.), (1985), Mein Elternhaus. Düsseldorf
RUBIN, D.C., WETZLER, S.E. & NEBES, R.D. (1986), Autobiographical Memory across the lifespan. In: RUBIN, D.C. (Ed.), Autobiographical Memory. Cambridge, S. 202-221
SPITZNAGEL, A. (1986), Selbstenthüllung – Formen, Bedingungen und Konsequenzen. In: SPITZNAGEL, A. & SCHMIDT-ATZERT, L. (Hrsg.), Sprechen und Schweigen – Zur Psychologie der Selbstenthüllung. Bern
STRUBE, G. & WEINERT, F.E. (1987), Autobiographisches Gedächtnis: Mentale Repräsentation der individuellen Biographie. In: JÜTTEMANN, G. & THOMAE, H. (Hrsg.), Biographie und Psychologie. Berlin, S. 151-167

Thomas Kleinspehn

Heimatlosigkeit und die Flüchtigkeit der Bilder

In verschiedenen Varianten ist eine Geschichte überliefert. Sie stammt aus einer Kultur, die wie kaum eine andere am eigenen Leibe Heimatlosigkeit, Verfolgung und Entwurzelung erlebt hat: die jiddische, also die Kultur der osteuropäischen Juden. Ein Jude wird auf einer seiner vielen Stationen durch die Welt gefragt, wo seine Heimat sei, wo es am schönsten gewesen sei. Man zählt ihm die einzelnen Orte auf: das Dorf in Galizien, Warschau, Prag, schließlich New York. Doch jedesmal verneint er, um dann ohne jeden Zweifel zu sagen: „Am schönsten war es unterwegs!" Dieser Witz ist wohl deswegen so eindrucksvoll, weil er trotz des realen Elend auch Stärke demonstriert und weil er darauf verweist, daß *Heimat* doch mehr ist *als* nur ein *Ort* (vgl. z.B. AMERY ^{2}1988). Und vielleicht ist Heimat tatsächlich mehr unterwegs, ein Weg, eine Suche, die allerdings immer auch – und das ist mir ganz wichtig – einen Ausgangspunkt besitzt. „Heimat ist, wovon wir ausgehen", sagt T.S. Eliot. Daß wir dabei etwas verlieren und nicht genau wissen, wohin die Suche geht, es vielmehr nur ahnen können: das macht die melancholische Grundhaltung aus, die sich mit Heimat verbindet.

Gleichzeitig zeigt das Beispiel sehr drastisch, daß dieser Ort des Ausgangs letzten Endes ein imaginärer ist, er hängt von der Vorstellung, der *Einbildungskraft* eines jeden ab. Doch dabei stellt sich sofort die Frage, ob unsere Vorstellungen von Heimat als Ausgangspunkt nicht schon immer besetzt sind – zumindest mit gesellschaftlichen Bildern, ohne die wir es unterwegs eigentlich gar nicht aushalten.

Ich möchte deshalb von der These ausgehen, daß die Heimatvorstellung die im 19. Jahrhundert im Hinblick auf nationale Identität noch progressive Dimensionen besaß, nunmehr auf ein *imaginäres Bild* reduziert ist. Als Repräsentation bleibt es zwar abstrakt erlebt, wird aber nicht wirklich erfahren und erkannt. Es bleibt dem Menschen äußerlich. Nicht erst seit dem Musikantenstadel, dem Heimatmuseum oder dem Trachtenverein ist *Heimat als Bild* vorab gesellschaftlich geprägt. Das wird umso mehr verstärkt, als Heimat immer noch den Schrecken und die Enge beinhaltet, die realen und imaginären Verletzungen, den Verlust. Wie können wir aber dann die eigenen von den vergesellschafteten Bildern unterscheiden? Welcher Mensch aus dem Schwarzwald kann seine Heimat noch definieren ohne Dr. Brinkmann und sein ganzes herziges Ärzte-Team? Oder welche Ostfriese ohne Otto und den Ostfriesenwitz? Der Verdacht könnte aufkommen, daß nicht der Verlust des realen Ortes Heimatverlust bedeutet, sondern vielmehr die *Vergesellschaftung der Heimat* über das Visuelle, über flüchtige Bilder, die eine Grenze zwischen Simulation und Erfahrung schaffen und damit das Ende der symbolischen Aneignung einläuten.

Ich möchte die Gebrochenheit von Heimat, ihre zunehmende Vergesellschaftung in der Moderne und ihre schließliche Auflösung in flüchtige und vielfach verwendbare Bilder an einigen überwiegend literarischen Beispielen erläutern, um am Schluß zu verallgemeinern.

Der Zusammenhang zwischen Enteignung von Heimat, Identität und der Flüchtigkeit der Bilder ist jüngst sehr faszinierend in einem Roman des französischen Schriftstellers Michel Tournier dargestellt worden: „la goutte d'or" (TOURNIER [2]1990), der „goldener Tropfen". In den Bergen Algeriens begegnet ein junger Schäfer, der sich selbst so wie er ist, zu genügen scheint, einem Touristenpaar aus Frankreich. Die junge Französin ist so angetan von der Idylle des fremdartigen Schäfers in seiner Landschaft, daß sie ihn unbedingt fotografiern muß. Obwohl er sich dagegen wehrt, macht die Frau trotzdem ein Photo von ihm. Sie verspricht jedoch, ihm nach der Entwicklung des Films das Bild zu schicken. Der junge Algerier wartet aber darauf vergeblich. Diese Verdoppelung durch das Bild, das wird sehr bald klar, entfremdet ihn nicht nur von seiner Identität, sondern zerstört auch seinen Bezug zum Ort seiner Geburt. Jeder im Dorf erkennt das. „'Da ist ein Stück von dir selbst fort', trumpfte die Mutter auf." Als Rest bleibt ihm nur noch der „goldene Tropfen", jenes Amulett das er mit sich trägt, ein Juwel ohne Vorbild, welches symbolisieren soll, daß er frei geboren ist. Der Rest des Romans besteht nun im wesentlichen in der Suche des Schäfers nach diesem Foto im Land der Kolonisatoren, wo er dann allerdings auch noch sein Amulett verliert. Es gelingt ihm nicht, sein eigenes Abbild ausfindig zu machen und damit die verlorene Einheit wieder herzustellen. Die Frau, die er selbst nur als Bild gegenwärtig hat, ist in der Anonymität der Großstadt verschwunden. Der französische Titel, „la goutte d'or", spielt mit der Doppelbedeutung des Begriffs. Neben der Bedeutung „goldener Tropfen" heißt „goutte" nämlich auch sowiel wie Schuß. Damit macht der Originaltitel deutlich, was eigentlich gemeint ist. Denn man könnte sagen, der Schäfer geht schließlich an der Enteignung seines eigenen Bildes zugrunde: der goldene Schuß.

Was hier in der Konfrontation zweier Kulturen – der herrschenden und der unterdrückten – deutlich zu werden scheint, ist, daß in einer traditionellen agrarischen Kultur mit der Verdoppelung durch das Bild, das für das Eindringen der Vergesellschaftung insgesamt steht, gleichsam Identität zerstört wird. Man könnte im übertragenen Sinne vermuten, daß sich entsprechendes in der Zivilisationsgeschichte des Bildes abgespielt hat: Das Bild, ohne körper-

Heimatlosigkeit und die Flüchtigkeit der Bilder

lichen Bezug zur Welt, wird zu einer Verdoppelung und kann so zu einem schließlich sich verselbständigenden Ersatz werden.

Solange der Mensch in der traditionellen Gesellschaft eine Beziehung zu seiner Umwelt über einen direkteren körperlich-sinnlichen Umgang mit der Natur hatte, konnte er sich auch seines Bildes und das seiner Umgebung durchaus sicher sein. Denn der Bezug zur Natur stellte sich vor allem durch die Arbeit her (Mimesis). Von dem Zeitpunkt an, von dem die Beziehungen zu seiner Umwelt und zu sich selbst abstrakter wurden, erscheint Identität – und damit das „Bild" von sich selbst und von anderen – immer unsicherer und gefährdeter, denn Identität ist gleichsam nicht mehr materiell verwurzelt, sondern stellt sich wesentlich auf der imaginären Ebene her und ist damit individualisiert, seines gesellschaftlichen Kontextes beraubt. Als Erinnerung bleiben nur Bilder, in denen sich reales und durch traumatische Erfahrungen gebrochenes Imaginäres vermischen.

In der europäischen Zivilisation beginnt dieser Prozeß mit der allmählichen Auflösung der traditionellen Gesellschaft. Noch bis weit ins 18. Jahrhundert hinein steht für die Mehrzahl der Menschen der Begriff „Vaterhaus" für Heimat. Wie Hermann Bausinger (BAUSINGER 1986, S. 89) nachgewiesen hat, stammt unser heutiger Heimatbegriff genuin erst aus dem späten 18. und frühen 19. Jahrhundert. Er diente vor allem dem Bürgertum als Bezugspunkt für die Suche nach einer nationalen Identität. In seiner Kritik an Modernisierungsprozessen war er stets verbunden mit der Verklärung von Natur – spätestens seit der Romantik. Als versöhnender Begriff bot er dem Bürgertum ein von vorneherein unpolitisches Fluchtbild. Aber auch in seiner verklärtesten Form bedeutete Heimat immer zugleich Nähe und Distanz, Geborgenheit und Bedrohung. Bei genauerer Betrachtung erweist sich der Begriff deshalb auch als Moment der Suche nach eigener Identität und zur gleichen Zeit der Abwehr und der Angst vor eigener Autonomie. Deshalb war schon in der Romantik das Gefühl von Heimat stets krisenhaft gebrochen. Das Vertraute, das damit noch lange nicht erkannt ist (LEFEBVRE 1965), enthält auch das Unheimliche des Fremden, durch das infantile Ängste wieder belebt werden (vgl. FREUD 1947 XII, S. 263ff), ja man könnte auch sagen, das Unheimliche ist der Preis für die Geborgenheit (Walter Benjamin).

Exemplarisch läßt sich diese Ambivalenz an dem wohl ersten psychologischen Roman deutlich machen, den wir in der deutschen Literatur kennen, Karl Philipp Moritz' Anton Reiser (MORITZ (1785) 1979); einem Roman, der in der dritten Person geschrieben ist, aber leicht entstellt im Grunde Moritz' Autobiographie darstellt. Er steht gleichsam am Beginn des krisenhaften bürgerlichen Heimatgefühls. Ebenso wie den fast zweihundert Jahre jüngeren Roman von Michel Tournier kann man auch Moritz' Roman als – schließlich vergebliche – Suche nach Identität und Geborgenheit verstehen. Auch Reiser ist „unterwegs" zwischen Hoffnung und Desillusion. Aus einem kleinbürgerlich-pietistischen Elternhaus stammend ist er schon früh gezwungen, selbst seinen Lebensunterhalt zu verdienen.

Auf seiner Wanderschaft durch den Norden Deutschlands sucht er verzweifelt nach Orten der Erinnerung, die ihm das Gefühl des Vertrauens, der Heimat vermitteln können. „So mächtig wirkt die Vorstellung des Ortes, woran wir alle unsre Vorstellungen knüpfen. – Die einzelnen Straßen und Häuser, die Anton täglich wiedersah, waren das bleibende in seinen Vorstellungen, woran sich das immer abwechselnde in seinem Leben anschloß, wodurch es Zusammenhang und Wahrheit erhielt, wodurch es das Wachen vom Träumen unterschied." Doch dieses Gefühl der Heimat und Sicherheit ist nur von kurzer Dauer, denn es „kehrte wieder das wehmütige Gefühl zurück: wo sollte er nun in dieser großen öden Welt festen Fuß fassen, da er sich aus allen Verhältnissen herausgedrängt sahe?" (S. 238) An dieser Stelle bringt uns Moritz zugleich auf die entscheidende Spur, wenn er für Reiser formuliert: „Ihm fiel ein, daß verdrängt zu werden von Kindheit an sein Schicksal gewesen war..." (ebenda) Die Sicherheit, das Heimelige, das er zu finden meint, ist immer mit der Erinnerung an die Entbehrungen der Kindheit gebrochen. So sehr er auch danach sucht, sobald sie Realität zu werden scheinen, überwiegt der Schrecken, das Elend des Elternhauses steht wieder auf. „Da kam er an ein Dorf und machte sich eben allerlei süße Vorstellungen von dem stillen Frieden, der in diesen ländlichen Hütten herrschte, als er in einem der Häuser ein paar Leute, die wahrscheinlich Mann und Frau waren, zanken und ein Kind schreien hörte. Also ist überall Unmut und Mißvergnügen und Unzufriedenheit, wo Menschen sind, dachte er und setzte seinen Stab weiter fort." (S. 239f) In dieser Beschreibung wiederholen sich die alten Traumata aus der Kindheit, in der er stets Zurückweisung erfahren hat. In der Erinnerung erscheint sein Elternhaus als „Haus der Unzufriedenheit, des Zorns, der Tränen und der Klagen". Aus Selbstschutz hat er diese Erfahrungen verdrängt. Sie spielen aber stets eine Rolle, wenn er Orte des Vertrauens sucht. Sie machen diese Suche jedoch vergeblich, seine Sozialisation verhindert gleichsam, eine eigene Heimat zu finden. Deshalb auch seine Wehmut und Melancholie. „Die einsame Wüste wurde ihm wünschenswert – und da ihn endlich auch in dieser die tödliche Langeweile quälte, so blieb das Grab sein letzter Wunsch." (S. 240) Was er hier melancholisch auf sich selbst wendet, ist im Grunde die Wut über die Vergesellschaftung, welche die Aneignung einer eigenen Heimat verhindert hat. Nicht zufällig richtet sich seine Agressionen auf die Stadt, die Türme von Hannover, die Häuser von Braunschweig, die zwar vertraute Erinnerung wachrufen, die aber zugleich die ersten Orte einer Entfremdung vom Elternhaus darstellen. Die Stadt als Ort der Fremde, in die er gestoßen wurde, in der er genötigt war, seine Identität zu suchen, ohne eine Basis dafür zu haben. Aus diesem Konflikt flieht er in Bilder der Phantasie, in die Einbildung, die gleichermaßen Wunschträume wie Rachegedanken enthalten. Schon früh zerstört er in der Phantasie jene Stadt, die nicht seine eigene ist,

Heimatlosigkeit und die Flüchtigkeit der Bilder

die nicht seine Heimat werden kann: „Das allergrößte Vergnügen machte es ihm, wenn er eine aus kleinen papiernen Häusern erbaute Stadt verbrennen und dann nachher mit feierlichem Ernst und Wehmut den zurückgebliebenen Aschenhaufen betrachten konnte. Ja, als in der Stadt, wo seine Eltern wohnten, einmal wirklich in der Nacht ein Haus abbrannte, so empfand er bei allem Schreck eine Art von geheimen Wunsche, daß das Feuer nicht so bald gelöscht werden möchte." (S. 29)

Die Sehnsucht nach Geborgenheit und Heimat auf der einen und die Agressivität und Wut gegenüber der Stadt und den Zurückweisungen, die er dort erfährt: das sind die wesentlichen Merkmale von Moritz' Anton Reiser. Er kann in zweifacher Weise für seine Zeit als exemplarisch angesehen werden: zum einen steht die Stadt stellvertretend für die Modernisierungsprozesse insgesamt, sie symbolisiert die einengende Vergesellschaftung. Zum anderen sind diese Momente nicht zu trennen von den biographischen Erfahrungen Reisers. Einzelne städtische Merkmale stehen auch für bestimmte traumatische Erfahrungen aus seiner Biographie. Aufgrund dieser Verschränkung kann die Flucht in die Phantasie und die Bilderwelt nur eine individuelle sein, sie trennt ihn von anderen. „So bestand von seiner Kindheit auf", heißt es im Reiser, „seine eigentlichen Vergnügungen größtenteils in der Einbildungskraft, und er wurde dadurch einigermaßen für den Mangel der wirklichen Jugendfreuden, die andre in vollem Maße genießen, schadlos gehalten." (S. 129) Diese Reduktion schneidet aber gerade die kollektive Erfahrung und die Einheit von Ort und Zeit ab, wie sie tendenziell noch Bestandteil traditionaler agrarischer Gesellschaften war. Solchermaßen individualisiert kann Anton Reiser seine Erfahrungen nur in tiefster Melancholie verarbeiten: Melancholie und Trauer über die Zurückweisung im Elternhaus und die dort nie erlebte Nähe sowie die erfolglose Suche nach einem Ersatz unterwegs in Deutschland. Reale Erfahrungen und Trauma sind unauflöslich verwoben und führen zu jener für die Melancholie typischen Form der Depersonalisierungm die nicht nur Distanz zu anderen, sondern auch zu sich selbst schafft. Dem korrespondiert die Flucht in die Bilderwelt, weil eine wirkliche Aneignung der Realität (Heimat) nicht gelungen ist. Wie Freud (FREUD 1947, X) oder Karl Abraham (ABRAHAM 1969) überzeugend nachgewiesen haben. schützt nur sie vor der sonst nicht zu bewältigenden *Ambivalenz des Melancholikers zwischen Haß und Liebe.* Reisers Selbstbestrafungstendenzen, mit denen er qua Introjektion seine positiven Gefühle gegenüber den Eltern zu retten versucht, und seine sadistischen Zerstörungsphantasien, in denen er alles kurz und klein schlägt, was in ihm Erinnerungen wachrufen, kennzeichnen genau diese beiden Seiten der Ambivalenz. Sie gehören zusammen und machen es ihm unmöglich, dort zu sein, wo er ist, Heimat zu finden.

Es ist gewiß kein Zufall, daß im 19. Jahrhundert mit seiner verbreiteten Massenmobilität Heimatlosigkeit und das Gefühl von Heimweh eine außerordentlich große Rolle spielt. Um es kontrollieren zu können, wird es gar zum Gegenstand der Medizin und der gerichtlichen Psychiatrie. Noch zu Beginn dieses Jahrhunderts beschreibt Karl Jaspers in seiner Dissertation Zusammenhänge zwischen „Heimweh und Verbrechen" (JASPERS 1909): Was dort noch die Funktion der Eindämmung hat, erhält in neuerer sozialpsychologischer Literatur unter dem Eindruck des Holocaust und massenhaftem erzwungenem Exil überwiegend die Dimension psychischer Verarbeitung traumatischer Erfahrungen. Die beiden spanischen Psychoanalytiker León und Rebeca Grinberg (GRINBERG 1989) haben in der bisher wohl einzigsten psychoanalytischen Studie über die Folgen von *Emigration und Exil* diesen Aspekt in den Vordergrund gerückt. In einem der für mich faszinierensten Romane der letzten Jahre, „Ein Garten in Deutschland", des französischen Handke-Übersetzers, Georges-Arthur Goldschmidt wird dieser Konflikt zwischen Haß und Liebe auch für die jüngste Vergangenheit literarisch verarbeitet. Der „Garten" befindet sich in Reinbek bei Hamburg und gehörte einer angesehenen jüdischen Familie, die ihren 10-jährigen Sohn (Goldschmidt selbst), die Hauptfigur der Erzählung, nach Südfrankreich ins Internat schickt, um ihn vor den Nazis zu retten. Diesen Verlust der vertrauten Umgebung und der Eltern beschreibt Goldschmidt in einer Mischung von Trauer, Verzweiflung, die sich nicht nur gegen die deutschen Faschisten richtet, sondern auch in Aggressivität gegen die Eltern mündet (GOLDSCHMIDT 1989).

Um den Zusammenhang der Idealisierung von Heimat in Bildern und die Angst vor der zerstörerischen Gewalt der Nähe besser fassen zu können, muß ein kleiner allgemeinerer Exkurs zu den psychischen Prozessen der *symbolischen Aneignung von Welt* unternommen werden. Auge und Mund sind die beiden Sinnesorgane, welche in jeder Sozialisation die wichtigste Rolle spielen. Während nämlich der Mund die frühe Sicherheit und die aggressive Bemächtigung der Welt garantiert, vermittelt das Auge die Wahrnehmung des Anderen und damit im Anderssein das eigne Ich – eröffnet somit die Möglichkeit zur Trennung von der Mutter. Dieser Prozeß der Lösung aus der frühen Symbiose mit der Mutter und der Entwicklung eines selbständigen Ich vollzieht sich über verschiedene Stufen der Symbolbildung (LORENZER 1986, S. 54 ff), bei denen das Kind gleichsam seine Erfahrungen der Welt – schon auf einer vorsprachlichen Ebene – in „Bildern" verarbeitet. Folgt man Lorenzer oder Winnicott (WINNICOTT 1984), dann gehören Übergangsobjekte (Puppen, Plüschtiere, Spielzeug) hierzu ebenso wie das kindliche Spiel selbst. Die Aneignung dieser Symbole, welche jeweils die erlebte Realität des Kindes repräsentieren, ermöglicht dem Kind unter anderem, Konflikte und Enttäuschungen zu verarbeiten (z.B. die Abwesenheit der Mutter) und dabei gegenüber der Angst vor den eigenen Aggressionen entlastet zu sein, weil sie „nur" den Symbolen gelten. Da sie hochgradig besetzt sind, erscheinen diese Symbole als Repräsentanzen für Realität dem Kind oftmals realer als manche

Dinge in seiner Umwelt. Erst wenn es in einem allmählichen Prozeß die symbolischen inneren Bilder verarbeiten kann, kann es auch mit seiner Realität angemessen umgehen.

Alfred Lorenzer begreift diese Aneignung „sinnlich-unmittelbarer Symbole" als zentrales Moment für die Beziehung der Menschen zu sich und seiner Umwelt. Dienen in der Kindheit häufig (vorsprachliche) Objekte als Symbole, so nehmen im weiteren Lebensprozeß sprachliche oder künstlerische Verarbeitung diese Funktion ein (gemeint ist durchaus auch die Alltagssprache). In der Moderne werden die Menschen aber immer mehr mit vorgegebenen Bildern konfrontiert, die Symbolcharakter haben, die in ihrer massenmedialen Produktion aber nur noch geringen Bezug zu den Erfahrungen und der Biographie jedes einzelnen haben. Solchermaßen von den eigenen Bildern entfremdet, bleiben die magischen Bilder der Kindheit unverarbeitet, vermischen sich mit Bildern der Fernseh-, Video- oder Comics-Welt und scheinen auch im Erwachsenenalter häufig nicht von den Bildern zu trennen sein, die sich entwicklungsgeschichtlich in einer späteren Phase geformt haben. Die Bewältigung der Konflikte und Ängste bleibt deshalb weitgehend der frühen magischen (bildhaften) Phase der Sozialisation verhaftet.

Vor dem Hintergrund dieser *Enteignung der Symbole*, der „Symbolzerstörung" (Lorenzer) muß auch das Heimatproblem gesehen werden. Denn nicht nur vermengen sich Erfahrungen der Heimatlosigkeit mit frühen Traumata. Vielmehr ist auch die äußere Welt selbst nicht mehr sicher. Die europäische Literatur von der Romantik bis in unsere Tage umschreibt immer wieder, wie den Menschen die Stadt als eine nicht mehr be-greifbare Flut erscheint, der Blick hat keinen Halt mehr, er wird flüchtig. Der Einzelne scheint in der Masse zu verschwinden. Je mehr die Welt mit der Auflösung traditioneller Sozialstrukturen unsicher wird, treten neue Verhaltensstandards als vergesellschaftete Bilder in den Vordergrund, sie erlangen als genuine Mittler der Vergesellschaftung zentrale Bedeutung. Der „*Chock*" *der Moderne* (Benjamin) läßt die *Anschauung anstelle der Erfahrung* treten, das auratisch-mimetische im Sinne Walter Benjamins verschwindet. Kulturelle Identität kann- solchermaßen reduziert – kaum noch kollektiv erfahren werden, da sie nicht symbolisch vermittelt ist.

Der deutsche und italienische Faschismus hat sich diesen Umstand meisterhaft zunutze gemacht, wenn er Heimat als Bild inszeniert hat. Die symbolisch erworbene eigene Identität und die Verbindung von Ort und Zeit wurden hier vollends zerstört. Im Kern hat er gerade die reale Heimaterfahrung verhindert, die er propagiert hat. Stattdessen traten flüchtige Bilder in den Vordergrund, die beliebig wiederholbar waren. Und ich frage mich, ob wir nicht wieder dabei sind, einer solchen Masseninszenierung aufzusitzen, seitdem die Mauer gefallen ist. Diesmal von den Massenmedien inszeniert: „Heimat von der Stange", wie Hermann Bausinger das einmal im anderen Zusammenhang genannt hat.

Heimat als vielfach inszeniertes Bild verkommt schließlich in der Postmoderne mit ihren imensen Zwang zur Mobilität zunehmend zum Spiegel, in dem sich die einzelnen selbst sehen. Betrachtet man etwa die moderne deutsche Literatur, so trifft man auch hier auf heimatlose Individuen, die „unterwegs" sind, auf der Suche nach Identität. Botho Kirchhoff, Botho Strauß oder Peter Handke beispielsweise beschreiben immer wieder die Suche nach vertrautem in einer flüchtigen Welt. Sie sind Suchende wie der algerische Schäfer bei Michel Tournier oder Anton Reiser. Anders als sie jedoch begegnen sie auf dieser Suche nur sich selbst im Bild. Narzißtisch ist Heimat nur noch Selbstbespiegelung. In der Neonwelt der Postmoderne scheint es keinen Ort mehr, nicht mehr einen Bezug von Raum und Zeit zu geben. Ihr Weg ist eine Suche und Flucht zugleich, die solange andauern muß, solange Heimat letztlich ein abstraktes Bild, eine Vorstellung bleibt, die räumlich, zeitlich und biographisch entfremdet und deshalb als „Bild" niemals zu erfüllen ist. Der Weg und die Suche hält als einzigstes die Hoffnung aufrecht. „Am schönsten ist es unterwegs", erklärte der Jude nach seiner Odyssee halb um die Welt. Doch wer sagt, daß wir nicht auch ankommen wollen: irgendwann, wenn nicht an einem konkreten Ort, so doch bei uns selbst?

Literatur

ABRAHAM, Karl, Psychoanalytische Schriften I, Frankfurt 1969
AMERY, Jean, Wieviel Heimat braucht der Mensch? in: ders., Jenseits von Schuld und Sühne, München ^{2}1988
BAUSINGER, Auf dem Wege zu einem neuen, aktiven Heimatverständnis. Begriffsgeschichte als Problemgeschichte,in: Heimat heute, Stuttgart 1984 ders., Heimat in einer offenen Gesellschaft, in: Jochen Kelter, Die Ohnmacht der Gefühle. Heimat zwischen Wunschund Wirklichkeit, Weingarten 1986
FREUD, Sigmund, Trauer und Melancholie, in: Gesammelte Werke X, London 1947
ders., Das Unheimliche, in: Gesammelte Werke XII, London 1947
GOLDSCHMIDT, Jean-Arthur, Ein Garten in Deutschland, Zürich 1989
GRINBERG, León und Rebeca, Psychoanalytic Perspectives on Migration und Exile, New Haven/London 1989
JASPERS, Karl, Heimweh und Verbrechen, in: Archiv für Kriminal-Anthropologie und Kriminalistik, Bd.35, Leipzig 1909
LEFEBVRE, Henri, Métaphilosophie, Paris 1965
LORENZER, Alfred, Tiefenhermeneutische Kulturanalyse, in: ders., Hg., Kultur-Analyse, Frankfurt 1986
MORITZ, Karl Philipp, Anton Reiser, (1785) Frankfurt 1979
TOURNIER, Michel, Der goldene Tropfen, Frankfurt ^{2}1990
WINNICOTT, D.W., Von der Kinderheilkunde zur Psychoanalyse, Frankfurt 1984

IV. Zentraler Sachzwang – regionale Emanzipation und Widerstand: Heimat zwischen politischer Machtsicherung und Autonomie regionaler Lebensgestaltung

Paul Walter

„Mut" zur Heimat? – Strukturmomente konservativer und rechtsradikaler Heimatvorstellungen

Abhandlungen zum Thema „Heimat", die sich ausdrücklich von konservativen oder rechtsradikalen Positionen abgrenzen, verweisen meist auf den möglichen politischen Mißbrauch dieses Begriffs: Ein der Aufklärung zugewandter Mensch zögere, den Begriff zu verwenden, „weil so viele reaktionäre Parteigänger ihn sofort vereinnahmen möchten" (NEGT 1987, S.20). Warum es zu dieser Vereinnahmung kommt, warum eine Affinität des Begriffs zu konservativen und rechtsradikalen Doktrinen besteht, wird weder von NEGT noch von anderen Autoren systematisch untersucht. Eine derartige Untersuchung könnte aber z.B. helfen, die politische Substanz und das interne Konfliktpotential sozialer Bewegungen zu verstehen und zu beurteilen, deren Ziel der Schutz der Region oder der Heimat etwa vor den Gefahren eines geplanten Kernkraftwerks ist.

Der Beitrag möchte aufzeigen, wie allgemeine Strukturmomente des Verständnisses von Heimat von konservativer/rechtsradikaler Seite interpretiert werden. Zu diesem Zweck wurden die konservativen Deutungsschemata anhand von Aufsätzen rekonstruiert, die zum Themenbereich Heimat, Nation, Vaterland in der Monatszeitschrift „Mut" ab 1984 erschienen. „Mut" entstand 1966 als „Pressedienst der nationaleuropäischen Aktion" und entwickelte sich nach dem Verzicht auf das „nationale" Etikett zu einem konservativen Magazin, in dem jedoch auch weiterhin rechtsradikale Ideen verbreitet werden (obwohl zwischen konservativen und rechtsradikalen Ideologien unterschieden werden sollte, können im folgenden solche differenzierten politischen Zuordnungen in bezug auf den Heimatbegriff meist vernachlässigt werden).

Analysiert wurde ferner, ergänzend zu den theoretisierenden Aufsätzen aus dem Magazin „Mut", die Chronik eines CSU-Landtagsabgeordneten über einen nordbayerischen Landkreis, die den Untertitel „Unsere Heimat unter Hitlers Gewaltherrschaft in Dokumenten, Erlebnissen und Schicksalen" trägt. In der Chronik ist ein konservatives Heimatverständnis vorherrschend (WILL 1988).

Die Analyse orientiert sich an den folgenden formalen Strukturmomenten, wie sie grundsätzlich in jeder Abhandlung über Heimat vorkommen können, also nicht nur für konservative Deutungsmuster typisch sind:

1 Heimat und ihre Grenze
2 Heimat als geographische und als mentale Kategorie
3 Reaktion auf Bedrohung oder Verlust von Heimat
4 Heimat als Sozialisationsfaktor.

1 Heimat und ihre Grenzen

Welche Ausdehnung eine Heimat hat, läßt sich nicht eindeutig festlegen. Heimat kann sich auf den angestammten Wohnort, auf eine Region, auf die „Lebenswelt" oder auf ein ganzes Staatsgebilde beziehen, aber auch als nichträumliche „seelische Einheit" oder „ewige Heimat" definiert werden. PIAGETs Studien über kindliche Heimatvorstellungen wiederum beruhen auf dem Modell unterschiedlich großer, in Form konzentrischer Kreise symbolisierbarer Heimatkategorien: Stadt, Kanton, Bund (PIAGET/WEIL 1951, S.561-578).

Die Unbestimmtheit und mithin willkürliche Bestimmbarkeit des Radius von Heimat zeigt sich auch auf konservativer Seite. WILL leitet seine Chronik des nordbayerischen Landkreises Würzburg mit der Bemerkung ein, daß „wir uns zunächst darüber informieren" müssen, „was mit dem Bereich des 1972 neu geschaffenen Landkreises Würzburg gemeint ist" (WILL 1988, S.7). Der „Landkreis Würzburg, unsere Heimat" umfaßte ursprünglich eine kleinere Region, blieb aber nach der bayerischen Gebietsreform offenbar ein und dieselbe Heimat. Heimat wird demnach hier als variable regionale Größe interpretiert. Daß allerdings die Variabilität Grenzen hat und zentralstaatlich verfügte Neugliederungen je nach Region Widerstand erzeugen können, ist hinlänglich bekannt.

Beachtung verdient eine andere Erscheinung: Je weiter man sich im politischen Spektrum nach rechts bewegt, desto häufiger wird Heimat mit „*Nation*" oder „Vaterland" gleichgesetzt. Wenn EVERTZ die „Liebe zur Heimat, zum eigenen Volk" (EVERTZ 1984, S.27) erwähnt, verzichtet er auf eine die beiden Begriffe „Heimat" und „Volk" verbindende Konjunktion, verwendet „Volk" tendenziell als Apposition, als Attribut von „Heimat". JEBENS spricht von den Deutschen, „die ihre Heimat lieben und in ihrem Volk eine natürliche, gewachsene Lebenseinheit sehen" (JEBENS 1985, S.25). Bei JEBENS wie bei EVERTZ gehören zu dieser Heimat im übrigen die Staatsgebiete der BRD, der DDR und Österreichs.

Mit der Gleichsetzung von Heimat und Nation erfolgt nicht nur eine Grenzziehung nach außen, sondern auch nach innen. Die mit einem regional begrenzten Gebiet verbundenen Aktivitäten unterhalb der nationalen Ebene gelten als suspekt, werden als Störungspotential begriffen, das die Identifizierung der Nation als Heimat verhindert oder erschwert. So wird *Regionalismus* etwa als „jüngste Spielart altdeutscher Sonderbündelei" bezeichnet (STRAUSS 1985, S.43); für JEBENS stellt die Beschäftigung mit lokalen und regionalen Problemen eine „Flucht nach unten" dar (JEBENS 1985, S.21). Erwähnt wird auch das Spannungsverhältnis zum Staat, das bei „überentwickeltem Heimatgefühl" entstehen kann (JAHN 1985, S.13).

Ein Sonderproblem stellt in diesem Zusammenhang die Gruppe der Heimatvertriebenen dar. Warum konnten sie bzw. die Vertriebenenverbände in der BRD dem etwaigen Verdikt des Regionalismus entgehen? Der erste Grund hierfür liegt auf der Hand: Konservativen/rechtsradikalen Kreisen ermöglicht die fortdauernde Definition dieser Personengruppe als Heimatvertriebene, Vorstellungen über ein großdeutsches Reich aufrechtzuerhalten. Der zweite Grund hängt mit der erfolgreichen Definition der verlorenen Heimat als „deutsche Heimat" (JAHN 1985, S.19) zusammen. Mit dieser Strategie gelang es den Vertriebenenverbänden, partikulare Konflikte in nationalstaatliche, „gesamtdeutsche" Interessen zu transformieren.

2 Heimat als geographische und als mentale Kategorie

Heimat bezieht sich in der Regel auf „eine lokale Verankerung in den Mikrostrukturen von Wegen, Nischen und wiederkehrenden Gesichtern" (NEGT 1987, S.21). Aus dieser Formulierung geht hervor, daß beim Heimatbegriff der räumliche Aspekt mit affektiv bzw. subjektiv gefärbten Vorstellungsinhalten angereichert wird. Wenn NEGT in Anschluß an E. BLOCH Heimat als „Zukunftsbegriff" bezeichnet, wird vollends deutlich, daß in den Heimatbegriff psychischer Realität entstammende Bilder, Projektionen, Wünsche eingehen.

Die Doppelbestimmung der *Heimat als mentale* und geographische *Größe* findet sich selbstverständlich auch bei konservativen Autoren. Bemerkenswert ist, daß Vertreter extrem konservativer Positionen Begriffen wie „Boden" und „Raum" in Zusammenhang mit Heimat Zurückhaltung entgegenbringen. Diese Vorsicht überrascht angesichts gleichzeitig geäußerter großdeutscher Wunschvorstellungen. Eine Nähe zur nationalsozialistischen Blut-und-Boden-Ideologie läßt sich allenfalls in dem organizistischen Vokabular erkennen, das wie in folgender typischen Aussage Materiell-Physisches mit gesellschaftlichen Prozessen verbindet:

„Der Raum ist das gegebene, aber nicht bestimmende Element der Heimat – freilich ohne Raum gibt es keinen Boden und keine Wurzel für die Heimat" (JAHN 1985, S.12).

Als mentale Größe wird der Heimatbegriff von konservativen Phantasien und Projektionen, Werten und Ideologien besetzt. So bedeutet für JAHN Heimat u.a. „Leben, Liebe, Treue" (JAHN 1985, S.10). Und wenn zu diesem Begriff „ewige Heimat" und „Weltheimat" assoziiert werden (KALTENBRUNNER 1984, S.40), werden christliche, aber auch kosmopolitische Vorstellungen aktiviert.

Beachtenswert sind scheinbar deskriptive Ausführungen in der Heimatchronik des Landkreises Würzburg. Eine ihrer stilistischen Merkwürdigkeiten besteht in der langatmigen, dabei aber unvollständigen und willkürlich erscheinenden Aufzählung von öffentlichen Einrichtungen, von Berufen und Unternehmungen, die in den zwanziger und dreißiger Jahren an bestimmten Orten des heutigen Landkreises vorzufinden waren. Z.B. werden bei der Beschreibung einer kleinen, ehemaligen Kreisstadt von den damals existierenden ca. 200 Handwerksbetrieben 27 Betriebe namentlich hintereinander aufgeführt (WILL 1988, S.8). Worin liegt der Sinn einer solch kriterienlosen Enumeration früherer Namen? Auch in folgender stilistisch ebenfalls typischen Szene scheint das deskriptive Moment zu dominieren:

„Von meinen Eltern weiß ich, daß sie morgens früh um fünf Uhr von Rimpar nach Würzburg zu Fuß gingen. Das waren zwei Stunden hin und zwei Stunden zurück. Und dann tagsüber neun und zehn Stunden harte Arbeit. Manche Gemeinden hatten ihre ganz bestimmten Berufsgruppen, die neben den Landwirten weitgehend die wirtschaftliche Struktur des Dorfes bestimmten. So waren es z.B. in Rimpar die Maurer, die sogar die Wesens- und Eigenart des Dorfes entscheidend prägten..." (WILL 1988, S.11)

In diesem Beispiel werden Verhältnisse nicht nur geschildert, sondern auch im Sinne einer festgefügten, geregelten Heimat-Welt gedeutet. Bestimmend sind danach – wie auch bei der erwähnten Enumeration von Betrieben – nicht unüberschaubare industrielle Komplexe oder ökonomische Systembedingungen, auch nicht herausragende individuelle Leistungen. Vielmehr scheinen gleichförmige und komplementär aufeinander abgestimmte Aktivitäten einzelner Gruppen und Stände Kommunen ein identifizierbares Kolorit, sogar ein bestimmtes „Wesen" zu verleihen.

Als gemeinsamer Nenner der unterschiedlichen Charakterisierungen von Heimat, wenn vormoderne Gesellschaftszustände wie bei WILL, religiöse und kosmopolitische Werte wie bei KALTENBRUNNER oder abstrakte, traditionelle Tugenden wie bei JAHN beschworen werden, sind die stets durchscheinenden *Bedürfnisse nach Geborgenheit und Harmonie* zu erkennen. Zu politisch fragwürdigen Ideologien können sich diese allgemeinmenschlichen Bedürfnisse verdichten, wenn in ihnen eine politische oder psychische Abwehrhaltung dominiert, die reale soziale Konflikte ausklammert, den Zustand der gesellschaftlichen Wirklichkeit beschönigt.

Die mentalen Bestimmungsmomente von Heimat und die zugrundeliegenden Bedürfnisse zu eruieren, ist im übrigen ein praxisbezogener Gegenstand politisch-psychologischer Analyse: Heterogen zusammengesetzte Bürgerinitiativen können etwa durch den latenten Konflikt bedroht sein, daß divergierende, artikulierte und unartikulierte Bedürfnisse die Verfolgung des gemeinsamen politischen Ziels behindern. Derartige Konflikte können z.B. entstehen, wenn christlich motivierte und antiklerikal eingestellte Gruppen in lokalen ökologischen Projekten zusammenarbeiten.

3 Reaktion auf Bedrohung oder Verlust von Heimat

Heimatbegriff als Projektionsfläche von Bedürfnissen und Ideologien scheint vorrangig dann aktiviert zu werden, wenn Heimat als bedroht oder als verloren gilt. Heimat kann verstanden werden als „ein komplexes Verlust-Bündel, in dem die Verluste der verschiedenen neuzeitlichen Risse wie in einem Museum archiviert sind" (HASS 1987, S.7).

Das Sprechen von Heimat als verlorene bedingt, daß sie nolens volens aufgewertet, idealisiert wird. Hinzu kommt, daß auch die Orte, Dinge, Ideen und Ideologien eine Aufwertung erfahren können, die mit der bedrohten oder verlorenen Heimat assoziiert sind. Hierzu zählen die unter Punkt (2) aufgeführten Beispiele wie harte, genügsame Arbeit, handwerkliche Produktion, christliche Religion, überkommene Tugenden. Umgekehrt kann mit der Bewußtwerdung der *bedrohten oder verlorenen Heimat* die Definition der Heimatgrenzen und die Abwertung des Fremdartigen verbunden sein: Heimatverlust wird so zum Movens von *Fremdenhaß* (NEGT 1987, S.14).

Die Aufwertung der mit Heimat assoziierten physischen und mentalen Objekte und die Abwertung des von Heimat Abgegrenzten ist zwar als ein generelles Strukturmoment von Heimatvorstellungen anzusehen, dürfte aber in konservativen Positionen besonders ausgeprägt sein. Diese Positionen beinhalten im allgemeinen ein affirmatives Heimatverständnis; aufgrund der geringen kognitiven Distanz zur Heimat kann sich hier die Projektionsfläche für positive und negative Affekte erweitern.

Eine interessante Frage ist, welche Bedingungen – abgesehen vom evidenten Fall der gewaltsamen Vertreibung aus der angestammten Heimat – zur Wahrnehmung einer Bedrohung von Heimat führen und unter welchen Voraussetzungen Widerstand gegen bedrohliche Zugriffe auf die Heimat entsteht. In der Zeitschrift „Mut" finden sich dazu keine Hinweise, sieht man davon ab, daß nationalistisch argumentierende Autoren die fehlende Anerkennung der Formel „Heimat=deutsche Nation" als eine permanente Bedrohung der Heimat erleben.

WILLs Heimatchronik befaßt sich mit der Zeit des nationalsozialistischen Regimes, stellt dessen negative Auswirkungen in der Region dar. Wie nichtkonservative Autoren erwähnt er zudem, daß „Vaterland, Heimat und Familie ...bei den Nazis Begriffe" waren, „die sie für ihre Zwecke mißbrauchten" (WILL 1988, S.113). WILL, der auch von seiner aktiven, religiös motivierten Gegnerschaft zum Nationalsozialismus berichtet, meint mit Mißbrauch wohl, daß von ihm beschriebene, identitätsstiftende Momente des Alltagslebens und der Alltagskultur eines konservativen Milieus von nationalsozialistischen Institutionen oder Ideologismen zerstört, ersetzt, überlagert oder scheinbar potenziert wurden: Von WILL werden u.a. die „Gleichschaltung" des vormaligen Vereinslebens, die Ersetzung traditioneller religiöser oder regionaler Symbole (Fahnen, Kreuze u.ä.) durch nationalsozialistische Embleme, Sprachregelungen (z.B. Straßenumbenennungen, obligater Hitlergruß statt „Grüß Gott"), die Aufwertung des konservativ vorgeprägten Wertes der Mutterschaft, die Neubewertung regionaler Geschichte („Florian Geyer, der Adolf Hitler des Mittelalters") geschildert. Das Bekenntnis zum nationalsozialistischen Staat, zugleich aber auch zahlreiche, von WILL skizzierten „alltäglichen" Widerstandsaktivitäten kreisen um solche Umdeutungen oder Neubewertungen traditioneller Kultur- und Wertmuster der Bevölkerung. Der deutsche Faschismus, so könnte man folgern, versuchte demnach nicht allein mit Brachialgewalt, sondern auch durch Ansprechen und Codierung vorhandener Bedürfnisse, insbesondere vor- und irrationaler Strebungen, zu regieren. WILL übersieht wie andere konservative Autoren die formale, strukturelle Entsprechung zwischen den Bedürfnissen und Werten des damaligen Normalbürgers und der *nationalsozialistischen Ideologie*, deutet die faschistische Herrschaft als Tat weniger einzelner und als Ausfluß eines scheinbar von der Gesellschaft abgesonderten „tödlichen Systems" (WILL 1988, S.442). Mit einer solchen Haltung des „hilflosen Antifaschismus" verträgt sich auch ein ungebrochenes, affirmatives Reden über „Heimat".

4 Heimat als Sozialisationsfaktor

Im Verhältnis zu seiner Heimat wird dem Menschen teils eine gestalterische, aktive Rolle, teils die Rolle eines von ihr geprägten und in ihr aufgehenden Wesens zugeschrieben. Über diese nicht sehr originelle und aussagekräftige Feststellung gelangen die vorliegenden Aussagen über die sozialisatorische und identitätsstiftende Funktion von Heimat im Grunde nicht hinaus. Das heißt allerdings nicht, daß weitergehende Spekulationen unterlassen oder als solche gekennzeichnet würden.

Auffällig ist, daß auf konservativer Seite die prägende Kraft der Heimat betont wird. Heimat sei etwas, das „Sicherheit und Geborgenheit spendet" (KALTENBRUNNER 1984, S.37). Der Autor spricht weiterhin von der „schicksalhaften Rolle des Raumes, in den ein Mensch hineingeboren ist". Ob dieser Schicksalsfaktor deterministisch zu verstehen ist, bleibt hinter Metaphern verborgen. Es wird etwa E. JÜNGER zitiert: „Das Vaterland gehört zu unserem Schicksalskostüm. Man kann es nicht umtauschen" (EVERTZ 1984, S.28).

Keine eindeutigen Indizien finden sich für biologistische oder gar rassistische Vorstellungen, denen zufolge die prägenden, heimatlichen „Schicksalskräfte" als eine gemeinsame genetische Anlage zu interpretieren seien. Allenfalls gelegentlich auftauchende Formulierungen wie „karolingische Erbmasse" (EVERTZ 1984, S.28) könnten auf latent vorhandene Biologismen hindeuten, die wieder aktiviert werden könnten.

Typisch für Vertreter konservativer Positionen scheint dagegen zu sein, die *psychischen Folgen von Heimatverlust* zu pauschalisieren und zu dramatisieren. In der 1950 verabschiedeten „Charta der Heimatvertriebenen" liest man beispielsweisedie beiden folgenden Statements:

„Heimatlose sind Fremdlinge auf dieser Erde... Den Menschen mit Zwang von seiner Heimat trennen, bedeutet, ihn im Geiste zu töten." (MUT-Schriftleitung 1985, S.2)

Und EVERTZ bezeichnet in seinem Aufsatz „wurzelose Menschen" schlichtweg als krank (EVERTZ 1984, S.30).

Derartige Formulierungen zeugen zum einen von der Notwendigkeit ideologiekritischer Analyse. So ist es nicht tolerierbar, wenn psychisches, stets nur in seiner individuellen Ausprägung verstehbares Leid der Flüchtlinge oder Heimatvertriebenen mittels kategorial unzutreffender Begriffe fatalistisch umgedeutet wird, um auf diese Weise irgendwelchen politischen Nutzen zu erzielen.Zum anderen liefern solche Dramatisierungen gleichsam ein Umkehrbild davon, wie psychologisch mit Heimat und Heimatverlust umgegangen werden sollte. Bei der Konfrontation mit Heimat als individuellem, psychischem Problem darf nicht die fatalistische Auslieferung an die prägenden Kräfte der (verlorenen) Heimat verstärkt werden. Vielmehr muß das betreffende Individuum bei der aktiven Aneignung der angestammten oder neuen Heimat unterstützt werden.

Die Beschäftigung mit unzulänglichen Vorstellungen über Heimat ist demnach nicht nur für vergleichsweise abstrakte ideologiekritische Auseinandersetzungen relevant, sondern hat auch praktisch psychologische Bedeutung.

Literatur

EVERTZ, Alexander (1984), Von der Tugend der Vaterlandsliebe. In: Mut, H.3, S. 27- 31
HASS, Ulrike (1987), Die Heimat flieht, wir hinterher. In: Niemandsland, 1, H.2, S. 2-12
JAHN, Hans Edgar (1985), Recht auf Heimat. In: Mut, H.2, S. 10-19
JEBENS, Albrecht (1985), Die Rückkehr zur Nation. In: Mut, H.3, S. 18-27
KALTENBRUNNER, Gerd-Klaus (1984), Weil wir nicht nur in der Heimat zu Hause sind... Gedanken über die Verwurzelung des Menschen. In: Mut, H.6, S. 35-40
MUT-SCHRIFTLEITUNG (1985), Editorial. In: Mut, H.2, S. 2-3
NEGT, Oskar (1987), Wissenschaft in der Kulturkrise und das Problem der Heimat. Niemandsland, 1, H.2, S. 13-23
PIAGET, Jean / WEIL, Anne-Marie (1951), The development in children of the idea of the homeland and of relations with other countries. In: International Social Science Bulletin, 3, S. 561-578
STRAUSS, Wolfgang (1985), Rettet die Linke die Nation? 2.Teil. In: Mut, H.2, S. 42-49
WILL, Christian (1988), Landkreis Würzburg. Unsere Heimat unter Hitlers Gewaltherrschaft in Dokumenten, Erlebnissen und Schicksalen. Würzburg: Echter Würzburg, Fränkische Gesellschaftsdruckerei und Verlag

Marcel van der Linden

Heimatliebe, Patriotismus, Internationalismus

„Das Widermenschliche [...] besteht darin, im Gefühle stehen zu bleiben und nur durch dieses sich mitteilen zu können."
G.W.F. Hegel

Nomaden haben keine Heimat. Heimat hat einen direkten, notwendigen Bezug zur Erde, zur „Scholle". Heimat ist das Produkt seßhafter, agrikoler Gesellschaftsformen. Heimat ist, sagt der *Brockhaus*, „die Umwelt mit der der Einzelne durch Geburt oder Lebensumstände verwachsen ist." Heimat ist, sagt das *Kulturpolitische Wörterbuch* der DDR: „die territoriale Einheit des natürlichen, sozialen und kulturellen Milieus, in dem der Mensch seine erste wesentliche Persönlichkeitsprägung erfährt; im engeren Sinne die Landschaft und Siedlungsform (Dorf oder Stadt bzw. Stadtbezirk), in der die Jugend verlebt wird, der Mensch zum gesellschaftlichen Individuum heranwächst und seine ersten gemeinschaftlichen Bindungen (Kameradschaft, Freundschaft, Liebe) eingeht." Heimat gibt es schon seit Jahrtausenden. Sie ist ein historisch bedingtes und räumlich beschränktes Liebesobjekt.

Das *Vaterland* (patria) war lange Zeit mit der Heimat identisch. Seit dem Ende des Mittelalters hat die Entwicklung moderner Nationalstaaten beide Begriffe jedoch auseinander dividiert. Durch langwierige Assimilations- und Erziehungsprozesse transformierte die Liebe zur Heimat – die Liebe zur eigenen Individualgeschichte – sich in eine Liebe zu großräumigen Verhältnissen.(Anm 1) Das Vaterland wurde mehr und mehr zu einem Synonym des mit der Heimat „organisch" verbundenen Ethnos.(Anm 2) Der bürgerliche Soziologe Stepun umschrieb das neue Verhältnis zwischen Heimat und Vaterland wie folgt:

„(D)as Vaterland is seinem Wesen nach der väterliche Schutz der mütterlichen Erde und der ihrem Schoße entsprossenen Kultur. Diesen Schutz kann das Vaterland der Heimat nur als Staat und Staatsmacht, als Gesetz und Ordnung gewähren. Kommt es zu einer Lage, wo der Staat die Heimat eher gefährdet als schützt, dann ist er nicht mehr Vaterland, sondern Feindesland. Ganz richtig sagt darum La Bruyère: „Es gibt kein Vaterland in der Despotie". Den gleichen Gedanken finden wir bei Voltaire: „Es gibt ein Vaterland nur unter einem guten König, aber es gibt keins unter einem schlechten." Ganz anders liegen die Dinge bei der Heimat. Eine Heimat gibt es auch in der Despotie, auch unter einem schlechten König, ja sogar bei einem Verlust des eigenen Staates" (STEPUN 1950-51, S. 149-150).

Vaterlandsliebe ist Liebe zu einem abstrakten, imaginierten Objekt; sie ist nicht logisch mit dem Heimatgefühl verbunden. „Die Liebe zum Geburtsort enthält nicht die „Liebe zum Vaterland", mit allen den Städten und Dörfern, in denen man nicht geboren ist, die man nie gesehen hat, mit denen man infolgedessen durch keine Jugenderinnerung verknüpft ist" (MICHELS 1929, S. 88).

Der *(sozialistische) Internationalismus* entstand im 19. Jahrhundert als Reaktion auf bestimmte Formen des Patriotismus, obwohl der Begriff an sich erst während des ersten Weltkrieges in der Arbeiterbewegung geläufig wurde (FRIEDEMANN/HÖLSCHER 1982). Er leugnete nicht das Recht der Individuen auf ein Vaterland (im Gegenteil), aber er widersetzte sich aller Verabsolutierungen des eigenen Vaterlandes auf Kosten anderer Vaterländer und berief sich auf die identischen Interessen der Arbeiterklassen verschiedener Nationen.

Die Begrifflichkeit des vorigen Jahrhunderts definierte *Heimatliebe, Patriotismus* und Internationalismus als drei Arten eines Gemeinschaftsgefühls; unter *Gemeinschaft* verstand man ein soziales Verhältnis das alle Beziehungsformen umfaßt „which are characterized by a high degree of personal intimacy, emotional depth, moral commitment, social cohesion, and continuity in time. Community is founded on man conceived in his wholeness rather than in one or another of the roles, taken separately, that he [!] may hold in a social order. It draws its psychological strength from levels of motivation deeper than those of mere volition or interest, and it achieves its fulfilment in a submergence of individual will that is not possible in unions of mere convenience or rational assent" (NISBET 1970, S. 48).

Die traditionale Heimat war zu dieser Zeit, jedenfalls für eine Mehrheit der nationalen Bevölkerungen, noch etwas reales. Die meisten Menschen lebten in präkapitalistischen sedentären Verhältnissen, mit einer emotionalen Bindung an ihrer „Scholle". Der Aufstieg des Kapitalismus führte jedoch zur tendenziellen Auflösung der traditionalen Heimat. 1918 schrieb ein Beobachter:

„Als [...] im 19. Jahrhundert die Verkehrsmittel einen ungeahnten Fortschritt erfuhren und die zahllosen Verbindungen zwischen Landschaften, Völkern und Erdteilen sich ins Unendliche vervielfachten, als die Freizügigkeit bis in die Dörfer hinein die Schranken der vorgeschrieben Seßhaftigkeit beseitigte, geriet das Heimatgefühl mehr und mehr in die Rumpelkammer" (KRISCHE 1918, S. 9).

An die Stelle der mit der „Scholle" verbundenen Heimat trat das städtische Wohnviertel, mit seinem neuartigen dichten Netz persönlicher Beziehungen. Einerseits wurde so die Möglichkeit einer romantischen Mystifizierung der „alten" Heimat geschaffen (Anm.3), andererseits gewann die real existierende Heimat eine neue Qualität. (Anm. 4)

Patriotismus und Internationalismus basierten sich von Anfang an auf *imaginierte Erweiterungen* der Heimat ((Zur „imaginierten Gemeinschaft" des Nationalismus: ANDERSON 1983); sie waren nicht in der persönlichen Erfahrung verankert und versuchten den persönlichen Bezug durch Verwandtschaftsanalogien (z.b. „Brüder") herzustellen.(Anm 5) Während die konkrete Gemeinschaft der Heimatliebe sich auf reale Traditionen stützt stellen Patriotismus und Internationalismus die Kontinuität mit der Geschichte her durch die Erfindung von Traditionen (Sedanfeier, Maifeier usw.) (HOBSBAWM 1983; HERBST 1983; FREI 1983).

Wenn man unter *Gesellschaft* den Gegensatz zur Gemeinschaft versteht und damit das soziale Verhältnis mit einander konkurrierender Individuen meint, dann verkörperten Heimatliebe, Patriotismus und Internationalismus dazu verschiedene Oppositionen mit partiell kongruenten (Gemeinschafts-) strukturen. Je auf ihre eigene Art widersetzten sie sich gegen die „neue Sachlichkeit" des aufkommenden Kapitalismus und Industrialismus. Patriotismus und Internationalismus waren in gewissem Sinne abstrakte Antworten auf die Abstraktionen einer verdinglichenden Warengesellschaft.

Schematisch könnte man folgendes Modell binärer Gegensätze konstruieren:

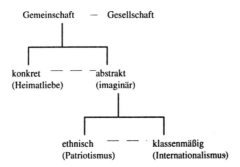

Imaginierte Gemeinschaften sind Kampfbegriffe, die nach innen einen Mythos der sozialen Harmonie konstruieren und gleichzeitig nach außen andere Gruppen als Gegner definieren. Beide Eigenschaften gehören logisch zusammen; zur Stützung der eigenen Identität braucht die imaginierte Gemeinschaft eine Gegen-Gemeinschaft der „Anderen", und sie muß deshalb eine wesentliche Gleichheit der eigenen Gemeinschaftsmitglieder annehmen. (Anm. 6)

Der Patriotismus geht von einer nationalen, durch Kultur, Sprache und Geschichte vereinten, unkritisch wahrgenommen, patriarchalischen Gemeinschaft aus, die gegen Feinde verteidigt werden muß. Der Internationalismus definiert sich als Ausdruck der „an sich" identischen Klasseninteressen verschiedener Proletariate – mit Ausgrenzung und Abwertung des Peripheren des kapitalistischen Verwertungszusammenhanges (Kinder, Frauen, „unzivilisierte Völker") (MERGNER 1988) – in Opposition zu Feudalismus und Kapitalismus.

Sowohl der Patriotismus als der Internationalismus haben versucht bei der Heimatliebe anzuknüpfen um den emotionalen Gehalt der eigenen imaginierten Gemeinschaft zu stärken. Dem Patriotismus gelang dies im allgemeinen besser als dem Internationalismus, wie z.b. der erste Weltkrieg zeigte. (Anm. 7)

Es hängt ganz vom historischen Kontext ab welcher politischer Charakter diese Dialektik von Harmonisierung und Gegensatz erhält. Die Leugnung von Interessengegensätzen innerhalb von Gemeinschaften (z.b. zwischen Männern und Frauen, Klassen, Klassensegmenten) bildet immer ein eher konservatives Moment und es hängt deshalb von der Art des äußeren Gegensatzes ab ob trotzdem der ganze Zusammenhang der imaginierten Gemeinschaft sich vorwiegend subversiv gestaltet. (Anm. 8)

Der gesellschaftliche Charakter von Patriotismus und Internationalismus hat sich (jedenfalls in Europa) während der letzten hundert Jahre verändert. In beiden Fällen kan man von einer negativen Entwicklung sprechen.

Was den *Patriotismus* betrifft ist es wichtig festzustellen, daß der Krieg von 1870-71 im großen und ganzen den Zeitabschnitt beendete in dem sich die westeuropäischen Nationalstaaten konsolidierten (natürlich abgesehen von einigen Ausnahmen, wie z.B. Katalonien und Irland). In Osteuropa zog sich dieser Prozeß länger hin, wie die Balkankriege 1912-13 (und in gewisser Hinsicht auch noch der erste Weltkrieg) zeigten. Während der Patriotismus bis 1871 vorwiegend einen fortschrittlichen Charakter hatte – er richtete sich ja vornehmlich gegen nationale Zersplitterung und Unterdrückung (Anm. 9) – wurde er in den Jahren danach, insbesondere in Westeuropa, immer mehr ein Mittel zur Unterjochung anderer ethnisch-sprachlicher Gemeinschaften. Man mag mir verzeihen wenn ich in diesem Zusammenhang einige Sätze Sinowjews zitiere:

„Die nationalen Kriege 1789-1871 mußten in der Psyche der breitesten Volksmassen eine unverwischbare Spur hinterlassen. Ganze Generationen haben an diesen Kriegen unmittelbaren Anteil genommen, Hunderte und Hunderttausende haben ihr Gut und Blut geopfert. Diese Kriege schufen eine ungeheure Anzahl von Helden. Volksdichter besangen sie, es entstanden ganze Legenden, die von Mund zu Mund gingen; vom Kampf um die nationale Befreiung handelte das einfache Volkslied, in der Kirche, in der Schule sprach man von ihm. [...] Man kann sich leicht vergegenwärtigen, welche tiefe Spuren all das im Bewußtsein der Massen hinterlassen mußte. [...].

Diese Ansammlung des nationalen Hasses, diese Überlieferungen aus der Zeit 1789-1871 werden jetzt von den herrschenden Klassen der verschiedenen Länder ausgenützt, um auch den jetzigen, rein imperialistischen Krieg zu einem nationalen zu stempeln, um so die Herzen von Millionen Menschen auch jetzt noch höher schlagen zu lassen beim Wort „Vaterlandsverteidigung"" (SINOWJEW 1924, S. 61-62. Auch CONZE / GROH 1966).

Seit den fünfziger und sechziger Jahren wird eine erneute Ausweitung des Vaterlandsbegriffs vorbereitet. „Europa" soll das alte Vaterland ersetzen. Damit wiederholt sich auf höherer Stufe der Prozeß der imaginären Erweiterung des Heimatbegriffs den wir beim frühen Patriotismus sahen.

Der *Internationalismus*, der in der Zeit der Ersten Internationale (1864-72/80) noch generell die Solidarität der Unterdrückten in verschiedenen Staaten gewesen war, entwickelte nach der Oktoberrevolution hauptsächlich zwei Gesichter. Zum einen wurde er zu einem machtpolitischen Instrument der sowjetischen Führung (die Komintern und ihre Hilfsorganisationen), und damit gebunden an die Interessen eines Nationalstaates, des „Vaterlandes der Arbeiter". Zum anderen – und dies nicht prinzipiell im Gegensatz zur ersten Variante – degenerierte der Internationalismus oft zum politischen Eskapismus. Gerade die relativ erfolgreiche „Nationalisierung" der Arbeiterklassen, die spätestens 1914 manifest geworden war, brachte diese neue Form des Internationalismus hervor, die die „eigene" Arbeiterklasse negativ beurteilt und immer wieder „den einen oder anderen fernen Triumph der Bewegung gegen diese und jene vernichtende Niederlage zu Hause ins Feld führt" (NAIRN 1979, S. 149).

Aus diesen Erfahrungen läßt sich lernen, daß Gemeinschaften die ihre inneren Widersprüche negieren, die mit anderen Worten eine innerlich konfliktfreie Idylle konstruieren, immer in gewissem Maße zu einer konservativen Haltung neigen und sich deshalb systemstabilisierend verwenden lassen.

Anmerkungen

1. Diese Entwicklung begann bei Teilen der Elite und setzte sich allmählich in immer breitere Schichten durch. Vermutlich war es der Individualisierungsprozeß (und das heißt auch: die Desintegration traditionaler Gemeinschaften – die in den Oberschichten zuerst gespürt wurde) der diese Entwicklung förderte. „At the end of the eighteenth century traditional ties in society began to loosen and in some cases to dissolve. [...] The individual stepped out of his [!] tradition and stepped into the incipient commerce and market society, into the large groups with their rational and abstract structures [...]. The existence of the individual became more independent and at the same time more isolated – having been severed from the supporting groups of tradition. It became more mediated: each person dependent on many others who were unknown to him [!]. [...] community had to be established on a new basis. To answer this need a new reintegration was found – namely, the nation, rooted in a common language and culture. It is the nation which binds society together, which gives every person a supra-individual identity, which reduces the uncertainty in a complex society." (NIPPERDEY 1983, S. 9-10). Zur „Nationalisierung" der Unterschichten siehe: van der LINDEN 1988.
2. Ich verwende in diesem Beitrag „Vaterland" und „*Nation*" als Synonyme, da beide Begriffe sich im deutschen Sprachgebrauch auf ethnisch-sprachliche Gemeinschaften („Völker") beziehen. Man sollte aber im Auge behalten, daß z.B. in England und Frank-

reich unter „Nation" zumeist die Bevölkerung eines Staates verstanden wird. Dazu ausführlicher ROSDOLSKY 1978, S. 105-107.

3. Mindestens seit dem Ende des letzten Jahrhunderts bis zur Niederlage des Nationalsozialismus wurde die traditionale „erdverbundene" Heimat bewußt als Mythos propagiert. Dabei verwendete man, z.B. im schulischen Unterricht, Vorstellungen romantischer Künstler wie Ludwig Richter und Moritz v. Schwind.
4. Es wäre näher zu untersuchen welche qualitativen Veränderungen die Heimatliebe in urbanisierten Verhältnissen charakterisieren.
5. Zum Begriff der Brüderlichkeit in der frühen sozialistischen Bewegung siehe BARTHOLMES 1970, S. 81-93. TÖNNIES 1887, S. 9-12, sah in der (gemeinschaftlichen) Beziehung zwischen Brüdern eine „Gleichheit des Wesens und der Kräfte".
6. Man fühlt sich an Kosellecks „*asymmetrische Gegenbegriffe*" erinnert, d.h. binäre Begriffe mit universalem Anspruch, die die gesamte Menschheit in zwei auf ungleiche Weise konträre Gruppen teilen (z.B. „Über- und Untermenschen"). KOSELLECK 1979, S. 211- 212.
7. „Bei einem großen Teil derer, die im Felde tapfer stritten, war es gar nicht in erster Reihe das Nationalgefühl das sie bewegte, nämlich das Gefühl des Verbundenseins mit der ganzen Nation und ihrem Schicksal, sondern vielmehr das Heimatgefühl, d.h. das weit engere Gefühl des Verbundenseins mit einem bestimmten Heimatbezirk und seiner Bewohnerschaft; bei einem anderen Teil, auch der Arbeiterklasse, war es vor allem das Staatsgefühl, daß von der Machtstellung und der Weltgeltung des eigenen Staates, seinem Wirtschaftsleben und seinen politischen Einrichtungen, die Lebensstellung des eigenen Ich abhängt. Wer tiefer nachforscht, wird sehr häufig entdecken, daß gerade dieses Staatsgefühl, meist freilich in geringerem oder stärkerem Grade mit Heimats- und Nationalgefühl gemischt, viele Kämpfer beseelt hat" (CUNOW 1921, S. 31-32). In anderen Fällen war die Heimatliebe eher staatsfeindlich, wie separatistische Sozialbewegungen beweisen.
Ein interessantes Beispiel einer internationalistischen Politik auf Grund lokalpatriotischer Traditionen bildete vor 1914 die „korporative" Solidarität von Bergarbeitergemeinschaften in Wales, dem Ruhrgebiet und Nordfrankreich (MICHEL 1988).
8. Über den Nationalismus (Patriotismus) sagte der Schotte Nairn mit Recht: „Both progress and regress are inscribed in its genetic code from the start. This is a structural fact about it. And it is a fact to which there are no exceptions [...]. This ambiguity merely expresses the general historical *raison d'être* of the phenomenon. Which is the fact that it is through nationalism that societies try to propel themselves forward to certain kinds of goal (industrialization, prosperity, equality with other peoples, etc.) *by a certain sort of regression* – by looking inwards, drawing more deeply upon their indigenous sources, resurrecting past folk-heroes and myths about themselves and so on" (NAIRN 1975, S. 17-18).
9. Man sollte z.B. nicht vergessen, daß das in späterer Zeit so mißbrauchte Gedicht „Deutschland, Deutschland über alles ..." von dem *Demokraten* Hoffmann v. Fallersleben stammt.

Literatur

ANDERSON, Benedict (1983), Imagined Communities. London.
BARTHOLMES, Herbert (1970), Bruder, Bürger, Freund, Genosse und andere Wörter der sozialistischen Terminologie. Wuppertal.
CONZE, Werner / GROH, Dieter (1966), Die Arbeiterbewegung in der nationalen Bewegung. Die deutsche Sozialdemokratie vor, während und nach der Reichsgründung. Stuttgart.
CUNOW, Heinrich (1921), Die Marxsche Geschichts-, Gesellschafts- und Staatstheorie. Band II. Berlin.
EADE, J.C. (Hg.) (1983), Romantic Nationalism in Europe. Australian National University: Humanities Research Centre Monograph, No. 2.
FREI, Daniel (1983), The Politics of the Artificial Past. In: EADE 1983.
FRIEDEMANN, Peter / HÖLSCHER, Lucian (1982), Internationale, International, Internationalismus. In: Otto Brunner / Werner Conze / Reinhart Koselleck (Hg.), Geschichtliche Grundbegriffe. Historisches Lexikon zur politisch-sozialen Sprache in Deutschland, Band III. Stuttgart.
HERBST, Peter (1983), Myth as the Expression of Collective Consciousness in Romantic Nationalism. In: EADE 1983.
HOBSBAWM, Eric (1983), Mass-Producing Traditions: Europe, 1870-1914. In: Eric Hobsbawm und Terence Ranger (Hg.), The Invention of Tradition. Cambridge.
HOLTHOON, Frits van / LINDEN, Marcel van der (1988), Internationalism in the Labour Movement, 1830-1940. Leiden.
KOSELLECK, Reinhart (1979), Vergangene Zukunft. Zur Semantik geschichtlicher Zeiten. Frankfurt/M.
KRISCHE, Paul (1918), Heimat! Grundsätzliches zur Gemeinschaft von Scholle und Mensch. Berlin.
LINDEN, Marcel van der (1988), The National Integration of European Working Classes (1871-1914). In: International Review of Social History, Jg. 33.
MERGNER, Gottfried (1988), Solidarität mit den „Wilden"? In: van HOLTHOON und van der LINDEN (1988).
MICHEL, Joël (1988), Corporatisme et internationalisme chez les mineurs Européens avant 1914. In: van HOLTHOON und van der LINDEN (1988).
MICHELS, Robert (1929), Der Patriotismus. Prolegomena zu einer soziologischen Analyse. München und Leipzig.
NAIRN, Tom (1975), The Modern Janus. In: New Left Review, No. 94.
NAIRN, Tom (1979), Das Elend des Internationalismus. In: Kursbuch, No. 57.
NIPPERDEY, THOMAS (1983), In Search of Identity: Romantic Nationalism, its Intellectual, Political and Social Background. In: EADE 1983.
NISBET, Robert (1970), The Sociological Tradition. London.
ROSDOLSKY, Roman (1978), Die Arbeiter und das Vaterland. In: Die Internationale, No. 12.
SINOWJEW, G. (1924), Der Krieg und die Krise des Sozialismus. Wien.
STEPUN, Fedor (1950-51), Heimat und Fremde. In: Kölner Zeitschrift für Soziologie, Jg. 3.
TÖNNIES, Ferdinand (1887), Gemeinschaft und Gesellschaft. Leipzig.

Gottfried Mergner

Frühe Kritik von »Links« am sowjetrussischen Zentralismus

1. Problemformulierung

72 Jahre *realer Sozialismus* haben das Problem nicht lösen können, wie die »realen« Menschen für die reale sozialistische Gesellschaft und ihre Politik motiviert werden können. Natürlich gibt es motivierte sozialistische Menschen: Doch diese sind entweder die direkten Nutznießer des Systems wie z. B. die Bürokraten, die Militärs und die Funktionäre oder sie stehen in einem kritischen bis ablehnenden Verhältnis zur herrschenden sozialistischen Realität. Ich will hier nicht differenzierter auf die Alltagssituation der (ehemals?) sozialistischen Länder eingehen. Ich will auch nicht die möglichen äußeren Ursachen für die Ablehnung der sozialistischen Politik analysieren: wie zum Beispiel der ökonomische, politische und militärische Außendruck, Kriegseinwirkungen und die noch fortdauernde Anpassungsfähigkeit der kapitalistischen Gesellschaftsordnung oder die Aufteilung der Welt in arme und reiche Länder. Ich stelle vereinfachend fest, daß in den realsozialistischen Ländern in Zeiten ökonomischer Krisen drei Tatsachen unübersehbar werden:

1. Der reale Sozialismus hat bislang noch keine alternative Motivierung seiner Menschen entwickelt und verwirklicht. Die kapitalistischen Gesellschaften verfügen in Krisenzeiten immer noch über die besseren Motivierung-Strategien (in diesen Zusammenhang muß an den Nationalismus und auch an den Faschismus erinnert werden), abgesehen von der Legitimation und dem funktionierenden Manipulationsapparat, auf dem der Kapitalismus in „normalen" Zeiten basiert.

2. Der reale Sozialismus hat bislang noch keine gesellschaftlichen »Utopien« entwickelt und verwirklicht, die mit den Ideologien der »sozialen Marktwirtschaft« konkurrieren könnten. Der Begriff der »Freiheit« blieb daher weiter an die Phantasien des Marktes und des Geldes gebunden

3. Der reale Sozialismus hat bislang die Spannung zwischen regionaler Erfahrungswelt und zentraler Vernunft nicht lösen können. Ebensowenig hat er für die drängenden gesellschaftlichen Überlebensfragen akzeptable und kreative Lösungen entwickelt. (Energieversorgung, Mobilität, Ökologie, Internationale Solidarität.)

Es stellt sich daher die Frage, ob dieses Versagen vorhersehbar und dadurch vermeidbar gewesen ist. Anders formuliert: Ich frage mich, ob Teile der marxistisch geschulten und politisch engagierten SozialistInnen oder KommunistInnen diese Probleme vorab gesehen und theoretisch reflektiert haben und daher rechtzeitig auf Grund ihrer Analysen vor den eingetretenen Entwicklungen des realen Sozialismus gewarnt haben.

Dies ist aus zwei Gründen wichtig:

1. Es stellt sich heute wieder völlig neu und diesmal gefährlich grundsätzlich die Frage, ob der oder die sozialistischen Gesellschaftsentwürfe und die zur Verfügung stehenden linken analythischen Instrumente überhaupt etwas zur Verbesserung der Gesellschaft und zur Lösung der Menschheitsprobleme beitragen konnten oder können.

2. Es stellt sich die Frage, ob radikal »Links« und »Rechts« indentischen Sachzwangskonstellationen entsprechen, d.h. beide pathologischer Natur sind und als solche „erledigt" werden müssen?

Ein riesiger, weltweiter Probagandafeldzug in den kapitalistischen Metropolen und das tagtägliche Schauspiel der bankrotten realsozialistischen Systeme erzwingen den selbstkritischen Blick zurück auf die Geschichte der *sozialistischen Widerstandsbewegungen*: Gibt es vergessene, verdrängte, unterdrückte, sozialistische oder gar kommunistische Konzepte, die sich gegen die herrschende sozialistische Realität kritisch gewandt haben oder wendeten, ohne nur liberale oder marktwirtschaftliche, nationalistische oder sozialdemokratische Denkrichtungen variiert zu haben oder „bloß" unrealistische Hirngespinste gewesen zu sein. In der Vergangenheit wurde innerhalb der Linken – hinter Lager-Grenzen verbarrikadiert (Negt/Kluge 1972) – um den „rechten Weg" mit allen Mitteln gekämpft. Der Anspruch, Recht zu haben, erlaubte untereinander jede Gemeinheit, Hinterhältigkeit und Brutalität. Die zurechtgeschminkte Fratze des Gegners wurde oft zur Passform für das eigene Gesicht und die Rechthaberei zur alleinigen sozialistischen Tugend. Trotzdem ist die Geschichte des Sozialismus reich an vergessenen oder gewaltsam beseitigten Konzepten, Antworten und Ideen, die mit dem bloßen Hinweis auf die herabgekommen realsozialistischen Systeme noch längst nicht „erledigt" sind und die heute neu in die Diskussion eingebracht werden können und – wie ich meine – eingebracht werden müssen.

2. Rosa Luxemburg (1871-1919): Kritik der russischen Revolution

Die früheste Auseinandersetzung mit der Realität der russischen Revolution stammt von Rosa Luxemburg. Sie verfasste sie 1918 im Gefängnis. Es ist der Versuch einer parteiischen Kritik: „Es ist klar, daß nicht kritikloses Apologetentum, sondern nur eingehende nachdenkliche Kritik imstande ist, die Schätze der Erfahrungen und Lehren zu heben." (R.L.: Schriften, S. 164) Ihre zentrale Fragestellung in diesem kurzen Aufsatz lautet: Wie ist der Idealismus der Massen zu erhalten und zu fördern, ohne in historisch schon überholte Fehler zu verfallen. In ihrer Analyse kritisiert sie vor allem drei Punkte an der bolschewistischen Politik:

1. Die opportunistische „Rückkehr" Lenins zur Devise der nationalen Selbstbestimmung;

2. die historisch falsche Verteilung des Großgrundbesitzes an die Bauern;

3. den Abbau demokratischer Strukturen und Prinzipien unter der diktatorischen Führung einer intellektuellen Parteielite.

Alle drei Problembereiche hängen für Rosa Luxemburg eng zusammen. An allen drei Bereichen zeigt sich für sie das Versagen der bolschewistischen Führung. In den beiden ersten Fragen würden Lenin und Trotzki machtopportunistisch auf veraltete Strukturen zurückgreifen und für ihren Machtausbau benutzen. Dies müsse drittens dazu führen, daß Terror und bürokratische Kontrollen den Ausbau demokratischer Strukturen und die Eigeninitiative der Basis verdrängen würden. In der Politik Lenins und Trotzkis käme zum Ausdruck, daß sie kein Vertrauen in die Lern- und Begeisterungsfähigkeit der Bauern und Arbeiter hätten. Statt auf die Lernfähigkeit der arbeitenden Bevölkerung zu vertrauen, würden sie durch Rückgriffe auf veraltete Strukturen und durch Terror mögliche Lernprozesse verhindern. Damit gerieten sie in einen Teufelskreis: Immer mehr Terror und staatliche Kontrolle würden notwendig werden. Das Heilmittel, mit dem sie aus der Bedrohung durch den deutschen Imperialismus und aus dem Versagen der ererbten politischen Institutionen herauszukommen trachteten, sei noch schlimmer, als das Übel, dem es steuern solle: „es verschüttet nämlich den lebendigen Quell selbst, aus dem heraus alle angeborenen Unzulänglichkeiten der sozialen Institutionen allein korrigiert werden können. Das aktive, ungehemmte, energische politische Leben der breitesten Volksmassen." (R.L.: Schriften, S. 183)

Man kann ihrer Kritik vorwerfen, daß sie, statt konkrete Konzepte zu entwickeln, nur vorzuschlagen vermag, Vertrauen in die „syndikalistischen" Volksinstinkte zu setzen. Gerade diesen aber mißtraute Lenin völlig. Rosa

Luxemburg dagegen setzte ihre ganze sozialistische Hoffnung auf die Lernfähigkeit der befreiten Bevölkerung und auf die *demokratische Selbstregulierung* im revolutionären Prozeß. Ja ohne diese „Utopie" würde eine sozialistische Revolution für sie keinerlei Sinn machen. Deshalb fordert sie eine „freie, ungehemmte Presse", ungehindertes Vereins- und Versammlungsleben", Streikrechte, freie Delegiertenwahl- und Abwahl. Der Sozialismus sei nicht mit Programmen – von oben nach unten – zu verwirklichen, Sozialisten wüßten nur, was sie abschaffen wollten. „Das sozialistische Gesellschaftssystem soll und kann nur ein geschichtliches Produkt sein, geboren aus der eigenen Schule der Erfahrung, in der Stunde der Erfüllung, aus dem Werden der lebendigen Geschichte, die genau wie die organische Natur, deren Teil sie letztlich ist, die schöne Gepflogenheit hat, zusammen mit einem wirklichen gesellschaftlichen Bedürfnis stets auch die Mittel zu seiner Befriedigung, mit der Aufgabe zugleich die Lösung hervorzubringen." (...)" Das Negative, den Abbau, kann man dekretieren, den Aufbau, das Positive nicht. Neuland. Tausend Probleme. Nur Erfahrung ist imstande zu korrigieren und neue Wege zu eröffnen. Nur ungehemmt schäumendes Leben verfällt auf tausend neue Formen, Improvisationen, erhellt schöpferische Kraft, korrigiert selbst alle Fehlgriffe. Das öffentliche Leben der Staaten mit beschränkter Freiheit ist eben deshalb so dürftig, so armselig, so schematisch, so unfruchtbar, weil es sich durch Ausschließung der Demokratie die lebendigen Quellen allen geistigen Reichtums und Fortschritts absperrt." Daher sei unbedingte öffentliche Kontrolle notwendig. „Der einzige Weg zur Wiedergeburt ist die Schule des öffentlichen Lebens selbst, uneingeschränkte breiteste Demokratie, öffentliche Meinung. Gerade die Schreckensherrschaft demoralisiert." (R.L.: Schriften, S. 187 f.)

Das Experiment mit einer solchen radikalen sozialistischen Demokratie wurde bislang noch nirgends gewagt. Die Gründe dafür müssen heute neu diskutiert werden, zumal die Hoffnung auf das „Absterben des Staates" im Sozialismus hinfällig (Lenin) geworden ist. Ursachen liegen u.a. in dem Zeitdruck, unter dem die sozialistische Gesellschaften von Anfang an standen und in der Bedrohung von außen. Die vielen Lenins in aller sozialistischer Welt, mit ihrer Skeptik gegenüber den kreativen Kräften der Bevölkerung, bekamen immer wieder durch die Einmischungsversuche von außen neue Argumente für ihre Diktaturen, zumal eine wirksame internationale sozialistische Solidarität bislang in allen Fällen ausblieb. Wenn dann die sozialistischen Führer und Bürokraten erst mal fest im Sattel sassen, fielen ihnen das Vertrauen in „ihre Basis" und in demokratische Kontrollen genau so schwer, wie anderen Diktatoren.

3. Die russische Arbeiteropposition

Die Epoche von Lenin und Trotzki unterschied sich von der Stalin-Zeit. Damals waren wenigstens noch Diskussionen über den richtigen Weg und die geeigneten nächsten Maßnahmen in den Kreisen der Funktionäre und Bürokraten möglich. Diese Auseinandersetzungen im „inneren Kreis" beendigte die stalinistischen Eiszeit. Ein Ereignis einer zwar letztlich erfolglosen Diskussion um demokratische Konzepte in Sowjet-Rußland war (neben der betrügerischen Auseinandersetzung mit den »Sozialrevolutionären«) die »Gewerkschaftsdebatte« von 1920/21. Die Debatte wurde am 6. 11. 1920 durch Trotzki ausgelöst. Er provozierte die Gewerkschaften auf dem 5. *Allrussischen Gewerkschaftskongreß* mit der folgenden Position: Da Rußland nun ein Arbeiterstaat sei, müßten die Gewerkschaften ihre alte Funktion (Vertreterin der Interessen der Arbeiter gegenüber Industrie und Staat zu sein) aufgeben. Ihre neue Aufgabe sei es, die Arbeiter und die Arbeit so zu organisieren, daß der Produktivitätsfaktor Arbeit höchstmöglichst gesteigert werde. Dies könne nur auf dem Wege der Militarisierung der Arbeit erreicht werden. Die „anarchistische" Kontrolle der Gewerkschaften von der Basis aus müsse durch ein strenges, hierarchisches Führungsprinzip abgelöst werden.

Lenin widersprach Trotzki mit der Formel, die Gewerkschaften seien eher „Transformationsriemen": Sie müssten den Willen der politischen Führung nach unten vermitteln, aber auch die Unzufriedenheit der Basis an die Führung herantragen. Beiden Positionen widersprach nun eine Gruppe um Tomski und anderen Funktionären mit dem Namen »Arbeiteropposition«, die in Kollontai eine prominente Sprecherin fanden. Diese Gruppe wollte eine demokratische Führung von Wirtschaft und Politik von unten nach oben durch die gewerkschaftlich organisierten Arbeiter durchsetzen. Diese Forderung richtete sich auch gegen die»noch nicht industrialisierten Bauern. Ende 1921, mit der endgültigen Ausschaltung der Gewerkschaften aus der Wirtschaftsverwaltung (Resolution des ZK vom 28. 12. 1921) und der Einführung der »Neuen ökonomischen Politik« (NEP), wurde diese Diskussion diktatorisch abgebrochen.[1] Die bürokratische Erstarrung von Wirtschaft und Politik setzte sich ab da ungebremst und unkontrolliert »bis zu Stalin« fort.

Wie wollte die »Arbeiteropposition« ihr Ziel erreichen? Die Gewerkschaften sollten nach dem Räteprinzip organisiert werden, d.h. die Delegierten einer höheren Organisationseinheit sollten jederzeit durch den Beschluß der

---

1 Mit der NEP wurden bestimmte marktwirtschaftliche Komponenten in die Planwirtschaft integriert. Außerdem wurde auf diesem Parteitag die Fraktionsbildung in der bolschewistischen Partei verboten. Schon 1921 schlossen sich daher „marktwirtschaftliche" Reformen und die Liquidierung demokratischer Strukturen und Bewegungen im realen Sozialismus *nicht* aus.

unteren Einheit abgewählt werden können Ein weiteres Ziel war der Übergang von der Geldentlohnung zu einer umfassenden, betrieblich organisierten und kontrollierten Versorgung der Bevölkerung (z.b. beim Verkehr, bei der Nahrung, Schule, betriebseigene Krankenhäuser ect.).[2] Sie forderten die sofortige Industrialisierung der Landwirtschaft und die gewerkschaftliche Organisation der Bauern. Doch die wichtigste Forderung war:

„Das Abgehen vom derzeitigen System der bürokratischen Leitung der Wirtschaft, das die Eigeninitiative der werktätigen Massen nicht berücksichtigt, muß in organisierter Weise vor sich gehen und mit der Verstärkung der unteren Zellen der Gewerkschaften von den Fabrik-Arbeiterkomitees an aufwärts beginnen, und zwar mit dem Ziel, sie auf die unmittelbare Leitung der Wirtschaft vorzubereiten. Damit soll der erfolgreiche Übergang der Gewerkschaften von der jetzigen passiven Unterstützung der Volkswirtschaftsorgane zur aktiven bewußten, eigenständigen und schöpferischen Teilnahme an der Leitung der gesamten Wirtschaft des Landes gewährleistet werden." (Arbeiteropposition: S. 125) Lenin bekämpfte diese Forderungen, weil in ihnen die Abschaffung des Optionsprinzips, besser bekannt unter dem Begriff des »demokratischen Zentralismus« eingeschlossen war. Die Option der nachfolgenden Führungskader durch die vorgesetzte, herrschende Elite war ja die wichtigste „Erfindung" Lenins zur Machterhaltung der bolschewisitischen Kaderpartei und entsprach diret seinem Mißtrauen gegenüber der „syndikalistischen Beschränktheit der Massen". Die »Arbeiteropposition« vertraute dagegen – ähnlich wie Roas Luxemburg – auf die Lernfähigkeit der arbeitenden Bevölkerung. Dies konnte machtbewußte Zweckrationalisten wie Lenin und Trotzki kaum überzeugen. Die Schwäche der »Arbeiteropposition« war, daß sie sich selber nur aus Funktionären zusammensetzte. So wurden sie wie eine Fraktion innerhalb der Partei behandelt und aus den politischen Entscheidungsprozessen eleminiert.

4. Otto Rühles demokratische Utopie

Otto Rühle (1874-1943) soll hier als ein Beispiel für einen radikalen Außenseiterdenker der kommunistischen Bewegungen angeführt werden. Ihn beschäftigten seit seiner Radikalisierung über die sozialdemokratische Kriegspolitik (nach 1914) zwei Fragen:

---

2 Dieses Prinzip wurde in China teilweise verwirklicht.

Frühe Kritik von »Links« am sowjetrussischen Zentralismus

1. Warum ist es für die Regierungen leichter, die Arbeiter in den Krieg zu führen als für die revolutionären Kräfte die selben Arbeiter zur Revolution zu bringen?
2. Wie und was müssen die abhängigen und ausgebeuteten Menschen lernen, um endlich ihre eigenen Lebens-Interessen zu verfolgen und die Gesellschafts-Politik in die eigenen, kollektiven Hände zu nehmen? Was hindert sie in diesem Lernprozeß?

Damit stellt Rühle die Frage nach den geschichtlichen Bedingungen *politischer Autorität* und ihrer Aufhebbarkeit.

Er hat bei seinen Überlegungen von 1923 bis 1939 zwei Richtungen miteinander verbunden: Die Denktradition des Marxismus (vermischt mit den soziologischen Überlegungen von Müller-Leyer 1857-1916) und die *Individualpsychologie* Alfred Adlers (1870-1937).[3] Dabei ist Rühles Ansatz weder wegen seiner originellen Zukunftsentwürfe (er bleibt hier relativ bieder sozialdemokratisch) noch wegen seiner wissenschaftlichen Originalität interessant. Sein Verdienst ist es, wie das anderer Außenseiterdenker wie z.B. Pannekoeks (1873-1960) und Korschs (1889-1961), rechtzeitig auf die zentralen Probleme sozialistischer *Macht* hingewiesen zu haben. Jedes Gespräch mit einem ausgewanderten *DDR*-Bürger bestätigte diese frühen Einwände: Der SED war es in ihrer 40-jährigen Herrschaft z.B. nicht gelungen, die Phantasie, die Lebensentwürfe der Menschen für den Ausbau und die Gestaltung „ihrer" sozialistischen Gesellschaft zu gewinnen und die autoritäre Definitionsmacht der Partei abzubauen. Es konnte ihr nicht gelingen (nach Rühle), weil sie in Macht-opportunistischer Weise auf geschichtlich überholte Herrschafts-Rezepte zurückgegriffen habe. Um diesen Gedankengang von Rühle verständlich zu machen, zitiere ich aus dem 1939 abgeschlossenen Text »Roter und brauner Faschismus«.[4] Rühles zentrale These dort ist, daß zwischen der ideologischen Orientierung der Arbeiter und Arbeiterinnen und ihrer politischen Organisationsform ein enger Zusammenhang bestehe. Anders formuliert: „Die *Partei* jedoch ist im Grunde nicht eine Organisationsform des Proletariats, sondern der Bourgeoisie." (Rühle: Schriften, S. 26) Indem die geschichtlich überholte Organisationsform der Partei durch die Organisationen der Arbeiterbewegung beibehalten wurde und den proletarischen Interessen angepasst wurde, wurden drei Orientierungen konserviert, die jedes politische Lernen und jede politische Weiterentwicklung der arbeitenden Bevölkerung verhindert habe:

---

3 Alfred Adler war Schüler von S. Freud und hat sich von ihm vor allem über die Frage der kollektiven Lernmöglichkeiten getrennt.
4 Der provokative Titel basiert auf der Annahme, daß der im August 1939 abgeschlossene Stalin-Hitler-Pakt das konsequente Ergebnis der sowjet-russischen Entwicklung gewesen sei.

a. Die Menschen würden weiterhin autoritär auf ihre Führer fixiert bleiben. Damit würde ihre eigene Initiative, ihr utopisches Vermögen und ihre innovativen Fähigkeiten verkümmern.

b. Die Partei würde nur mit Hilfe einer Bürokratie funktionieren. „Ihr ganzer Apparat ist nach dem Vorbild des *bürgerlichen Staates* aufgebaut, autoritär zentralistisch, von oben nach unten wirkend, mit typischer Scheidung der Mitgliedschaft in zwei Klassen. Initiative, Befehlsgewalt und Rangüberlegenheit ist ausschließlich bei den Führern. Die Massen haben Befehle abzuwarten und entgegenzunehmen, nach Kommando einzuschwenken und zu manövrieren, das knet- und formbare Material in den Händen der Führer zu bilden. Sie empfangen fertige Parolen, lesen ihre von den Führern geschriebene Zeitungen, befolgen die von oben inaugurierten Beschlüsse, glauben an die von den Parteipriestern ausgelegte Wahrheit ihrer heiligen Schrift. So ist die Partei weltanschauliche Kirche und politischer Militarismus in einem, und wie diese zugleich Abbild des bürgerlichen Staatsapparats, in dem sich die technisch-organisatorische Vollendung des Bürokratismus manifestiert." (Rühle: Schriften, S. 26)

c. Anstelle einer kollektiven, gemeinsamen neuen sozialistischen Kultur, in der die Bedürfnisse und die Sehnsüchte der Menschen einen neuen Ausdruck finden können, würden die aktiven und engagierten Menschen sich am überholten bürgerlichen Individualismus orientieren. „So blieb dem individualistischen Menschen nur ein einziges Gebiet, auf dem er zum Bewußtsein und Erlebnis seiner Persönlichkeit kommen konnte: die Partei." (ebd. S.30) Dies würde die Entwicklung einer neuen Kaste fördern, die sich unentbehrlich machen würde und jede Konkurrenz schon im Vorfeld zu liquidieren bereit sei. Statt „Räte" – „Partei", statt „Selbstverwaltung" – „Bürokratie" und statt „Kollektivität" – „Opportunismus" und „Karrieretum".

Die Lösung liegt für Rühle in der konsequenten Entwicklung neuer, demokratischer, antiautoritärer Organisationsformen, die er im *Rätemodell* sah. Das ungelöste Problem seiner Analyse ist, daß er letztlich resigniert auf den „Zuchtmeister" Geschichte vertrauen muß, da sich seine Analyse im Zirkel der geschichtlichen Notwendigkeiten verfängt. Denn wer soll die verführten und autoritär verblendeten arbeitenden Menschen dazu bringen, endlich ihr eigenes Geschick selbstorganisiert und eigenbestimmt in die Hand zu nehmen, wenn ihre traditionellen, selbstgewählten Organisationen im Kampf um die Macht im Opportunismus stecken bleiben und die Basis ihren Manipulationen und Machenschaften erliegt? Rühles letzte Hoffnung 1939 ist, daß der Faschismus zum geschichtlichen Zuchtmeister werde, der die Arbeiter zu sich selbst zwinge.

5. Gruppe Internationale Kommunisten Hollands (GIKH)

An der Frage der Durchbrechung der geschichtlichen Kontinuität machtopportunistischer Organisationen arbeitete theoretisch die kleine Splittergruppe der GIKH. Ihre wichtigsten Schriften dazu waren: Intelligenz und Klassenkampf und: Grundprinzipien kommunistischer Produktion und Verteilung. Der deutsche Schiffsbauer und Linkskommunist Jan Appel (1890-1988) und der niederländische Lehrer Henk Canne Meijer (1890-1962) kamen 1925 über ein Manuskript zusammen, das Appel im Gefängnis verfaßt hatte. Aus diesem Manuskript entstand nach langen Diskussionen die Schrift »Grundprinzipien ...« (s.o.). Appel saß wegen Schiffsraub ein. Er hatte ein Schiff geraubt, um im März 1920 als Delegierter der linksradikalen Kommunistischen Arbeiterpartei (KAP) zum 2. Kongreß der 3. Internationalen nach Moskau zu gelangen, wo unter der Führung Lenins gerade mit diesen Linkskommunisten abgerechnet wurde. In seiner Schrift versuchte Appel die Frage für sich zu beantworten, ob ein anderer nichtbolschewistischer Weg zum *Sozialismus* möglich sei. Er wollte dazu die Selbstinitiative der arbeitenden Menschen mit einer objektiven, neutralen, gesellschaftlichen Gesamtrechnung verbinden. Er beantwortete die Frage mit einem originellen Rückgriff auf die Theorie der gesellschaftlich-durchschnittlichen Arbeitszeit bei Marx. Es ist hier nicht der Ort, diese Konzeption zu diskutieren. In unserem Zusammenhang ist es interessant, daß Appel den Widerspruch von gesellschaftlicher Gesamtrechnung und Eigeninitiative der Basis überhaupt gesehen und zum zentralen Problem einer sozialistischen Gesellschaftsordnung gemacht hat. Seine damals gefundene Lösung faszinierte schon Anton Pannekoek und noch 1970 den in die USA emigrierten Paul Mattick, den wichtigsten Schüler von Karl Korsch.[5] Die Quintessenz dieser Konzeption ist ein Rechnungswesen, daß der regionalen Basis objektive gesamtgesellschaftliche Rahmendaten liefert – ohne sie über einen politischen und ökonomischen Entscheidungs-Zentralismus zu beeinflussen und zu manipulieren. Heute im Zeitalter der Großrechner verliert diese Idee viel von ihrem utopischen Charakter. Es ist in der Tat vorstellbar, daß die Initiativen der Basis und eine gesamtgesellschaftliche Rechnung politisch neutral miteinander verbunden werden könnten. „Grundlage dieser Untersuchungen ist die Annahme, daß bei Übernahme der Macht die Produktionsmittel in den Händen der Betriebsorganisationen sind. Die Stärke der kommunistischen Gesinnung, welche wieder mit der klaren Einsicht, was mit den Produktionsmitteln anzufangen ist, zusammenhängt, wird bestimmen, ob sie auch behalten werden. Setzen sie sich nicht durch, dann kommt es zum

---

5 Jan Appel habe ich 1973 in Maastrich getroffen. Er ist ein Tüftler geblieben. Voller Stolz zeigte er mir eine von ihm verbesserte Form des Wankel-Motors, der mit einer sehr geringen Benzinmenge auskommen könne.

Staatskommunismus, welcher seine hoffnungslosen Versuche zur planmäßigen Produktion nur auf dem Rücken der Arbeiter ausprobieren kann." Die Schrift wendet sich auch gegen den *Syndikalismus* (Modell Jugoslawien!), da dieser zur Beibehaltung des Geldverkehrs und damit zur Rückkehr zum Kapitalismus führen müsse. „Der Schwerpunkt einer proletarischen Revolution liegt darin, ein exaktes Verhältnis des Produzenten zum Produkt herzustellen." (GIKH: Reinbek 1971, S.111)

6. Resümee

Heute, bei dem offenen Bankrott real-sozialistischer Konzepte, führt die Rückbesinnung auf frühe, linke Kritiken an diesen Konzepten zur Revitalisierung *sozialistischer Utopien* – ohne dogmatische Denkverbote. Denn diese Diskussionen sind heute notwendigerweise offener und allgemeiner. Sektenbildungen entlarven sich heute schnell. Die Zeiten der Verschwörergemeinschaften und eschatologische Splittergruppen sind (hoffentlich) vorbei. Umso wichtiger ist es, sich der vielfältigen und wertvollen Traditionen der sozialistischen Widerstands-Geschichte bewußt zu werden. Die Tatsache, daß es von Anfang an von Links kritische Stimmen gegen den *Staats-Sozialismus* leninistischer Prägung gegeben hat, gehört in die aktuelle Diskussion um die Lösung der globalen Menschheitsfragen. Denn diese Stimmen haben die Fragen nach den Bedingungen für die Freiheit, nach den geschichtlichen Perspektiven der Subjekte und nach den demokratischen Regelungen des gesellschaftlichen Lebens zum Mittelpunkt ihrer Überlegungen und ihres politischen Lebens, Kämpfens und Leidens gemacht.

Über das hier Angedeutete hinaus wäre es auch noch wichtig, den Traditionen nachzugehen, die Kinder-Frage, die Frauenemanzipation, die Frage nach den gesellschaftlichen Außenseitern und vor allem die Frage nach der internationalen Solidarität in die Diskussion um eine lebenswerte, dem Kapitalismus überlegene gesellschaftliche Ordnung eingebracht haben. Auf jeden Fall muß deutlich werden, daß die Rückgriffe auf kulturelle, nationale, politische oder gar gruppen-esoterischen Zwangsgemeinschaften (wie sie heute wieder reaktualisiert werden) die Probleme einer lebenswerten, hoffnungsträchtigen Gemeinschaft nicht lösen können. Es ist das tragische Ergebnis der vergangenen realsozialistischen Machtkämpfe und der Siege der macht-opportunistischer Parteiführungen, daß heute in den ehemaligen realsozialistischen Ländern Nationalismus, Rassismus, religiöse Ideologien und Gruppenegoismus attraktiver sind, als die Vielfalt der kommunistischen Konzepte und Utopien, die in der Vergangenheit blutig liquidiert worden sind.

Literatur

Mergner, Gottfried, Arbeiterbewegung und Intelligenz. Die politische Pädagogik Otto Rühles. Starnberg 1973.
Luxemburg, Rosa: Schriften zur Spontanität (Hrsg.: Hillmann, Susanne) In: Texte des Sozialismus und Anarchismus 1800-1950. Reinbek 1970.
Die russische Arbeiteropposition: Die Gewerkschaften in der Revolution. (Hrsg. und einglt.: Mergner, Gottfried) In: Texte des Sozialismus und Anarchismus 1800-1950. Reinbek 1972.
Rühle, Otto: Schriften. Perspektiven einer Revolution in hochindustrialisierten Ländern.(Hrsg.: Mergner, Gottfried) In: Texte des Sozialismus und Anarchismus 1800-1950. Reinbek 1971.
Gruppe Internationale Kommunisten Hollands: Grundprinzipien kommunistischer Produktion und Verteilung. Intelligenz im Klassenkampf und andere Schriften. (Hrsg.: Mergner, Gottfried) In: Texte des Sozialismus und Anarchismus 1800-1950. Reinbek 1971.
Negt, Oskar; Kluge, Alexander: Öffentlichkeit und Erfahrung. Zur Organisationsanalyse von bürgerlicher und proletarischer Öffentlichkeit. Frankfurt/Main 1972

Siegfried Grubitzsch

Psychologie: fern der Heimat – nah dem Menschen

Wer wie ich Psychologe ist, interessiert sich angesichts eines Workshop-Kongresses zum Thema „Heimat", zumal als Mitinitiator der Veranstaltung, auch dafür, was denn PsychologInnen eigentlich zu diesem Thema bislang zu sagen wußten. Voller Erwartungen begab ich mich also auf die Suche. Je länger ich allerdings die Bibliographie der deutschen Zeitschriftenliteratur ab 1896 durchforstete, um so enttäuschter wurde ich. Denn ich fand beim besten Willen keine einschlägigen Publikationen von (mir bekannten) Altvorderen aus *Psychologie* oder Psychiatrie. Allein Pädagogen gaben zu erkennen, daß ihnen die Heimat auch wissenschaftlich am Herzen lag. Erstmals finde ich 1923 einen von STIEGLITZ und HUTH verfaßten Artikel zur „Psychologie der Heimaterziehung". HUTH schreibt 1924 über „Heimatgefühl" im Buch „Lehrer und Heimatpflege", herausgegeben von BURCKHARDT. So oder ähnlich lauten die Titel einschlägiger Publikationen; schließlich wird über „Heimat oder Rasse", über „Heimat und Familie im Lichte der Eugenik" und über den „(Im) Kampf um die Seele der Heimat" (1930) geschrieben. Angesichts der Inhalte dieser Arbeiten weiß man nicht, ob man lachen oder weinen soll, auch wenn sie den Zeitgeist widerspiegeln. Lachen, weil endlich einmal PsychologInnen nicht in den ersten Reihen einer schließlich menschenvernichtenden Ideologieproduktion standen. Weinen, weil sie es wieder einmal nicht geschafft haben, sozialen, politischen oder kulturellen Entwicklungen ins Auge zu sehen, deren Folgewirkungen von unglaublicher Menschenverachtung waren.

Es lohnt sich, noch einige Worte hinsichtlich meiner Literatursuche zu verlieren. Mir genügte die inhaltliche Feststellung zwar, daß Psychologen über „Heimat" kein Wort zu verlieren scheinen. Wäre ich Formalist, hätten mich andere Sachverhalte bei dieser Suche mehr fasziniert, als sie nur am Rande zur Kenntnis zu nehmen: Mit dem Zentimeter-Maß die Länge des Schlagworts „Heimat" vermessen und in einem Achsenkreuz zu Papier gebracht, hätte eine aufsteigende Kurve ergeben, die 1941/42 rapide auf ein Zehntel des Ausmaßes vom Ende der 30iger Jahre abfällt. 1943 taucht „Heimat" als eigenständiges Schlagwort gar nicht mehr auf, 1944 umfaßt es 5 Zeilen, 1947/48 noch ganze 3 um 1948 einen qualitativen Sprung zu erkennen zu geben: Statt „Heimatschutz", „Heimatschutz = Volksschutz", „Heimat und

Volk", heißt es nun: „Heimat und Demokratie", „Im Dienste der Heimat", „Zur neuen Wertung der Heimat" oder „Wir erarbeiten uns die Heimat". „Die Heimat im Sandkasten" wird aktuell wie „Das Kind und die Heimat". Das Schlagwort „Heimkehrer" tritt in den Blick, zunächst eine halbe Spalte umfassend; 1949 und 1950 mehr als eine und nach der bereits konstatierten Durststrecke hat die „Heimat" 1950 bereits wieder 20 Zeilen Umfang. „Recht auf Heimat", „Tag der Heimat", „Vertriebene und Heimat" mit Autoren wie HEUSS, SCHRÖDER oder ADENAUER. Und die PsychologInnen? Fern der Heimat! Wo doch 1960 „Heimatpolitik...deutsche Pflicht" wird, über „Der liebe Gott und die Heimat" nachgedacht wird, die Heimat „...Spiegel der Seele" wird und niemand „...die Heimat lassen..." soll, die doch „...Kraftquell des Volkes ..." sei.

Am Ende stellt sich mir die Frage: Warum haben die PsychologInnen zum Thema „Heimat" keinen Zugang gefunden; war sie ihnen gleichgültig? Da läßt sich viel spekulieren und wäre eine dezidierte Forschungsarbeit angesagt. Ich wage mich dennoch einmal in dieses Niemandsland vor und formuliere die These: In den zurückliegenden Jahrzehnten vor allem haben deutsche PsychologInnen und PsychiaterInnen ihre Aufmerksamkeit primär den vereinzelten Einzelnen, den Menschen als Monade, den Individuen eben, aber auch den *kranken Individuen*, den Verrückten oder Therapiebedürftigen zugewandt und weniger den *Verhältnissen*, in denen sie leben oder krank geworden sind. Den Blick über den Tellerrand hinaus wagten die Experten immer nur dort, wo sie von der Frage geleitet wurden, weshalb eine Person mit ihren Lebensumständen und den Verlockungen des Alltags nicht zurecht kam. Welche charakterlichen Voraussetzungen also fehlen diesen, weshalb sie abweichend von anderen Menschen alkoholabhängig, psychotisch oder kriminell geworden sind? Den Verführungen der Großstadt, dem Alkohol, der Prostitution, der Arbeitsverweigerung oder der Genußsucht unterliegen stets die Schwächsten, die Verweichlichten, die Willensschwachen oder Haltlosen und die Entarteten. So jedenfalls frühere Erklärungsansätze. Mit diesen organisch, genetisch oder triebtheoretisch argumentierenden Theorien ist zwar bis heute nicht gebrochen worden. Aber wo neue Sichtweisen auftauchten, haben sie eines mit den alten gemeinsam: ihre *individualisierende Orientierung*. In diesem Sinne wurde auch die Beschäftigung mit „Heimat" als eher soziologisches Thema randständig bzw. mittelbar. Nämlich in Form von in die Betrachtung der „Einzelschicksale" einfließenden undiskutierten gesellschaftlichen Normen. Zum Beispiel in der Variante des Heimat-Gefühls, das wir gefälligst haben sollen. Kinder sollen nicht weglaufen von zu Hause; Erwachsene sollen nicht ruhelos und mittellos übers Land streichen. Und wer dieser Norm nicht entspricht, ist eben nicht im Vollbesitz seiner psychischen Stabilität bzw. mit Erbanlagen belastet, „.... die sie an der ‚Erreichung der allgemeinen Lebensziele' hindern (KRAEPELIN nach GÜSE & SCHMACKE 1976, S. 143). In heutiger psychologischer Sicht: Sie sind nur

Psychologie: fern der Heimat - nah dem Menschen 223

zu „evasiven (ausweichenden, S.G.) Konfliktlösungsstrategien" fähig (WICKERT & HELMES 1983, S. 14), die Erwachsene „nichtseßhaft" werden lassen. Moderne Soziologen sehen Nichtseßhafte als kommunikationsgestört; konstatieren eine „pathologische Interaktion" (v. KAYSERLINGK 1978, S. 13). Also müssen sich die Betreffenden nicht wundern, als abweichend, anormal, oder krank beurteilt zu werden und in dieser Eigenschaft ausgegrenzt, diskriminiert, behandelt und verfolgt zu werden. Schon 1854 entsteht in Bonn zur Bekämpfung der *„Nichtseßhaftigkeit"* (ein Begriff übrigens aus der Nazi-Ära) die erste „Herberge zur Heimat" und verschwören sich BODELSCHWINGH und andere, daß „...wir die Leute nicht nur betreuen und versorgen...", sondern auch „...in Zucht und Ordnung halten...", „...ihre Ehre (?, S.G.) wiederherstellen..." (nach KLEE 1979, S. 28). Nach 1933 werden – wie bekannt – viele Parasiten der Landstraße, „Volksschädlinge", Arbeitsunwillige, „endgelöst", denn vor den „wandernden Bazillenherden", „vor deren moralischer Ansteckung unser Volk" sich schützen muß (KLEE a.a.O.,S.37), ist Vorsicht geboten.

Sie, die *Parias*, die heimatlosen Nomaden (RIEGER nach WOHNSITZ 1982, S. 251) rebellieren geradezu gegen das Verbleiben am Ort, weil Heimat kontrollierbar macht. „Mein Leben gehört mir – und niemand soll darüber bestimmen, sich da reinmischen oder darin herumpfuschen" (RIEGER a.a.O.). So sind sie ständig auf der Flucht und können doch der Definitionsgewalt der Obrigkeit nur zeitweise entrinnen.

Im Randgruppenbericht der Bundesregierung (1976) steht zu lesen: „Das sind Personen, die ohne gesicherte wirtschaftliche Lebensgrundlage umherziehen ... Kennzeichnend für diese Gruppe... ist nach einschlägigen Untersuchungen ihre völlige Bindungslosigkeit gegenüber ihrer Familie und ihrem Beruf und ihre Scheu, einer geregelten Arbeit nachzugehen. Sie entziehen sich den Regeln der Gesellschaft und leben in Wertvorstellungen, die ihnen die Gemeinschaftswidrigkeit ihrer Lebensformen nicht bewußt werden lassen und sie sogar glauben lassen, ihre Art zu leben sei die einzige dem Menschen wahrhaft gemäße" (ebd. S. 6).

Entsprechend sehen ihre Biographien aus: Landstraße, Polizeigewahrsam, Arbeitshaus, Psychiatrie, Landstraße (vgl. z.B. WOHNSITZ 1982, S. 103).

„R. Z., 62 Jahre. Intelligenz: gut. Charakter: gehässig, höhnisch, moralisch verflacht, kriminell, gewisse mitleidlose und schamlose Triebhaftigkeit, will auf jeden Fall weiterwandern, abnorm gemütlos. Körperlicher Befund: Gelenkrheumatismus"(zit. nach KLEE 1979, S. 33).

Das Beispiel ist entgegen dem Klang der Worte aktuell. Als hätte der sozialpsychiatrische Dienst, der dieses erst kürzlich abgefaßte Charakterbild zu Papier gebracht hat, bei Kurt SCHNEIDER (1923, 9. Aufl. 1950) abgeschrieben (noch heute Lehrbuch in der Psychiatrie), der allerdings das „Wandern" als Eigenschaft „stimmungslabiler Psychopathen", zu denen er auch die „Antisozialen" bzw. „Gesellschaftsfeinde" zählt, betrachtet und es nicht den „gemütlosen Psychopathen" als Eigenschaft zurechnet, wie manche heutige Sozialpsychiater. LANGE (1943) schreibt über poriomanische, also vom Wandertrieb Besessene: „In ihren Verstimmungen, vor allem in den gereiztnervös-ablehnenden, treibt es ... sie davon, aus ihren Stellen, aus ihrer Arbeit, von ihrer Familie fort auf die Landstraße, an andere Plätze. Die Hauptsache ist dabei nicht das Ziel, nicht das Wandern und Umherirren als solches, sondern der Drang ‚fort', das Getriebenwerden, die innere ziellose Spannung" (S. 160 f.). Nichtseßhaftigkeit, mithin Heimatlosigkeit wird von einem angeblichen „Wandertrieb" her definiert. Bei den Landstreichern sei nach STUMPFL (1939) „...der Geruch eines Holzfeuers, irgendein jahreszeitlich bedingtes Geräusch oder eine innere Gestimmtheit, vielleicht auch eine belanglose Begegnung, die bei uns allenfalls irgendeine Kindheitserinnerung schwach anklingen läßt, bei diesen Menschen Gefühle mit starken Feldeffekten erweckt, deren anziehende oder abstoßende Wirkung, Zug oder Druck etwas so Verlockendes oder Übermächtiges gewinnen kann, daß ihm unmittelbar nachgegeben wird" (S.128). Für GROTJAHN (1923) und andere (SCHULTZE 1903) ist der Wandertrieb zumeist auf eine angeborene Veranlagung zurückzuführen und im 70 Jahre später in der DDR erscheinenden Wörterbuch der Psychologie von CLAUSS u.a. (1976) wird unter Poriomanie eine „Triebstörung, ein unwiderstehlicher Wandertrieb" konstatiert. Wer keine Heimat nimmt, ist gehandicapt, ist krank, bedarf der Hilfe.

Die Einen werden kontrolliert, wenn sie keine Heimat wollen, die Anderen, wenn sie eine suchen. Und wieder sind die Psychologen mit von der Partie. Wieder an der Seite derjenigen, die meinen darüber befinden zu können, wer heimatfähig sei und wer nicht. Historiker unterscheiden zwei Perioden der Einwanderung in die USA: die zwischen 1830 und 1880 und jene, die „neue", im Zeitraum von 1882-1930. Waren es in alter Zeit die Schiffseigner, denen von verschiedenen Bundesstaaten Auflagen über die Verhältnisse an Bord bzw. auf den Zwischendecks gemacht wurden (Essen, Hygiene, Schlafplätze etc.), um das Wohlergehen der Passagiere und künftigen Arbeitskräfte bei der Überreise zu gewährleisten, wird in der zweiten Periode eine qualitative Änderung sichtbar: die menschliche Fracht selbst wird auf ihre Eignung bzw. Tauglichkeit hin, Heimat suchen zu dürfen, überprüft. 1875 zählten zu den „unerwünschten Fremden" „Tagelöhner, Sträflinge und Prostituierte". Es kamen hinzu „Irre und Schwachsinnige" (1882), „Epileptiker und Geisteskranke" (1903) sowie 1907 „Geistesschwache und Zurückgebliebene" (nach CHOROVER 1982, S.91). Die etwa ab 1885 sichtbare Verschiebung der ethnischen Zusammensetzung der *Einwanderer* zugunsten der Süd-Europäer begann die Einwanderungsgesetze und Ausführungsbestimmungen sichtlich zu beeinflussen. Eine Heimat sollte nicht jeder finden dürfen; sie mußten schon eine Gegenleistung erbringen. Und die wurde aufs Genaueste überprüft.

„Ist der Fremde am ersten Medizinalbeamten vorbei, der einen prüfenden Blick auf ihn wirft, tritt er ans Ende der Warteschlange, um von einem zweiten Beamten erneut

Psychologie: fern der Heimat - nah dem Menschen 225

kurz inspiziert zu werden. Dieser zweite Prüfer, der in der Amtssprache ‚das Prüfauge' (engl. ‚eye man') heißt, steht am Ende der Schlange mit dem Rücken zum Fenster und fixiert den herantretenden Fremdling. Indem er diese Position wählt, sorgt der Beamte für gute Lichtverhältnisse, was für eine Prüfung mittels Augenschein besonders wichtig ist. Der sich nähernde Fremde wird vom ‚Prüfauge' solange genau beobachtet, bis er unmittelbar vor ihm steht. Nun stellt ihm der Beamte eine oder zwei Fragen, um sich über den Geisteszustand des Einwanderers zu vergewissern. Vielleicht erkennt er ein geistiges oder körperliches Symptom, das dem ersten Prüfer entgangen ist" (MULLEN 1974, S. 51).

Zunächst handelten die Inspektoren aus bloßer Erfahrung, um die Einwanderer auf ihre Tauglichkeit hin zu untersuchen. Auch nur das kleinste Anzeichen einer möglichen geistigen oder *psychischen Erkrankung* genügte, eine zweite gründlichere Inspektion des Fremden vorzunehmen. Aus Gesichtsnarben, akneartigem Hautausschlag, Stumpfheit, Verwirrung, Unaufmerksamkeit, Verständnisschwierigkeiten, eifrigem oder abwesendem Gesichtsausdruck, Gehemmtheit, argwöhnischer Haltung, Unbeholfenheit oder Nägelkauen, Selbstgesprächen oder einfach nur Unordentlichkeit wurden geistige Mängel geschlossen. Die manische Psychose drückte sich in Anzeichen und Symptomen der folgenden Art aus: auffällige Kleidung, Redseligkeit, Witzelei, Schalkhaftigkeit, Neigung zur Ausführlichkeit, besonderer Scharfsinn, Eifer, Aufgeregtheit, Ungeduld in Wort oder Verhalten, Frechheit, Widerspenstigkeit, Flatterhaftigkeit, Nervosität, Unruhe, Egoismus, Lächeln, fröhlicher Gesichtsausdruck, Lachen, erotisches Verhalten, ungestüm, Einmischen in die Angelegenheiten anderer und ungewöhnliche Aktivität. Aus der Widersprüchlichkeit von vermuteter *Rassenzugehörigkeit* und gesichtetem Verhalten wurde im einem Fall „geistige Ausgeglichenheit", im anderen „depressive Psychose" (MULLEN 1974). Es dauerte nicht lange, daß an diesem Ort der Machtausübung Bemühungen sichtbar wurden, wissenschaftlich abgesicherte Legitimationen für die Selektion der Einwanderer zu erhalten. Machtwissen also konstituiert sich. Zunächst rassenbiologischer Qualität vor dem Hintergrund evolutionstheoretischer Betrachtungen. Der Afrikaner ist eben dem Tier näher als der Weiße. WHITEs Stufensystem etwa, daß sich auf Ästhetik und den Gesichtswinkel als Ausdruck geistiger Fähigkeiten von Menschen stützte. Die hohe Zahl an benötigten Arbeitskräften brachte es allerdings mit sich, nicht allzu anspruchsvoll bei der Auswahl der Einwanderer vorzugehen. Sichergestellt sein sollte jedoch, daß die Heimatsuchenden „intelligent genug waren, um schriftlichen und mündlichen Anweisungen Folge leisten zu können" (CHOROVER 1982, S. 101). Und diesbezüglich erwartete man von den Gesundheits- und Einwanderungsbehörden nun aber strengste Kontrollen, um „unerwünschte Fremde" aussondern zu können. Was also lag näher, Herrn Henry GODDARD, Konstrukteur einer der ersten *Intelligenztests* in den USA, aufzufordern, nach Ellis Island (New York) zu kommen, um dort sein Fachwissen einzusetzen. Und nachdem er seine Testverfahren auf die große Masse der Einwanderer angewendet hatte, stellte er fest, daß 83% der Juden, 80% der Ungarn, 79% der Italiener und 87% der Russen, die in die Vereinigten Staaten einwandern wollten, „Schwachsinnig" seien (GODDARD 1913, nach CHOROVER 1982, S. 101). Bald stieg die Zahl der wegen Schwachsinnigkeit zurückgewiesenen auf mehr als 350% und 1914 um 570% gegenüber 1912 an. Dem I. Weltkrieg geschuldet ist die Umorientierung solcher Massenuntersuchungen mit Hilfe von Intelligenztests auf Rekruten, wodurch allerdings ein Wissen geschaffen wird, daß seinerseits auf die Einwanderungsgesetzgebung zurückwirkt. Es wird nämlich in einem Kapitel des Forschungsberichts der Nationalen Akademie der Wissenschaften, herausgegeben von Colonel YERKES (1921), der Zusammenhang zwischen Intelligenzleistung (im Army Alpha-Test) und der Nationalität dargelegt. Darin sind es die Engländer, Schotten, Holländer, Deutschen (Rangplatz 1-4), die die Polen, Italiener, Russen, Griechen und Türken (Rangplatz 16-12) geistig weit überflügeln. Nun war klar, was die Stunde geschlagen hatte; es mußte quotiert werden. Der Ruf nach einer restriktiveren Einwanderungsgesetzgebung wurde nach Kriegsende laut. Und so brachte der amerikanische Kongreß 1917 die *Einwanderungspolitik* mit den Ergebnissen der modernen Intelligenzforschung in Einklang: „Personen mit konstitutioneller psychopathischer Unterlegenheit" waren abzuweisen. Eine numerische Quotenregelung wurde vorgenommen – längst nicht die letzte und einschneidenste dieser Art (CHOROVER, S. 104 f.). Es kam zu einer Allianz von Wissenschaftlern (Eugenikern) und Politikern. Die „*rassische Reinheit*" wurde zum obersten Gebot. BRIGHAM, der erste Empfänger eines Forschungsstipendiums vom Ausschuß wissenschaftlicher Probleme menschlicher Migration im National Research Council analysiert die umfangreichen Ergebnisse der Anwendungen der Army-Alpha und Army-Beta-Tests und kommt schließlich zu der Einsicht, daß die „Testergebnisse eine genuine intellektuelle Überlegenheit der nordischen Gruppe" anzeigen. 1924 wurde auf der Basis dieser Analyse das Johnson-Lodge-Gesetz verabschiedet, in dem nationale Einwanderungsquoten festgesetzt wurden. Slawische, semitische, mediterane und alpine Bevölkerungsgruppen waren es, die nur 10 Jahre später zur Hauptzielscheibe der deutschen eugenischen Maßnahmen wurden. Ihr Weg in die USA endete aber massenweise an der Quotierung. „Die Intelligenztester halfen so mit, das Schicksal von Millionen Menschen zu besiegeln, die dem Völkermord durch die Nazis zum Opfer fielen" (CHOROVER 1982, S. 114).

Eine entsetzliche Tatsache, die die Heimatsuchenden und Heimatächtenden zugleich traf. Schreckliche Entgleisungen, die nicht wieder vorkommen dürfen, bekommt man zur Antwort. Zweifellos. Nur: Welche wissenschaftlichen Versäumnisse haben zu diesen Tatsachen geführt? Es sind die gleichen, deretwegen sich Psychologen mit sozialen oder politischen Aspekten ihrer Tätigkeit aus Gründen wissenschaftlicher Randständigkeit bzw. dem Gebot wissenschaftlicher Neutralität meinen, nicht beschäftigen zu müssen oder zu dürfen. Ein systematisches Resultat einer spezifischen psychologischen Herangehensweise an die Analyse menschlichen Verhaltens. „Den Landstreicher als Individuum und die Beziehungen zwischen seinem angeborenen oder erworbenen Defekt und seiner antisozialen Lebensführung zu studieren" (WILLMANNS 1903), geht bereits von den gestörten sozialen Beziehungen der Menschen aus, statt nach ihren Gründen zu suchen. Nicht die Eingebundenheit des Menschen in von Menschen selbst geschaffene gesellschaftliche Strukturen ist der Ausgangspunkt herkömmlicher Betrachtung und Behandlung individueller Verhaltensweisen, sondern die Trennung von Mensch und Umwelt, von *Individuum und Gesellschaft*. Krank, gestört, anormal ist, wer mit diesen vorgefundenen Lebensumständen nicht fertig wird, weshalb korrigiert, therapiert oder interniert werden muß. Behandlung und Veränderung verlangt man den Subjekten ab, nicht den Verhältnissen, die die Poriomanie, den Schwachsinn oder die Heimatlosigkeit erst erzeugt haben. In diesem Sinne klammert Psychologie die Politik und das Soziale aus und werden die Opfer der Politik zu ihren Verursachern. Psychologie folglich: fern der Heimat – nah dem Menschen, zu nah.

Literatur

BIBLIOGRAPHIE der Deutschen Zeitschriftenliteratur (seit 1896). Hg.: F. Dietrich. Leipzig (Kraus-Reprint: New York 1961)
BUNDESMINISTERIUM für Jugend, Familie und Gesundheit (Hg.) (1976), Bericht über die Eingliederung von Personen mit besonderen sozialen Schwierigkeiten. Bonn
CHOROVER, S. L. (1982), Die Zurichtung des Menschen. Frankfurt/M.: Campus
CLAUSS, G. (Hg.) (1976). Wörterbuch der Psychologie. Leipzig: VEB Bibliographisches Institut
GROTJAHN, A. (1923). Soziale Pathologie. Berlin: Springer
GÜSE, H.- G. / SCHMACKE, N. (1976). Psychiatrie zwischen bürgerlicher Revolution und Faschismus. 2 Bd. Kronberg: Athenäum
HUTH, A. (1924). Heimatgefühl. In: Burckhardt, F. (Hg.), Lehrer und Heimatpflege. Langensalza: Beltz
KAYSERLINGK, A. v. (1978). Klient und Betreuer in der ambulanten Hilfe. In: Gefährdetenhilfe, 1
KLEE, E. (1979). Pennbrüder und Stadtstreicher. Frankfurt/M.: Fischer
LANGE, J. (1943). Lehrbuch der Psychiatrie. Leipzig: Thieme
MULLEN, E.H. (1974). Mental Examination of Immigrants: Administration and Line Inspections at Ellis Island. In: Feldstein, S. (Hg.), The Ordeal of Assimilation. New York: Garden City
SCHNEIDER, K. (1950). Die psychopathischen Persönlichkeiten (9. Aufl.). Wien: Deuticke
SCHULTZE, E. (1903). Über krankhaften Wandertrieb. In: Allgemeine Zeitschrift für Psychiatrie und psychisch-gerichtliche Medicin, 6, S. 795-832

STIEGLITZ, H. / HUTH, A. (1923). Psychologie der Heimaterziehung. In: Zeitschrift für Schulreform, II, S. 184 ff.
STUMPFL, F. (1939). Handwörterbuch der Kriminologie, Stichwort: Asozialität
WICKERT, J. / HELMES, D. (1983). Zur Persönlichkeit des Nichtseßhaften. Forschungsbericht Bd. III. Stuttgart
WILMANNS, K. (1906). Zur Psychopathologie des Landstreichers. Leipzig
WOHNSITZ NIRGENDWO (1982). Künstlerhaus Bethanien (Hg.). Berlin: Fröhlich & Kaufmann

Georg Jäger und Bernd Krewer

Kulturelle Identität und die subjektive Verarbeitung historischer Ereignisse

Unsere Arbeiten zur *kulturellen Identität* bauen auf der allgemeinen Zielsetzung auf, die individuelle psychische Entwicklung in ihrer Einbettung in den soziokulturellen Kontext zu erfassen. Die Auseinandersetzung um die erkenntnislogische Notwendigkeit einer solchen historischen und kulturellen Relativierung psychologischer Theorien erlebt gegenwärtig unter verschiedenen Titelbegriffen (z.b. „Kulturpsychologie", „Historische Psychologie") eine gewisse Renaissance, fußt letztendlich aber auf Überlegungen, die älter sind als die wissenschaftliche Psychologie selbst (ECKENSBERGER, 1990; JAHODA, 1989; JÜTTEMANN, 1988; KREWER, 1990; STIGLER, et al., 1990; VALSINER, 1989; ZITTERBARTH, 1988).

Um den soziokulturellen Kontext, in dem sich die Identitätsentwicklung des Individuums vollzieht, konkret zu bestimmen, haben wir bei unseren Untersuchungen im Saarland die Konstituenten der regionalen *Alltagskultur* analysiert, die als potentielle Identitätsanker von Bedeutung sind (KREWER et al., 1985). In den Formen des alltäglichen Umganges mit Objekten und anderen Menschen, in Arbeits-, Wohn- und Sprachformen, in Sitten und Gebräuchen und erlebter oder tradierter gemeinsamer Geschichte liegen die Schnittstellen zwischen „geteilten" kulturellen Bedeutungsstrukturen und der individuellen psychischen Entwicklung. Die Region bietet sich in dieser Hinsicht als Betrachtungseinheit an, da sie sich durch gemeinsame Handlungsorientierungen ihrer Bewohner, durch die Möglichkeit zur kollektiven Identifikation mit einem überschaubaren Raum und dessen aktiver Gestaltung auszeichnet, und somit „durch die Bewohner zur Heimat gemacht wird" (vergl. GERNDT & SCHROUBEK, 1979; GREVERUS, 1979; LIPP, 1984).

Als theoretisches Konstrukt zur Analyse dieser Beziehung zwischen subjektiven und intersubjektiv geteilten handlungsleitenden Strukturen wird ein *handlungstheoretisches Identitätskonzept* entworfen (KREWER & ECKENSBERGER, 1990a, b). Identität wird verstanden als Prozeß der Verarbeitung von Handlungserfahrungen, die jeweils bestimmte Vorstellungen von der eigenen Person als Akteur und darauf bezogene Vorstellungen von den Handlungsobjekten und den Interaktionspartnern implizieren. Diese werden derart identitätsgeleitet integriert, daß eine gewisse Konsistenz und Konstanz zwischen Erfahrungen aus vergangenen, gegenwärtigen und zukünftigen Handlungen gewährleistet ist; diese organisierte Integration von Handlungserfahrungen stellt nun ihrerseits die Grundlage der *Handlungsfähigkeit* des Individuums dar, d.h. der Fähigkeit, eigene Ziele und Strategien zu deren Verwirklichung entwerfen und umsetzen zu können (vergl. FREY & HAUßER, 1987). Dabei werden drei Typen von Handlungen unterschieden, nämlich instrumentelles, soziales und reflexives Handeln, die zu unterschiedlichen Aspekten der Identität führen (vergl. KREWER & ECKENSBERGER, 1990a; KREWER & JÄGER, 1987). Im Verlauf seiner lebenslang immer wieder herzustellenden Integration von Handlungserfahrungen konstruiert das Individuum neue Bedeutungen und rekonstruiert bestehende kulturelle Muster zur Identifikation der eigenen Person (vergl. Abb. 1).

Abb. 1: Handlungstypen und Identitätsparameter

Handlungstypen (Handlungsorientierungen)	Ergebnis der identitätsgeleiteten Integration von Handlungserfahrungen	
	Individuelle Identitätsstrukturen	kulturelle Bedeutungssystem
I. konkret-operational Ia. sachlich-instrumentell	Kompetenzbewußtsein Kontrollerwartung	Technik, Wissenssystem funktionale Symbolik
Ib. sozial-kommunikativ	Zugehörigkeit/Bindung Abgrenzung/Einzigartigkeit soziales Prestige	soziale Regelsysteme soziale Stratifikation soziale/Status-Symbolik
II. reflexiv-abstrahierend	Lebenssinn kulturelle Identität Selbstkonzept/ Selbstwert	Ideologie Mythen, Ethik, Moral biographische Symbolik

Kulturelle Identität ist somit kein statisches Konzept, sondern beruht auf der aktiven Selbstkonstruktion von Subjekten, zu deren Zweck auf kulturelle Merkmale zurückgegriffen wird bzw. kulturelle Eigenheiten erst produziert werden oder als Außenbeschreibung verinnerlicht werden.

Historischer Wandel und Kulturelle Identität im Saarland

Die saarländische Geschichte ist auch die Geschichte von immer neuen *Identitätszumutungen*, d.h. von politisch und publizistisch erzeugten Identitätszu- oder besser -verschreibungen von oben. Sie reichen vom Arbeiteruntertan der Unternehmerfürsten des 19. Jahrhunderts zum „Protégé de la France" der Völkerbundzeit, dann zum Grundstein im „Bollwerk des Deutschtums im Westen", der gleich darauf zum Bau der „Brücke der deutsch-französischen Aussöhnung" benutzt wurde; dieser politische Identitätswandel setzt sich in der Nachkriegszeit fort: so soll man sich in den fünfziger Jahren als „Vorreiter der europäischen Einigung" verstehen, nach dem Anschluß an die BRD als „wirtschaftswundersamer Deutscher" und seit Ende der siebziger Jahre als „selbstbewußter saarländischer Lebenskünstler mit frankophilem Touch". Mit Identitätszumutungen dieser Art mußten sich die Saarländer immer wieder aufs neue auseinandersetzen. Mit den Herren wechselten auch die Erwartungen, was die Saarländer zu sein und zu tun hatten (vergl. KREWER & JÄGER, 1987; KREWER et al., 1985; MALLMANN et al., 1987). Als Konsequenz hat sich eine Anpassungsmentalität verfestigt, bei der ein nach außen gezeigter Opportunismus das innere Festhalten an Selbst- und Weltbildern abschirmt, die um die beständigen Identitätsanker im privaten Leben der Saarländer angeordnet sind: der Arbeit, dem eigenen Haus und Garten, dem Verein und der Nachbar-, Freund- und Verwandtschaft. Überspitzt formuliert: der „typische" Saarländer ist ein „Heimwerker", der durch informelle Beziehungen die offizielle Politik und Bürokratie unterläuft.

Die Saarabstimmungen 1935 und 1955 als Schlüsselereignisse für die regionale politische Identität

Diese kollektive Form des Identitätsmanagements durch äußerliche Anpassung und Rückzug ins Private ist in besonderem Maße durch zwei politische Ereignisse herausgefordert worden, den beiden Saarabstimmungen 1935 und 1955. Nach 15 bzw. 10 Jahren der Abtrennung von Deutschland wurde von den Saarländern jeweils eine Entscheidung zwischen Rückgliederung und teilautonomer Selbständigkeit des Saarlandes verlangt (vergl. KREWER & JÄGER, 1987; PAUL, 1984).[1] Aufgrund der besonderen und einzigartigen

---

1 Beiden Abstimmungen ging die Zusammenfassung des Saargebiets zu einer politisch-administrativen Einheit mit einem besonderen politischen Status voraus. Die

Bedeutung dieser Abstimmungen in der saarländischen Geschichte haben wir uns in unserer Untersuchung auf die Bedeutung dieser beiden Ereignisse als Ankerpunkt der *politischen Identität* konzentriert. Unser Untersuchungsziel besteht entsprechend darin, die identitätsbezogene Rekonstruktion dieser beiden historischen Geschehnisse zu erfassen. Zu diesem Zweck haben wir unser handlungstheoretisches Identitätskonzept für den politischen Handlungsbereich spezifiziert und in folgender Weise mit konkreten politischen Inhalten gefüllt (vergl. Abb. 2).

a) Durch Zuordnung der drei Handlungstypen zu entsprechenden Bereichen des politischen Systems erhalten wir drei Dimensionen politischer Identität als Analyserahmen unserer Untersuchung.
b) Diese Dimensionen füllen wir mit historischen Argumenten aus den Abstimmungskämpfen.
c) Wir unterteilen diese Argumente in Pro- und Contra-Argumente, d.h. in Argumente, die für oder gegen eine Rückgliederung des Saarlandes an Deutschland sprechen.
d) Wir konstruieren weitere 27 Argumente für eine fiktive Abstimmung im Jahre 1985, bei der es um eine Entscheidung über die Schaffung eines europäischen Kernstaates Saar-Lor-Lux geht.

Die in dieser Weise konstruierten 83 Argumente sind in einen Fragebogen eingearbeitet worden. Unsere Stichprobe (249 Saarländer, die drei verschiedenen Alterskohorten angehören, vergl. Tab. 1)[2] hat nun die Aufgabe, die Bedeutung dieser Argumente für ihre Abstimmungsentscheidung anzugeben. Darüberhinaus wird die globale Einschätzung der dominanten Handlungsorientierung (instrumentell, sozial oder reflexiv) und der Entscheidungsrichtung (für oder gegen die Zugehörigkeit zu Deutschland) jeweils für die drei Abstimmungszeitpunkte (1935, 1955, 1985) erhoben.

---

jeweiligen Abstimmungsalternativen beinhalten weitreichende politische Konsequenzen, die sowohl von staatspolitischer und völkerrechtlicher Bedeutung waren als auch das konkrete Alltagsleben der Saarländer betrafen. Durch die Abstimmungen wurde die nationale Zugehörigkeit zu einer persönlichen Entscheidung; und diese Frage ist für die Bewohner der Grenzregion seit jeher gekoppelt mit der Sicherung der eigenen Existenzgrundlagen und den Einflußmöglichkeiten auf die wirtschaftlichen, politischen und sozialen Lebensbedingungen. Die beiden Abstimmungskämpfe wurden dann auch mit einer Vehemenz ausgetragen, die für die politisch ansonsten ruhigen Saarländer untypisch war und ist.

2 Bezüglich zentraler soziodemographischer Merkmale unterscheiden sich die drei Altersgruppen insbesondere im formalen Bildungsniveau, das bei der jüngsten Gruppe am höchsten, bei der ältesten am niedrigsten ist. Unterschiede zwischen den Gruppen bzgl. des historisch-politischen Wissens über die Abstimmungssituation, die wir mittels eines Wissenstests erhoben haben, sind nicht signifikant.

Kulturelle Identität

HANDLUNGSTYP	BEREICH DES POLITISCHEN HANDELNS	1935 PRO	1935 KONTRA	HISTORISCHER KONTEXT 1955 PRO	1955 KONTRA	1985 PRO	1985 KONTRA
I. konkret-operational							
Ia) sachlich-instrumentell	Befriedigung existentieller Grundbedürfnisse:						
	– allgemeine Handlungsfreiheit	Repressionen beenden	Repressionen in Deutschland	französische Kontrollen	eigene Interessen als Saarländer	persönliche politische Freiheiten freies Reisen und Einkaufen	
	– Ordnung und Sicherheit	Chaos wegen Status Quo	Chaos durch Deutsche Front	Unruhe unter Joho	Ruhe durch Saar-Statut	persönliche Sicherheit und Ordnung	
	– Arbeit und Wohlstand	Arbeit durch Hitler	Profit für das Saarland	deutsches Wirtschaftswunder	Arbeit durch Joho	Beruf und Einkommen wirtschaftliche Sicherheit sicherer Arbeitsplatz persönliche Wünsche	
	Sicherung politischer Einflußnahme	machtloser Landesrat	Gleichschaltung in Deutschland	Unterdrückung prodeutscher Politik	politischer Einfluß für Saarländer	persönlicher politischer Einfluß ungestörtes Alltagsleben	
Ib) sozial-kommunikativ	politisch relevante Zugehörigkeit:						
	– sozialer Nahbereich	kein Außenseiter sein	Freundschaften gegen Deutsche Front	Familie für Deutschland	Familie für Saar-Statut	deutsche Nationalität eigenständiges Saarland Bindung an eine politische Partei Meinung der Kirche Freunde und Nachbarn	
	– politische Organisationen	christliche Organisationen	freie Gewerkschaften	Deutscher Heimatbund	Saar-Statut-Parteien	Europäer sein	
	– Region und Nation	Deutscher sein	Frankreich verbunden	Deutscher sein	Saarland als Heimat	Politiker als Leitfigur	
	– Persönlichkeiten und Bewegungen	Deutsche Front-Bewegung	Status Quo-Bewegung	Heinrich Schneider	Johannes Hoffmann	Abgrenzung gegenüber Chaoten und Nazis französische Nationalität	
	Abgrenzung gegenüber Out-groups	Separatisten	Denunzianten	Separatisten	Nationalisten		
	Status- oder Prestigegruppierungen	keine Saarfranzosen	Stolz auf Status Quo	Nationalstolz	Stolz auf europäische Saar		
II. reflexiv-abstrahierend		starker Staat mit loyalen Staatsbürgern	starke Saar-Regierung	starker deutscher Staat	starker Saarstaat	Demokratie Fortschritt und Leistung soziale Gerechtigkeit	
	christlicher Staat	Vaterlandstreue als Christenpflicht	gegen Neuheidentum	Vaterlandstreue als Christenpflicht	christlicher Saarstaat	Frieden Umwelt und Naturschutz christliche Ordnung	
	friedliche Koexistenz	Frieden durch Rückgliederung	Deutsch-französ. Aussöhnung	Frieden zwischen Dtschland u.Frkreich	europäische Einigung	Selbstbestimmung transnationale Ordnung	
	freiheitliche Demokratie	Demokratie in Deutschland möglich	Demokratie durch Status Quo	nationale Selbstbestimmung	autonomes Saarland	starker und stabiler Staat	

Abb. 2: Plan der Item-Konstruktion

Tab. 1: Beschreibung der Stichprobe

	Altersgruppe		
	I	II	III
Geburtsjahr	1937-1969	1916-1936	-1915
N	95	94	60
% von N	38	38	24
Abstimmungsteilnahme (%)			
1935 + 1955	78	00	00
1955	8	86	00
keine	13	14	100

Fragestellung und Ergebnisse

Die Analyse unserer Fragebogendaten zielt auf die Beantwortung von drei Fragen :

a) Lassen sich verschiedene Typen politischer Identität unterscheiden, bei denen eine Handlungsorientierung (Identitätsdimension) dominiert ?
b) Gibt es altersgruppenspezifische Muster politischer Identität ?
c) Zeigen sich in den subjektiven Rekonstruktionen der verschiedenen historischen Geschehnisse und Situationen Übereinstimmungen und Konsistenzen, die Hinweise auf das autobiographische Identitätsmanagement unserer Probanden darstellen ?

A) Typen politischer Identität

Zur Typisierung der Untersuchungsteilnehmer werden deren Argumentbewertungen mittels einer trimodalen Faktorenanalyse verrechnet, die eine Projektion der gefundenen Item-Faktoren aus dem R-Faktorenraum in den Q-Faktorenraum der Personen ermöglicht. Die Zuordnung von Personen zu Typen erfolgt dann von deren Ladungsmuster im Q-Faktorenraum (vergl. CATTELL, 1966; ECKART & YOUNG, 1936). In der Faktorenanalyse zeigen sich zwei Hauptfaktoren: die Entscheidungsrichtung und die Abstimmungssituation. Eliminiert man deren Einfluß durch eine entsprechende Zerlegung der Datenmatrix, so bilden sich weitere Faktoren ab, die als Typen politischer Identität interpretierbar sind. Drei dieser Typen lassen sich durch das Vorherrschen einer Handlungsorientierung kennzeichnen, ein weiterer zeichnet sich durch hohe Ladungen auf den Items ab, die für einen „emanzipatorischen Regionalismus" plädieren (vergl. JÄGER, 1987). Tabelle 2 faßt die sonstigen Merkmale dieser vier faktorenanalytisch generierten Typen politischer Identität zusammen.[3]

Tab. 2: Typen politischer Identität

	SI	SK	RA	ER	GS
Anteil von Gesamtstichprobe (%)	11	29	9	12	100
Frauen (%)	37	33	26	45	32
Männer (%)	63	67	74	55	68
Altersgruppe I (%)	44	27	35	69	38
Altersgruppe II (%)	26	48	30	24	38
Altersgruppe III (%)	30	25	35	7	24
Haupt/Realschule (%)	63	62	53	36	58
Gymnasium/Hochschule (%)	37	38	47	64	42
Abstimmungsverhalten 1935					
Rückgliederung (%)	28	18	14	3	15
Status Quo (%)	8	0	27	3	6
nicht teilgen. (5)	64	82	59	94	79
Abstimmungsverhalten 1955					
Rückgliederung (%)	42	56	35	12	43
Saar-Statut (%)	15	12	27	7	15
nicht teilgen.	43	32	38	81	42

SI sachlich-instrumentell
SK sozial-kommunikativ
RA reflexiv-abstrahierend
ER emanzipatorische Regionalisten
GS Gesamtstichprobe

---

[3] Der instrumentelle Typ erfaßt jeden zehnten der von uns befragten Saarländer. Er unterscheidet sich nicht wesentlich von der Gesamtheit der Untersuchungsteilnehmer. Jedoch haben vergleichsweise viele Personen dieses Typs 1935 für eine Rückgliederung an Deutschland gestimmt. Dagegen waren es bei der Abstimmung 1955 vor allem Personen des sozialen Types, die sich für eine Rückgliederung entschieden hatten. Fast jeder dritte Untersuchungsteilnehmer ist diesem Typ zuzuordnen, und jeder zweite Vertreter dieses Typs gehört der mittleren Altersgruppe an. Unter den Vertretern des reflexiven Typs befinden sich die meisten Gegner einer Rückgliederung, vor allem einer Rückgliederung an das Nazi-Deutschland von 1935. Der Typ des emanzipatorischen Regionalisten schließlich erfaßt vor allem Saarländer, die selbst nicht an den Saarabstimmungen teilgenommen haben. Zwei von drei haben eine höhere Schul- oder Hochschulbildung. Zur fiktiven Abstimmung 1985 pflichten sie in erster Linie Argumenten bei, die Selbstbestimmung, transnationale Friedensordnung, regionale Autonomie, Umweltschutz, Nähe zu Frankreich und Europabewußtsein befürworten.

B) Alterskohorte und politische Identität

Betrachtet man die Ergebnisse zur globalen Angabe der Entscheidungsrichtung und dominanten Handlungsorientierung für die jeweiligen Abstimmungszeitpunkte, zeigen sich deutliche Unterschiede zwischen den Altersgruppen (vergl. Tab. 3). Die beiden älteren Gruppen zeigen eine höhere Akzeptanz für Argumente, die eine Rückgliederung an Deutschland befürworten. Diese Tendenz beruht offensichtlich auf der bei diesen beiden Gruppen stark ausgeprägten Bedeutung der sozialen Handlungsorientierung im politischen Feld (im Unterschied zu jüngeren Altersgruppe).

Tab. 3: Entscheidungsrichtung (ER) und Handlungsorientierung (HO) der Altersgruppen

Abstimmungszeitpunkt			Altersgruppe I	II	III	GS
1935	Rückgliederung/Status-Quo	(%)	34/66	82/18	75/25	62/38
	instrumentell	(%)	10	7	16	10
	sozial	(%)	18	46	49	36
	reflexiv	(%)	72	47	34	54
1955	Rückgliederung/Saar-Statut	(%)	57/43	66/34	80/20	66/34
	instrumentell	(%)	9	10	21	12
	sozial	(%)	20	39	39	32
	reflexiv	(%)	71	51	39	56
1985	Bundesland/Saar-Lor-Lux	(%)	61/39	75/25	83/17	72/28

* Aufgrund des fiktiven Charakters der 1985er Abstimmung konnten zu dieser Entscheidung keine Globalratings zu den Handlungsorientierungen erhoben werden.

Dieses Ergebnis aus den Globalratings wird auch durch die Analyse der Bewertungsstruktur gestützt, die sich in den Antworten der drei Altersgruppen zu der Einzelargumenten abzeichnet (vergl. Abb. 3). Die Abwertung sozialer gegenüber instrumenteller und reflexiver Handlungsorientierungen scheint ein besonderes Muster in der Identitätsstruktur der jüngsten Altersgruppe zu sein. Außerdem zeigt sich, daß die Altersgruppenunterschiede mit den Abstimmungssituationen variieren: für 1935 weisen die beiden älteren Gruppen ein ähnliches Orientierungsmuster auf, dagegen bewertet die mittlere Altersgruppe für die Abstimmung 1955 besonders die soziale Dimension höher als die älteste Gruppe. Für 1935 bewertet die mittlere Altersgruppe die Pro-Rückgliederungsargumente stärker als die ältere Gruppe, für 1955 kehrt sich diese Relation um.

Abb. 3: Altersgruppe, Handlungsorientierung, Entscheidungsrichtung und Abstimmungszeitpunkt

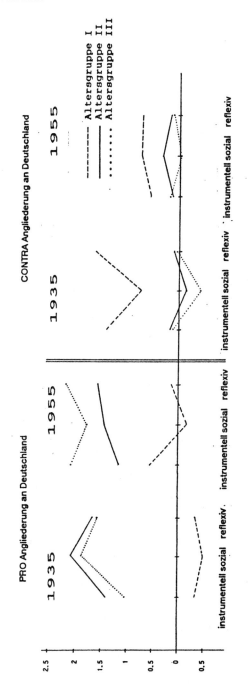

C) Subjektives Identitätsmanagement in der Rekonstruktion historischer Ereignisse

Hinweise auf Konsistenzen in den Bewertungen der bedeutsamen Entscheidungskriterien für die doch sehr unterschiedlichen historischen Konstellationen lassen sich unter zwei Gesichtspunkten auffinden (vergl. Abb. 4):

Abb. 4: Konsistenz der Pro-/Contra-Orientierung zur Angliederung an Deutschland

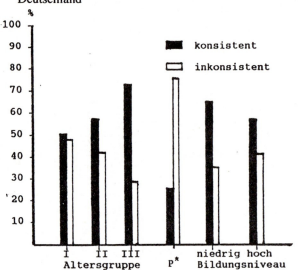

p*: theoretische Wahrscheinlichkeit auf der Basis der Gleichverteilungsannahme

a) 59% aller Untersuchungsteilnehmer entscheiden sich über alle drei Abstimmungssituationen konsistent für eine Entscheidungsrichtung, also entweder für oder gegen die Zugehörigkeit zu Deutschland. Diese Tendenz zu einer konsistenten Einstellung zur nationalen Zugehörigkeit unabhängig von der historischen Situation ist bei der ältesten Gruppe am stärksten ausgeprägt (72%). Auffällig ist auch, daß sich das Bildungsniveau offensichtlich umgekehrt proportional zur Konsistenz der Bewertungen verhält: Je höher der Bildungsstand, desto situationsspezifischer fallen die Argumentbewertungen aus.

b) Was die Dominanz von Handlungsorientierungen anbelangt, so zeigt sich auch hier (trotz eines eher konservativen Kriteriums), daß bei der Bewertung der Pro-Rückgliederungs-Argumente 45%, bei den Contra-Rückgliederungs-

Argumenten 35% aller Untersuchungsteilnehmer in konsistenter Weise eine Handlungsorientierung (instrumentell, sozial oder reflexiv) als Bezugspunkt ihrer Entscheidung benutzen.

Schlußbemerkung

Die Ergebnisse unserer Studie stützen unserer Ansicht nach unsere Ausgangsüberlegung, die individuelle Identitätsentwicklung als subjektive Konstruktion der Vorstellung von der eigenen Person zu betrachten, die auf der Integration von Handlungserfahrungen basiert, welche immer in einem konkreten soziokulturellen Kontext eingebettet sind. So zeigt sich einerseits die Auswirkung geteilter Erfahrungskontexte in individuellen Identitätsstrukturen (kohortenspezifische Zentralität der sozialen Dimension) und andererseits die konstruktive Aktivität des Individuums bei der Verarbeitung spezifischer historischer Ereignisse, welche zu einer einheitlichen und stimmigen Identifizierung der eigenen Person herangezogen werden (Konsistenz der subjektiven Bewertungsmuster).

Literatur

CATTELL, R.B. (1966), The data Box: its ordering of total resources in terms of possible relational systems. in: R.B. CATTELL (Hrsg.) Handbook of multivariate experimental Psychology. Chicago: Rand McNally.
ECKART, C. / YOUNG, G. (1936), The approximation of one matrix by another of lower rank. in: Psychometrika 1, S. 211-218.
ECKENSBERGER, L.H. (1990, in press), From Cross-Cultural Psychology to cultural Psychology. in: The Quarterly Newsletter of Comparative Human Cognition.
FREY, H.-P. / HAUßER, K. (1987), Entwicklungslinien sozialwissenschaftlicher Identitätsforschung. in: H.-P.FREY. / K. HAUßER (Hrsg.), Identität. Stuttgart: Enke.
GERNDT, H. / SCHROUBEK, G.R. (1979), Regionale Kulturanalyse. München: Institut für deutsche und vergleichende Volkskunde.
GREVERUS, J.-M. (1979), Auf der Suche nach Heimat. München: Beck.
JÄGER, G. (1987), Politische Identität. Saarbrücken: Diplomarbeit in der Fachrichtung Psychologie.
JAHODA, G. (1989), Our Forgotten Anchestors. Paper Presented at Nebraska Symposium on Motivation.
JÜTTEMANN, G. (1988), Historische Psychologie in gegenstandskritischer Absicht. in: G.JÜTTEMANN. Wegbereiter der historischen Psychologie. Weinheim: Beltz.

KREWER, B. (1990), Psyche and Culture – Can a Culture-Free Psychology Take into Account the Essential Features of the Species „Homo Sapiens"? The Quarterly Newsletter of the Laboratory of Comparative Human Cognition. In press.
KREWER, B. / ECKENSBERGER, L.H. (1990a), Cultural Identity and Political Events. in: D. KEATS (Hrsg.) Proceedings of the 9th Intern. Congress of the IACCP in Newcastle (Australia). Lisse: Swets & Zeitlinger.
KREWER, B. / ECKENSBERGER, L.H. (1990b), Selbstentwicklung und kulturelle Identität. in: K. HURRELMANN / D. ULICH (Hrsg.) Handbuch der Sozialisationsforschung. München: U & S (in Vorb.).
KREWER, B. / JÄGER, G (1987), Identität und politische Kultur im Saarland. in: D. BERG-SCHLOSSER / J. SCHISSLER (Hrsg.) Politische Kultur in Deutschland. Opladen: Westdeutscher Verlag.
KREWER, B. / MOMPER, M. / ECKENSBERGER, L.H. (1985), Das Saarland war zumeist Objekt der Geschichte. in: H.G.Wehling (Hrsg.), Regionale politische Kultur. Stuttgart: Kohlhammer.
LIPP, W. (1984), Industriegesellschaft und Regionalkultur. München: Karl Heymanns Verlag.
MALLMANN, K.M. / PAUL, G. / SCHOCK, R. / KLIMMT, R. (1987), Richtig daheim waren wir nie: Entdeckungsreisen ins Saarrevier. Bonn: Dietz.
PAUL, G. (1984) „Deutsche Mutter – heim zu dir!". Köln: Bund.
STIGLER, J. / SHWEDER, R. / HERDT, G. (Hrsg.), (1990) Cultural Psychology. Essays in Comparative Human Development. Cambridge: University Press.
VALSINGER, J. (1989), Human Development and Culture. Toronto: Lexington Books.
ZITTERBARTH, W. (1988), Kulturpsychologie. in: R. ASANGER / G. WENNINGER (Hrsg.) Handwörterbuch der Psychologie. München: Psychologie Verlags-Union.

Karin Bott-Bodenhausen

Sinti und Roma in Ostwestfalen-Lippe
Zur Heimatgebundenheit und permanenten Vertreibung einer ethnischen Minderheit

1. Zum Forschungsansatz

Es ist von seiten der Psychologie bisher weitgehend versäumt worden, über die Bedeutung der „zigeunerischen" Minderheit für die Majorität nachzudenken, z.b. über ihren Beitrag zu sozialem Wandel oder zur kulturellen Vielfalt. So gut wie gar nicht ist die Beheimatung der Sinti und Roma durch die Majorität reflektiert worden oder der kulturelle, typisch „zigeunerische" Gestaltungsprozeß von Heimat.

So will ich aus unserem Forschungsprojekt, das wir 1985 an der Fachhochschule Bielefeld, im Fachbereich Sozialwesen begannen, einige Ergebnisse mitteilen.

Die *Regionalforschung* hat in der BRD erst vor kurzem begonnen, z.B. mit Arbeiten von Günther zur preußischen Zigeunerpolitik, von Eva Strauß zur Zigeunerverfolgung in Bayern zwischen 1885 und 1926 sowie von Brucker-Boroujerdi und Wippermann zum Zigeunerlager Berlin-Marzahn 1936-1945. Die Forschungsarbeiten behandeln das Thema meist nur für einen bestimmten Zeitraum, und die in ihnen skizzierte Beziehung zwischen Regierungen und Sinti beruhen auf der Interpretation von Quellen administrativer Provenienz, die meist nur die „von oben" gesetzten Normen und gegen sie gerichteten Maßnahmen ins Blickfeld geraten lassen. Unser Forschungsinteresse richtet sich jedoch darauf, „zigeunerische" Wirklichkeit in den Jahrhunderten von mehreren Ebenen aus zu beleuchten:

Die oberste Ebene wird als die normative gekennzeichnet; es ist die Ebene der Obrigkeit bzw. der Regierungen mit dem Anspruch, *„Zigeuner"* von ihrem Territorium durch Edikte, Verordnungen etc. abzuwehren bzw. sie zu vertreiben. Die nächste Ebene repräsentiert die nichtseßhafte und seßhafte Bevölkerung und die vielfältigen Möglichkeiten zu Kontakten zwischen Sinti und der Bevölkerung in Ostwestfalen-Lippe. Auf einer dritten Ebene versuchen wir die Wirklichkeit aus der Sicht der Sinti zu betrachten und ihr Handeln – soweit richtig überliefert – in Beziehung zu ihrer kulturellen Identität zu setzen. Das Ziel des „Mehrebenenansatzes" ist es, die Umsetzung der Normen in der historischen Wirklichkeit zu reflektieren und die Dokumente auch unter Berücksichtigung sozialpsychologischer Perspektiven zu erschließen, um das Bild der Zigeunerverfolgung in Deutschland zu differenzieren.

2. Das Datenmaterial

Das Datenmaterial umfaßt eine Auswahl historischer Dokumente zwischen dem 16. und dem 20. Jahrhundert aus dem Bestand des Staatsarchivs Detmold sowie dem von 23 Stadtarchiven – mit insgesamt 67 Akten aus der hiesigen Region. Es handelt sich überwiegend um Nachlasse, Landesverordnungen, Landtagsprotokolle, Landtagsakten, allgemeine und innere Verwaltungsakten, Kriminalgerichtsakten, Polizeiverwaltungsakten, Schreiben von Bürgern und den Sinti bzw. Roma selbst und Presseberichte. Darüber hinaus umfaßt das Datenmaterial die 1987 von Zeitzeugen im Rahmen eines von uns initiierten Aufsatzwettbewerbs wiedergegebenen „Erinnerungen an Zigeuner" und Interviews mit Sintifamilien. Das Projekt wurde mit 7 ABM-Maßnahmen durchgeführt. Die interdisziplinäre Zusammenarbeit mit HistorikerInnen eröffnete interessante Perspektiven. Es wäre jedoch wünschenswert, wenn die Archivbestände von den Sinti selbst eines Tages kritisch gesichtet wurden. Aus ihrem Blickwinkel ließe sich vermutlich ein noch wesentlich reicheres Bild ihrer Geschichte und ihrer Kultur in der Vergangenheit herausarbeiten, das für uns Außenstehende nicht mehr erkennbar ist.

Die Reaktion auf unser Nachdenken über Mitläufertum und Mittäterschaft bei dem Völkermord an Sinti und Roma, über überkommene Einstellungen bei der Nachkriegsdiskriminierung von Sinti und Roma und neue, rechte Orientierungen haben wir in Form von vielfältigen Behinderungen, Beschwerden über das Projekt bis zu Einbrüchen kennengelernt.

Aber wir haben auch erlebt, wie Menschen in der BRD zusammenfinden können, die moralische Sensibilität gegenüber der eigenen Geschichte erworben haben und die zur Erhaltung und Entfaltung der kulturellen Eigenart dieser ethnischen Minderheit in unserer Gesellschaft beitragen möchten.

Sinti und Roma in Ostwestfalen-Lippe

3. Die Einwanderung der *Sinti*

Die Urheimat der Sinti liegt im Nordwesten Vorderindiens, in den Tälern südlich des Hindukusch Gebirges, im Punjab, einem Teil des jetzigen Pakistans. Ihre Auswanderung von dort erfolgte in kleinen Gruppen nach Westen zwischen dem 5. und 7. Jahrhundert, zwischen dem 7. und 10. Jahrhundert im Zusammenhang mit der Eroberung Persiens und Indiens durch die Araber und zuletzt auch zwischen dem 10. und 13. Jahrhundert unter Mahmud Ghazni und seinen islamischen Nachfolgern. Die Zeit ihres Eintreffens in Deutschland wird meist mit der Jahreszahl 1407 in Verbindung gebracht.

In der BRD hat vor kurzem eine intensive Suche nach unerschlossenen Quellen begonnen, nachdem von WissenschaftlerInnen, z.B. von Ruch in den Archiven bislang unbekannte Schutzbriefe aus dem 15. und 16. Jh. aufgefunden worden sind. Schutzbriefe waren Urkunden, die – vor allem im Mittelalter – von einem Territorialherren ausgestellt wurden und einer bestimmten Person oder Gruppe einen besonderen Schutz zukommen ließen, z.B. Kaufleuten den Schutz des freien Geleits oder Juden den Schutz der Religionsausübung. Die intensive Suche nach solchen Quellen zur „Zigeunerpolitik" des 15. und 16. Jh. begründet die Abkehr vom Stereotyp des notwendigerweise verfolgten „Zigeuners". Weltliche wie kirchliche, regionale wie überregionale Autoritäten haben das Umherziehen der „Zigeuner" damals ausdrücklich gebilligt und sie schriftlich ihrer Gnade gewürdigt.

Auch in dem ersten Beleg über die Anwesenheit von Sinti in der Grafschaft Lippe aus dem Jahre 1560 wird auf Geleitbriefe und Passeporte hingewiesen. Es handelt sich um das Gesuch des Obersten der Heiden, Caspar von Lowenburgk an den Grafen zu Lippe, mit der bemerkenswert offen vorgetragenen Bitte um Aufenthalt, die ohne Aussicht auf Erfolg sicherlich nicht gestellt worden wäre.

Betrachten wir die Schutzbriefe als Grundlage für den unbehinderten Aufenthalt der Sinti in einem territorialen Raum, so wird hier der geographische Raum mit den in ihm lebenden Bewohnern und dem Herrschenden zur Heimat und die Beherbergung auf den Ländereien zur freundlichen Heimstätte.

In Lippe wurde allerdings mit der Polizeiordnung aus dem Jahre 1620 zum ersten Mal eine Polizeivorschrift für den Umgang mit Sinti wirksam, nach der sie jederzeit von den Beamten verhaftet werden konnten, wenn sie das Territorium der Grafschaft betraten. Diese gesetzlichen Bestimmungen wurden aber in der Praxis wenig angewandt und bis zum Ende des 17. Jh. konnten sich Sinti in der Regel ohne größere Schwierigkeiten im Lande aufhalten.

4. Sinti im 18. Jahrhundert in der Grafschaft Lippe

Wenn ich im folgenden etwas ausführlicher auf die Situation der Sinti im 18. Jh. eingehe, so liegt der Grund darin, daß sich unser Mehrebenenansatz hier, wegen des vergleichsweise ergiebigen Quellenmaterials am besten demonstrieren und nachweisen läßt.

Die Sinti wurden von der lippischen Obrigkeit als eine vagierende Randgruppe wahrgenommen, die gegen die Eigentumsnorm verstößt, ihren Lebensunterhalt illegal auf Kosten der Gesellschaft bestreitet, deren leitendes soziales Handlungsmotiv direkte Aggression ist, und die das Arbeitsgebot des frühmodernen Staates nicht anerkennt. Diesem zuletzt genannten Aspekt kam gesteigerte Bedeutung zu, da die Arbeitspflicht mit dem übergeordneten Staatsinteresse verknüpft wurde. Auch ließ sie das unstete und unkontrollierte Vagieren zu einem Problem unter dem Gesichtspunkt der Seuchenprävention werden. Nach Ansicht der Regierung forderten sie darüber hinaus mit ihrer Tätigkeit als Wahrsager und Wunderheiler den Aberglauben unter der Bevölkerung des Landes, was im Zeitalter der Aufklärung um so schwerer ins Gewicht fallen mußte, da hier die Vernunft allgemein verbindliche Grundlage des Handelns sein sollte. Der Gesetzgeber zog nun aus dieser Einschätzung verschiedene Konsequenzen: Das Strafrecht war auch in Lippe das wichtigste Instrument zur Repression und Abwehr der Randgruppe. Den Sinti wurde der Aufenthalt in der Grafschaft verboten, sie konnten an Leib und Seele mit Brandmarken, Nasen-, Ohrenabschneiden und Erschießen bestraft oder ab 1753 in das Detmolder Zuchthaus zur Arbeit überstellt werden. Darüber hinaus wurde den Sinti die Wegnahme ihrer Kinder angedroht, um sie von ihrem Lebenswandel abzuschrecken, außerdem ab 1712 das Betteln im ganzen Land und 1749 das Hausieren ohne spezielle Erlaubnis verboten. Die gezielte Überprüfung bestimmter Orte und Regionen, z.B. von Gasthäusern und waldreichen Gegenden, nach verdächtigen Personen wurde als Instrument der Abwehr vagierender Randgruppen eingeführt, man einigte sich sogar auf länderübergreifende Visitationen. Visitationen und „Zigeunerjagden" gestalteten sich in der Praxis jedoch als weitgehend erfolglose Maßnahmen. Die ungenügende Ausbildung und Organisation des Verwaltungsapparates hinderten die Umsetzung obrigkeitlicher Absichten. Darüber hinaus zeigte die Untersuchung der Interaktionen zwischen den Sinti und der Bevölkerung, daß zwischen Mehrheit und Minderheit ein vielfältiges Beziehungsgeflecht geherrscht haben muß. Dem Aktenbestand ist zu entnehmen, daß die Sinti zu vielen Bevölkerungsgruppen Kontakte unterhielten: zu Schäfern, Einliegern, Bauern, Köttern, Krügern, Meiern, Juden, Beamten, Adeligen etc. Hilfestellungen erfolgten aufgrund der Verfolgungssituation, aufgrund von Not und Armut, im Zusammenhang mit Inhaftierungen, durch Inanspruchnahme von Dienstleistungen und im Zusammenhang mit dem Glaubensbekenntnis (z.B. Übernahme der Patenschaft für Zigeunerkinder). Vielleicht halfen viele der Helfer aus dem Gefühl einer eigenen sozialen und politischen Randstellung, was sich auch bei Rettungsaktionen von Verfolgten im Nationalsozialismus als ein wichtiger Faktor für Hilfe erwies.

Betrachten wir die „zigeunerische" Wirklichkeit auf einer dritten Ebene, so ist zu ergänzen, daß die beschriebenen Rahmenbedingungen die Sinti in ihrem Verhalten und ihren Interaktionsmustern nachhaltig prägten. Sie mußten nach Auswegen suchen, um ihre Existenz, ihre kulturelle Identität und den Zusammenhalt der Gruppe trotz des auf ihnen lastenden Druckes zu wahren. Es galt Strategien zu entwickeln, die ihnen in einer weitgehend feindlich eingestellten Umwelt das Bestehen als Minderheit erlaubten. Lebensnotwendig war beispielsweise die Vielfalt ihrer Einkommensquellen. Wie die Dokumente ausweisen, betätigten sie sich u.a. im Handel mit Porzellan, Glas- und Kurzwaren, verrichteten landwirtschaftliche Lohnarbeit, dienten im Militär und übten magische und heilkundliche Dienstleistungen aus; auch trugen sie zur musikalischen Unterhaltung der Bevölkerung bei. Wie generell bei den Angehörigen der besitzlosen Unterschichten, so hatte in der Notökonomie der Sinti das Betteln und wohl auch der kleine Diebstahl seinen festen Platz, denn oft bot nur dies die einzige Möglichkeit zu überleben.

Ihre Mobilität schützte sie nicht nur vor der Festnahme, sondern war auch eine Grundvoraussetzung der Subsistenzsicherung, denn die von ihnen angebotenen Produkte und Dienstleistungen deckten schon in relativ kurzer Zeit die beschränkte Nachfrage einer Region ab. Entsprechend waren die Sinti darauf angewiesen, durch Herumziehen immer wieder neue Märkte und Absatzmöglichkeiten zu erschließen.

Den Quellen nach besaßen die Sinti gute Kenntnisse der deutschen Sprache, untereinander sprachen sie jedoch – manchmal selbst vor lippischen Beamten – Romanes. Der Besitz einer eigenen Volkssprache war offiziell auch bekannt. Der Gerichtsprozeß gegen Hanikel und seine Bandenmitglieder wurde beispielsweise zweisprachig geführt.

5. Vom 19. Jahrhundert bis zum Ende der Weimarer Republik im preußischen Ostwestfalen und in Lippe

Für die folgende Zeit ist das in *Ostwestfalen-Lippe* aufbewahrte Quellenmaterial im Vergleich zu dem des 18. Jh. dürftig und unser Mehrebenenansatz bisher weniger präzise zu realisieren.

Unter dem Einfluß der Aufklärung gaben die absolutistischen Staaten die Praxis der grausamen Zigeunerverfolgung auf. Die Sinti sollten in Arbeits-

häusern und sogenannten „Zigeunersiedlungen" eine Bleibe finden, jedoch nur unter Aufgabe ihrer kulturellen Identität. Die meisten Ansiedlungsversuche dieser Art Anfang des 19. Jahrhunderts scheiterten jedoch. Nur wenige Siedlungen – wie in Berleburg und Saßmannshausen im südlichen Westfalen – bestanden bis in unser Jahrhundert fort.
1889 berichtet Rudolf v. Sowa von der sogenannten „Zigeunerkolonie" Saßmannshausen; einige ältere Frauen der Sinti beherrschten das Romanes noch perfekt, wohingegen ihre Enkel die Muttersprache nicht mehr sprachen. Auch hatten sich die dort lebenden Sinti und Roma einem Bericht von Klingender aus dem Jahre 1911 zufolge „mit der deutschen Bevölkerung vermischt". Rudolf v. Sowa, der die Dialekte der Sinti in Deutschland sprachwissenschaftlich untersuchte, berichtet 1889, in der Stadt Minden seien 15 Familien ansässig; die Ausübung ihres Berufes erfordere jedoch eine zeitweise Abwesenheit von dem Wohnort. Über die nicht-seßhaften Sippen der Sinti und Roma in Ostwestfalen-Lippe könne er keine Angaben machen, wenngleich sie noch öfter in Westfalen anzutreffen seien.

Die Bekämpfung der vermeintlichen „Zigeunerplage" gehörte sowohl im 19. Jh., als auch im Kaiserreich und der Weimarer Republik zum Aufgabenbereich der Polizei. Während ausländische Sinti und Roma zum Verlassen des Landes gezwungen werden sollten, existierten für inländische „Zigeuner" eine Vielzahl von Vorschriften, die ihre *Seßhaftmachung* zum Ziel hatten. Die Vielzahl der Druckmittel reichten von ständiger Kontrolle und Überwachung durch die Polizei bis zum Verbot des Reisens und Rastens in Horden, von Behinderungen bei der Ausstellung des Wandergewerbescheins bis zur Androhung der Fürsorgeerziehung für ihre Kinder.

Der gemeinsame Nenner dieser gegen das Herumziehen von Sinti und Roma gerichteten Maßnahmen zielte nur scheinbar auf ihre Seßhaftmachung. Vielmehr wurde den Sinti ein längerer Aufenthalt in Ortschaften erschwert und ihre dauerhafte Niederlassung vereitelt. Konsensfähig wurde die Forderung nach Seßhaftmachung auch dadurch, daß jede Gemeinde wie selbverständlich davon ausging, daß nicht sie der Ort sein werde, an dem sich die ankommenden Sinti und Roma niederlassen mußten. Nach der Einführung des sogenannten Unterstützungswohnsitzes (1842 in Preußen) waren die Gemeinden nämlich zu Versorgungsleistungen gegenüber bedürftigen Anwohnern verpflichtet. Um etwaigen Ansprüchen der Sinti vorzubeugen, sorgten die Ortsbehörden für ihr rasches Weiterziehen. „Seßhaftmachung" konnte – wie Michael Zimmermann ausführt – mithin als Quintessenz der Vertreibungspolitik interpretiert werden. Somit waren die Sinti auf Erwerbstätigkeiten angewiesen, die mit einem kurzen Aufenthalt verbunden waren:

In Ostwestfalen-Lippe als ländlichem Raum mit einigen Kleinstädten erfüllten die Sinti und Roma wichtige Versorgungsleistungen für die Bevölkerung. An erster Stelle ist hier der Pferdehandel zu nennen; hier waren die bedeutendsten Pferdemärkte Deutschlands, beispielsweise der Wilbaser Markt

Sinti und Roma in Ostwestfalen-Lippe

bei Blomberg, der Jacobi-Markt in Mastholte, der Pollhansmarkt in Schloß Holte, darüber hinaus Arolsen und der Markt in Enniger; einige der Märkte bestehen seit dem Mittelalter. Die Sinti und Roma hatten sich auf diese Situation eingestellt. Die von ihnen in den letzten zwei Jahrhunderten praktizierten Berufe waren: Handel mit Tieren und Waren, Scherenschleifen, Korbflechten, Hausiertätigkeit mit Kurzwaren, Schirmflicken, Reparaturen von Pferdegeschirren, Ackergeräten, Töpfen und Kesseln, sowie Musizieren, heilkundige Beratung, Wahrsagen und Handlesen. Die Bevölkerung richtete sich auf diese Dienstleistungen ein. Die Bewohner sammelten z.B. Reparaturbedürftiges bis zum Eintreffen der Sinti. Auf Kinder übten Vorführungen von Tierdressuren und andere Schaustellungen eine starke Anziehungskraft aus. Die Kontakte reisender Sinti und Roma zur Bevölkerung waren wohl meist flüchtig, was sowohl an der Natur des ambulanten Gewerbes lag, als auch an der polizeilich begrenzten Aufenthaltserlaubnis.

Aus dem Jahre 1867 ist der Reisepaß eines Sinti erhalten, der als „Marionettenspieler und Musikus" durch die Lande zog. Die im Paß eingetragenen Sichtvermerke der Behörden der angefahrenen Orte machen es möglich, den Reiseweg dieses Sinto für den Zeitraum März 1867 bis März 1868 zu verfolgen. Im Reiseweg fallen die regionalen, heimatbezogenen Schwerpunkte des Aufenthalts auf. Die räumliche Komponente der Heimatdefinition soll noch um einen zeitlichen Aspekt ergänzt werden, insofern als Heimat auch einen Raum meint, den die Vorfahren des eigenen Volkes, des eigenen Volksstammes prägten.

In der zweiten Hälfte des 19. Jahrhunderts wird erstmals über sogenannte „Taterngräber" in unserer Region berichtet; dem Bericht zufolge erschienen alljährlich „urplötzlich zu einer bestimmten Jahreszeit von verschiedenen Seiten her Sinti und Roma in größerer oder geringerer Anzahl und begehen, nachdem sie sich im Dorf und im Kruge häuslich niedergelassen haben, auf dem Friedhof eine fromme Zeremonie". Sie halten nach Ansicht der Berichterstatter einen Totenkult zu Ehren hervorragender Toter ihres Stammes ab. Bei dieser Gelegenheit wurden auch gemeinsame Angelegenheiten der Sippe besprochen. Eines der Sintigräber zeichne sich durch eine besonders auffallende Form in Gestalt eines Mausoleums aus. Auch die Gräber von Sinti und Roma der Jahrhundertwende beispielsweise in Minden und Spenge sind besonders schön und prunkvoll angelegt und gleichen den aufwendigen Familiengruften des Bürgertums.

Hier wird eine wichtige Komponente heimatlicher Bezogenheit und Gebundenheit sichtbar.

In der Weimarer Republik wird das über Sinti und Roma bereits seit 1900 gesammelte Datenmaterial ergänzt. Die *systematische Registrierung* der einzelnen Familienverbände und auch die Flut der einengenden gesetzlichen Maßnahmen wird immer umfassender und „effektiver". Aufgrund des Runderlasses vom 03.11.1927 wurden Fingerabdrücke von allen herumziehenden

Sinti und Roma über sechs Jahre genommen. In dieser Zeit werden weitere Familien der Sinti und Roma in unserem Raum seßhaft. Sie gehören zu den etwa 30% ihres Volkes, die sich vor dem zweiten Weltkrieg niedergelassen haben.

Heute ist der überwiegende Teil der Sinti und Roma seßhaft, nur noch etwa 5% reisen das ganze Jahr über. Die Sinti und Roma nutzen nur noch die Sommermonate – die Schulferien der Kinder – um auf Reisen zu gehen, so wie die Angehörigen der Majorität auch.

6. Die Zeit des Nationalsozialismus

In der Geschichte der deutschen Sinti und Roma stellt die Zeit des Nationalsozialismus die schlimmste Epoche ihrer jahrhundertelangen Leidensgeschichte dar. Die vor 1933 eingeführten Maßnahmen zu ihrer Diskriminierung und Unterdrückung werden um weitere Formen ergänzt, die auf die besondere Dynamik des NS-Systems zurückzuführen sind; in der westfälischen Kleinstadt Berleburg mit seinen sogenannten „Zigeunerkolonien" wurden zwischen 1933 und 1937 mindestens fünf Sinti nach dem Gesetz zur Verhütung erbkranken Nachwuchses unfruchtbar gemacht. Aufgrund des „Blutschutzgesetzes" (1935) und des „Ehegesundheitsgesetzes" wurde den Sinti und Roma unter rassenanthropologischen bzw. rassenhygienischen Aspekten eine Eheschließung mit „Deutschen" untersagt. Ihnen wurde die Anerkennung als Mitbürger verweigert, und seit 1937/38 wurden sie unter der tautologisch definierten Kategorie der Asozialität subsumiert (vgl. Zimmermann 1987). Die „Bekämpfung des Zigeunerunwesens" stand im dritten Reich unter dem Vorzeichen der NS-Rassenideologie und sorgte bei der Bevölkerung für massive rassische Vorurteile gegen Sinti und Roma. Fahndung, Verfolgung und Erfassung der Sinti und Roma gehörten auch im Dritten Reich zu den Aufgaben der Polizei. „Zigeuner-Razzia-Tage" wurden im Raum Ostwestfalen-Lippe den Berichten nach 1937 und 1938, auch noch 1939 in regelmäßigen Abständen durchgeführt. Als günstige Fahndungstage, die um des „Erfolgs" willen geheim gehalten wurden, galten Termine, an denen Pferdemärkte stattfanden, die von den Sinti gern besucht wurden.

Die polizeilichen Erfahrungen, sowie die „durch die rassenbiologischen Forschungen gewonnenen Erkenntnisse" verlangten eine „Regelung der Zigeunerfrage aus dem Wesen der Rasse heraus". Die für die „endgültige Lösung der Zigeunerfrage" vorgesehene Trennung in „reinrassige Zigeuner", „Zigeunermischlinge", die im Mittelpunkt der *Zigeunerverfolgung* standen und „nach Zigeunerart umherziehende Personen" bedurfte es der Zuständigkeit von wissenschaftlichen Spezialisten, mit denen Polizei und Bürokratie

Sinti und Roma in Ostwestfalen-Lippe

ein Bündnis eingingen. Die Spezialisten der „Rassenhygienischen Forschungsstelle" in Berlin leisteten den verschiedenen Behörden praktische Entscheidungshilfe, wie Verfassung „gutachterlicher Äußerungen" und Klassifikation der betroffenen Sinti und Roma als „Zigeuner" bzw. „Zigeunermischlinge". Diese Einstufungen bildeten eine entscheidende Grundlage für die Internierung von Sinti in Auschwitz. Außerdem gab man den Gesundheitsämtern Empfehlungen zu Schwangerschaftsunterbrechungen und *Sterilisierungen*. (Vgl. Zimmermann 1987)

Auf die weiteren Ausgrenzungsmaßnahmen, die soziale Isolierung und Not der Sinti und Roma kann ich in diesem Zusammenhang nur hinweisen und um die Beschäftigung mit der Geschichte bitten.

Mit dem Auschwitzerlaß 1943 war die Deportation der Sinti und Roma in Konzentrationslager ein unausweichliches Schicksal geworden; das Faktum der Deportation von Sinti und Roma wurde nicht nur den Arbeitgebern und Arbeitskollegen der Sinti, den Aufkäufern zurückgelassener Habe zur Kenntnis gebracht, sondern beispielsweise in Minden auch der lokalen Öffentlichkeit durch Berichte in der Tagespresse. Mit Ausnahme weniger Menschen reagierte die Bevölkerung auf den Abtransport der Sinti und Roma teils mit Abwendung, teils mit Gleichgültigkeit oder auch mit Zustimmung. Wieviele ostwestfälische und lippische Sinti und Roma den Holocaust überlebt haben, ist uns nicht bekannt.

Heute erinnern noch viele Orte in Ostwestfalen und Lippe an Sinti und Roma; beispielsweise der Taternberg im Kreis Höxter, das Taternkreuz bei Sandebeck, der Zigeunerbrunnen bei Natzungen, Zigeunerlinden bei Wilbasen etc. Oft ranken sich Erzählungen oder tatsächlich stattgefundene Begebenheiten um diese Orte.

In den von uns gesammelten „Erinnerungen an Zigeuner" (1988) dämmert der *Völkermord* an den Sinti und Roma jedoch in den meisten Beiträgen der „Erinnerungen" eher im Hintergrund. Um so mehr erschüttern die Beiträge der Sinti und lassen Hugo Franz, den Vorsitzenden des Landesverbandes Deutscher Sinti und Roma NRW, im Nachwort fragen:

„Warum hat kaum einer damals auch nur gefragt, warum die Sinti ‚auf einmal weggeblieben sind?' Warum fragte niemand, wohin wir gebracht wurden? Warum verleugneten uns selbst Freunde von einem auf den anderen Tag? Galt vielleicht auch schon vorher das Interesse weniger uns als Mitmenschen und Teil der Gesellschaft als eher der Neugier und wirtschaftlichen Nützlichkeit; ein Interesse, das sich, nachdem die Sinti einmal zu ‚Volksschädlingen' gestempelt waren, schnell anderen ‚Objekten' zuwandte?"

Über diese Kluft in der Beziehung zwischen Majorität und der ethnischen *Minderheit* der Sinti ist bisher viel zu wenig differenziert nachgedacht worden. Ich teile die Meinung von Heiner Keupp, der sagt, daß der auf unseren Minderheiten lastende permanente Druck auch durch die Unfähigkeit in unserem Lande verursacht wird, sich an eine ernst gemeinte Aufarbeitung der so belastenden gemeinsamen und spaltenden Geschichte von Mehrheit und Minderheit zu wagen, eine Aufarbeitung, die für eine friedliche und sinnvolle, beziehungsreiche Zukunft notwendig ist. Die Chance, diese Forschungslücke zu schließen, sollte auch von der Psychologie wahrgenommen werden.

Auf die dritte Ebene, die Sicht der Sinti heutzutage, möchte ich nicht näher eingehen. Seit Anfang der siebziger Jahre vertreten die Sinti und Roma in nationalen und internationalen Zusammenschlüssen ihre Interessen selbst. Diese Bürgerrechtsbewegung sieht es als zentrale Aufgabe an, einer Verdrängung der Ausrottungspolitik des NS-Regimes gegen Sinti und Roma entgegenzuwirken. Sie akzentuiert vor diesem Hintergrund die besondere Verantwortung der Bundesrepublik für eine angemessene Wiedergutmachung und für die Beendigung diskriminierender Praktiken und stellt Forderungen zur Erhaltung der Kultur ihres Volkes.

Sinti und Roma werden das Verhältnis zur Mehrheitsbevölkerung neu finden und definieren müssen, ohne die Geschichte und die Erinnerungen an das Geschehene zu vergessen oder zu relativieren. Die Majorität sollte versuchen, den Sinti und Roma nicht nur das selbstverständliche Recht auf räumliche Heimat, sondern auch das Recht auf Ausübung ihrer Minderheitenkultur zu gewähren, und die für eine kulturspezifische Sozialisation notwendigen Bedingungen zur Verfügung zu stellen. Die Majorität wird aber auch die Frage nach der „spirituellen Heimat" neu bestimmen müssen; für das letzte Jahrhundert war der Ort durch ein Sprichwort definiert, das vielleicht bis heute Gültigkeit hat und beispielsweise zur Prüfung unserer Demokratie tauglich sein könnte. Es hieß: „Wo Zigeuner sind, ist Freiheit".

2 Seiten für "Pass"fotos

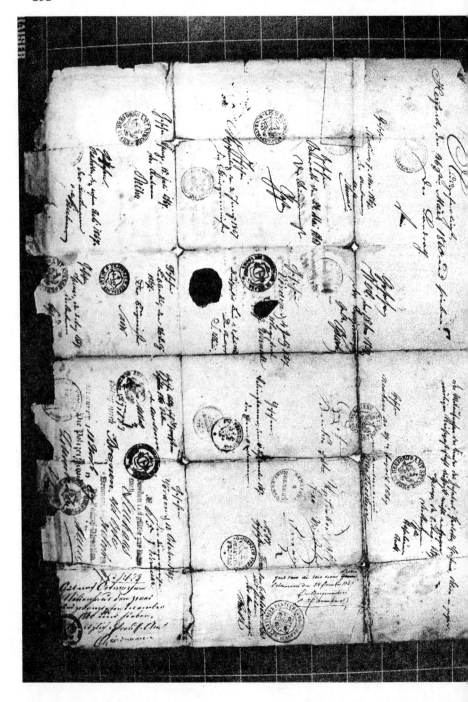

Literatur

Bott-Bodenhausen, Karin (Hg.): Sinti in der Grafschaft Lippe; Studien zur Geschichte der Zigeuner im 18. Jahrhundert, München 1988

Bott-Bodenhausen, Karin; Tammen, Hubertus und Freie Projektgruppe Sinti und Roma (Hg.): Erinnerungen an „Zigeuner", Düsseldorf 1988

Bohmer, Torsten; Meueler, Erhard: Mitten unter uns: Sinti und Roma. Informationen und Anregungen dazu, noch als Erwachsener umzudenken. Arbeitsstelle für Erwachsenenbildung der Ev. Kirche in Hessen und Nassau, Darmstadt 1984

Der Ministerpräsident des Landes NRW-Landeszentrale für politische Bildung NRW – (Hg.): „Zigeuneralltag" – Sinti in Ostwestfalen-Lippe; Quellenheft und wissenschaftliches Begleitheft zum gleichnamigen Dokumentarfilm, Düsseldorf 1986

Frank, Michael: Sozialdisziplinierung und Überlebensstrategien. In: Bott-Bodenhausen, Karin (Hg.): Sinti in der Grafschaft Lippe. Studien zur Geschichte der Zigeuner im 18. Jahrhundert, München 1988, 219-228. Gronemeyer, Reimer (Hg.): Eigensinn und Hilfe. Zigeuner in der Sozialpolitik heutiger Leistungsgesellschaften, Gießen 1983

Hohmann, Joachim S.: Geschichte der Zigeunerverfolgung in Deutschland, Frankfurt/M., New York 1981

Kenrick, Donald/Puxon Grattan: Sinti und Roma – die Vernichtung eines Volkes im NS-Staat; Gesellschaft für bedrohte Völker (Hg.) Reihe pogrom 69/70, Göttingen 1981

Keupp, Heiner: Minderheiten im Streß. In: Riskante Chancen. Das Subjekt zwischen Psychokultur und Selbstorganisation. Sozialpsychologische Studien, Heidelberg 1988, 28-42

Klingender, – Nachrichten über die Zigeunerkolonien Saßmannshausen. Journal of the Gypsy Lore Society, Vol. 5, 107-109, Edinburgh 1911

Lewin, Kurt: Self-hatred among Jews, Contemporary Jewish Record. 1941, 4, 219-232

Meynert, Joachim, Klönne, Arno (Hg.): Verdrängte Geschichte. Verfolgung und Vernichtung in Ostwestfalen 1933-1945, Bielefeld 1986

Moritsugu, J., Sue, S.: Minority status as stressor. In: R.D. Felner et al. (Hg.) Preventive psychology. New York 1983, 162-174

Rose, Romani: Wir wollen Bürgerrechte und keinen Rassismus. Sinti und Roma seit 600 Jahren in Deutschland. Zentralrat Deutscher Sinti und Roma (Hg.), Heidelberg 1985

Ruch, Martin: Zur Wissenschaftsgeschichte der deutschsprachigen „Zigeunerforschung" von den Anfängen bis 1900. Inauguraldissertation Freiburg 1986

Sowa, Rudolf v.: Statistical Account of the Gypsies in the German Empire. Journal of the Gypsy Lore Society, Vol. 1, 29-33, Edinburgh 1889

Zimmermann, Michael: Die nationalsozialistische Vernichtungspolitik gegen Sinti und Roma. In: Aus Politik und Zeitgeschichte, Beilage zur Wochenzeitung „Das Parlament" B 16-17/87 vom 18. April 1987

Michaela M. Özelsel und Terry Tafoya

Psychosomatische Erkrankungen im Zusammenhang mit Migration

Eine empirische Untersuchung aus ethnopsychologischer Perspektive an Deutschen, Türken in der BRD und in der Türkei

Obwohl Migration in diesem Jahrhundert zu einem ubiquitären Phänomen geworden ist, sind die Effekte der Migration auf Gesundheit noch nicht gründlich untersucht worden. Es ist noch nicht einmal klar, ob der Prozess der Migration zu einer Verbesserung oder Verschlechterung der Gesundheit der Migranten führt (PRIOR, 1977). Bestätigungen für beide Annahmen sind in der Literatur zu finden. Dies ist nicht überraschend, da ‚Migration' einen ganzen Komplex von Veränderungen beinhaltet, die in den meisten Untersuchungen konfundiert sind. Ferner sprechen unterschiedliche Krankheitsbilder auf unterschiedliche Umweltfaktoren an.

Eine Reihe von Untersuchungen zeigen jedoch, daß die ausländische Bevölkerung der BRD überproportional häufiger krank ist als deutsche Vergleichspopulationen, selbst wenn Faktoren wie gesundheitsschädigende Arbeitsbedingungen und ein hohes Arbeitstempo kontrolliert werden, die die meisten Arbeitsplätze der ‚Gastarbeiter' charakterisieren (ZIEGELER et al., 1982). Nationalitätenspezifisch wurde festgestellt, daß türkische Patienten prozentual öfter und schwerer krank sind und länger krankgeschrieben werden als die anderen nationalen Gruppen (LEYER, 1987). Bei der diagnostischen Sicherheit sind nationalitätenspezifisch große Unterschiede zu verzeichnen: z. B. 66% Fehldiagnosen ‚koronare Herzkrankheit' bei Türken im Vergleich zu 25% bei Deutschen (GALLISCH, 1988)

Auch die Behandlung erweist sich als schwierig. Bei einem Modellprojekt zur Behandlung *psychosomatischer Erkrankungen türkischer Arbeitnehmer* und ihrer Familien zeigte sich z. B., daß es trotz kompetenter Dolmetscher bei 76% der Patienten innerhalb der ersten 3 Sitzungen zum Therapieabbruch kam (GALLISCH, 1987).

Erklärungsansätze und Untersuchungsstrategien in der Literatur

Zum *Zusammenhang von Gesundheit und Migration* gibt es – wie auch in der psychosomatischen Medizin – keine einheitliche Theorie, die somatische, psychische und soziale Faktoren in Zusammenhang bringt (v. UEXKÜLL, 1981).

Die meisten theoretischen Ausrichtungen – selbst so unterschiedlicher Schulen wie die der Psychoanalyse (FREUD) und die der Verhaltenstherapie (WOLPE, 1958) – betonen die Rolle intrapsychischer Konflikte bei der Entstehung *psychosomatischer Erkrankungen* (vgl. LAUTERBACH, 1989). Es wird davon ausgegangen, daß Veränderungen die Gesundheit dadurch beeinflussen, daß ‚inkongruente Erfahrungen' gemacht werden (BERKANOVIC et al., 1977).

Die Strategie der meisten Studien, die die Zusammenhänge von Gesundheit und Migration untersuchen, ist stark von SELYEs Konzepten und dem ‚allgemeinen Adaptationssyndrom' beeinflußt: nachdem man zu der Erkenntnis gekommen ist, daß es **DEN** Stressor nicht gibt, untersucht man jetzt **auf Interaktionsebene das individuelle Erleben** von Stress, vor allem den Einfluß von Persönlichkeitsvariablen und individuellen Anpassungs- und Bewältigungsmechanismen (MAYER, 1983). Als wichtigste Moderatorvariablen gelten *kognitive Variablen*, wie die individuelle Bewertung, sowohl der situativen Faktoren als auch der Einschätzung eigener Resourcen.

Seit der transaktionalen Komponente und dem Prozeßcharakter der Migration mehr Aufmerksamkeitgeschenkt werden, werden auch die zwischenmenschlichen Beziehungen und insbesondere deren kognitive Dimensionen genauer untersucht. Die Hinweise nehmen zu, daß für die Erkrankungen, die auf Migration und Urbanisation folgen, die Gegenwart anderer und deren Beziehungen untereinander Schlüsselfaktoren darstellen (‚Effect of Man upon Man', CASSEL, 1979). Um die Copingbemühungen und die emotionalen Reaktionen einer Person verstehen zu können, ist es nötig zu wissen, wie sie die betreffende Personen-Umwelt Beziehung bewertet, wie sie vorbereitet ist, mit mitmenschlichen Interaktionen umzugehen und wie diese Vorannahmen den Ausgang beeinflussen. So wird in neueren Untersuchungen menschlichen Interaktionen und deren kognitiven Korrelaten weit größere Wichtigkeit beigemessen als den zugrunde liegenden ‚events'.

Auch für die Behandlung sind diese Vorannahmen von größter Wichtigkeit, da die *Krankheits- und Gesundheitsvorstellungen* der Patienten den Heilungsprozeß maßgeblich beeinflussen. Solche kognitiven Prozesse werden von der Lerngeschichte mitgeprägt. Deshalb sind bei verschiedenen ethnischen Gruppen *kulturelle Differenzen* zu erwarten die dann in der sogenannten ‚sekundären Gesundheitssicht' zu ‚*kulturdifferenten Weltbildern*' führen.

Psychosomatische Erkrankungen im Zusammenhang mit Migration

In der *kulturvergleichenden Medizin und Psychologie* spricht man von ‚primären' d. h. dem bio-medizinischen Modell – und ‚sekundären' – d.h. kulturspezifischen, Krankheitsvorstellungen. Letzteres beruht u.a. auf der Wahrnehmung, der Bewertung, der Kausalattribution und den situationsspezifischen Kontrollerwartungen. Diese kulturbedingten kognitiven Variablen ‚verknüpfen' unabhängige Personen- und Umweltmerkmale zu individuell bedeutsamen Konzepten und tragen somit maßgeblich zur Interpretation einer Situation bei und beeinflussen die Wahl der *Copingmechanismen*.

In westlichen Ländern haben sich, – jedenfalls in den oberen sozio-ökonomischen Schichten –, beide Krankheitsvorstellungen soweit einander angeglichen, daß das primäre, bio-medizinische Modell in Therapeut-Patient Beziehungen zum ‚gemeinsamen Nenner' geworden ist. Bei Patienten, die nicht aus dem abendländischen/westlichen Kulturkreis kommen, ist dies meist nicht der Fall. Sprachliche Barrieren werden zwar bei längerer Aufenthaltsdauer weniger wichtig für therapeutische Interaktionen. Dagegen geraten die Therapeut-Patient Beziehung, die Verpflichtungsaspekte und die Motivierungsstrategien, – die sämtlich stark von der Berücksichtigung der sedundären Gesundheitssicht abhängig sind – zunehmend in den Vordergrund. Das Wissen um *kulturdifferente Annahmen zur Krankheitskausalität* und um die speziellen Formen des Krankheitserlebens der Patienten aus einem anderen Kulturkreis ist deshalb nicht nur von theoretischen Interesse: die Berücksichtigung und Utilisation der sekundären Gesundheitssicht macht eine Behandlung nach dem primären, bio-medizinischen Modell oft erst möglich (TAFOYA, 1989).

Konsequenzen für die vorliegende Untersuchung

Die oben erwähnte Übersicht der themenrelevanten Literatur führte zu folgenden Überlegungen zu einem integrativen Untersuchungsansatz aus *transkultureller Perspektive* (ÖZELSEL, 1989).

Im Sinne der Forderung einer *ethnopsychologischen Betrachtungsweise* wurden zur Herleitung der Hypothesen psychische und psycho-soziale Unterschiede aus kulturanthropologischer Sicht herausgearbeitet, soweit sie für die Ätiologhie psychosomatischer Störungen relevant sein könnten. Gesundheitsrelevante Variablen manifestieren sich auf der psychischen, der physiologischen und der Verhaltensebene. In der Literatur wird darauf hingewiesen, daß sich „die meisten Untersuchungen aus methodischen Gründen darauf beschränken, nur jeweils eine, manchmal zwei dieser Ebenen mit einzubeziehen, sodaß eine Vielzahl nebeneinanderstehender Einzelbefunde existiert, die nur schwer zu integrieren sind" (FERTSCH, 1985). Deshalb wurden Bewältigungsformen, Bewertungsformen, Stressreagibilität, intrapsychische Konfliktschwerpunkte und die sekundären Krankheitsvorstellungen von ‚gesunden' und ‚psychosomatisch kranken' Deutschen, migrierten und nicht-migrierten Türken **im Zusammenhang** untersucht.

Untersucht wurde u. a. – inwieweit Erkrankungen als psychisch oder organisch verursacht, als vom eigenen Verhalten und den sozialen Beziehungen mitbedingt, und eingetretene Erkrankungen als vom eigenen Verhalten modifizierbar, also kontrollierbar, gesehen werden, – inwieweit auf den (evtl. pathogenen) Stress des *interethnischen Zusammenlebens* eher psychisch oder somatisch reagiert wird, – welche Bewältigungsmechanismen bei persönlich schwierigen Situationen bevorzugt zum Einsatz kommen, – wie hoch die Belastung durch intrapsychische Konflikte im persönlich-familiären Bereich und im Bereich des interethnischen Zusammenlebens ist und wie stark das Bedürfnis ist, sich normgerecht zu verhalten.

Ergebnisse – Konsequenzen:

Die Ergebnisse dieser Untersuchung * (ÖZELSEL, 1990) zeigen, daß die unterschiedliche kulturelle Prägung von Türken und Deutsche sich im Umgang mit Belastungen sowie im Gesundheits- und Krankheitsbereich nachhaltig auswirkt. (Die gemessenen Unterschiede sind meist signifikant bis hochsignifikant). Hieraus ergeben sich für die in diesen Bereichen Tätigen konkrete Konsequenzen:

Kausal- und Kontrollattribuierungen von Erkrankungen

Die türkischen Probanden gehen noch weitgehend davon aus, den Krankheitsverlauf nicht durch eigenes Verhalten oder die Qualität sozialer Beziehungen mitbeeinflussen zu können. Es muß in der therapeutischen Praxis größeren Wert auf dementsprechende Informationsvermittlung gelegt werden.

Copingmuster

Das bevorzugte Copingverhalten von Türken und Deutschen ist stark kulturbedingt. Die befragten Deutschen bedienten sich vorwiegend Bewältigungsmechanismen wie der „gedanklichen Weiterverarbeitung" oder des „emotionalen Rückzugs", während nicht-migrierte Türken die „Verharmlosung" und „Bagatellisierung" bevorzugt verwenden. Die Türken in der BRD liegen dazwischen.

Grundsätzlich unterschiedliche Copingmuster von Deutschen und Türken erfordern u. a. auch eine unterschiedliche Art der Vorbereitung auf operative Eingriffe und für die Hilfestellung beim Umgang mit stresshaften Situationen (wie z. B. die Mitteilung der Diagnose einer ernsten Krankheit). Da Deutsche eher zu Bewältigungsformen wie der ‚gedanklichen Weiterverarbeitung' neigen, ist davon auszugehen, daß sie im Allgemeinen durch exakte Informationsvermittlung und die hiermit einhergehende situative eigene Kontrollerwartung (mastery, perception of control) günstigere Bewältigungsvoraussetzungen haben. Türkischen Patienten hingegen, bei denen Copingformen wie ‚Bagatellisierung' oder ‚Herunterspielen und Ablenken' überwiegen, wird gerade durch eine exakte Informationsvermittlung die Möglichkeit genommen, sich ihrer Hauptcopingmechanismen zu bedienen.

Eine ausführlichere Vorbereitung und stärkere Einbeziehung des sozialen Netzes des Patienten scheint in diesen Fällen erforderlich. Ansonsten kann mit einem circulus vitiosus gerechnet werden: der türkische Patient kann seine erprobten Copingmuster nicht verwenden, ist also momentan vulnerabler. Zugleich glaubt er, wenig oder kaum Einfluß auf den Krankheitsverlauf zu haben, was die erfahrene Hilflosigkeit weiterhin verstärkt. Durch Rückkoppelungsschleifen dieser Art entstehen ungünstige Voraussetzungen für die Behandlung und die Heilung. Vielleicht führt diese (im Sinne SELIGMANNs; 1975) ‚gelernte Hilflosigkeit' zu den in der Literatur so häufig erwähnten ‚Gastarbeiter Depressionen'.

Stress Reagibilität – Somatisierungstendenz

Türken und Deutsche unterscheiden sich grundsätzlich in ihrer Stressreagibilität auf nicht-kognitiver Ebene: während die untersuchten Deutschen fast zweimal so häufig psychisch auf Stress reagieren wie somatisch, reagieren Türken ganzheitlicher: psychische und somatische Reaktionen sind gleich häufig. Das bedeutet, daß sie im Vergleich zu Deutschen überproportional somatisieren. Vielleicht ist dies ein Erklärungsansatz für die unerwartet hohe Inzidenzrate ‚psychosomatischer' Erkrankungen der türkischen Arbeitnehmer und ihrer Angehörigen. Ferner könnte dies einige der Unterschiedlichkeiten der *Symptompräsentation* erklären, die bei türkischen Patienten für die hohen Raten verantwortlich gemacht werden. Durch eine Sensibilisierung für diese kulturdifferenten Verhaltensmuster könnte u. a. größere Sicherheit bei anamnestischen Erhebungen gewährleistet werden.

Gesundheitsrelevante ‚Mentalitätsunterschiede'

Für die gesundheitsrelevanten ‚Mentalitätsunterschiede' zwischen Türken und Deutschen, – auf denen die kulturdifferente sekundäre Gesundheitssicht beruht –, erwiesen sich u. a. folgende 4 Faktoren als ausschlaggebend: Individualismus vs. Kollektivismus; Kontrollattribuierung: internal vs. external; Kausalattribuierung: persönlichkeitsbedingt vs. situativ; – Polarisierungs- vs. Harmonisierungstendenzen. (Eine Diskussion der weitreichenden Auswirkungen dieser Faktoren geht über den Rahmen dieses Referats hinaus, hierzu s. ÖZELSEL, 1990)

Verhaltenstendenzen in Richtung sozialer Erwünschtheit

Die Untersuchung der Tendenz, sich gemäß ‚sozialer Erwünschtheit' zu verhalten, zeigt große Diskrepanzen türkischer und deutscher Verhaltensmuster auf. Die Ergebnisse bestätigen, daß auch die in der BRD lebenden Türken weitgehend vom systemischen Denken des Islams, (Harmonisierungs- statt Polarisierungstendenz), des sich-nicht-Hervortuns, geleitet sind. Auch ein aus-dem-Rahmen-fallen im positiven Sinne ist unerwünscht, außer wenn dies klar erkennbar der Allgemeinheit dient. Eine Konsequenz sind Benachteiligungen in allen Konkurrenzsituationen wie im Beruf und in der Schule. Das Bemühen, sich im Sinne sozialer Erwünschtheit zu verhalten, ist eine der wenigen untersuchten Variablen, die Türken in der BRD nicht von Türken in der Türkei unterscheidet, also offensichtlich weitgehend ‚akkulturationsresistent' ist. Insofern ist eine dementsprechende Sensibilisierung der Lehrer, Meister und Vorgesetzten dringend erforderlich, um größere Chancengleichheit zu gewährleisten.

Konfliktschwerpunkte im türkisch-deutschen Zusammenleben

In einer Voruntersuchung (ÖZELSEL, 1987B, 1988) waren folgende intrapsychische *Konfliktschwerpunkte des interethnischen Zusammenlebens von Türken und Deutschen* identifiziert worden: Umgang und Verständigung von Türken und Deutschen, türkischer Kinderreichtum, sexuelle Rivalität zwischen Türken und Deutschen, *türkisch/islamische Lebensformen in der BRD*, kommunales Wahlrecht für Ausländer.

Wie auch schon in der Voruntersuchung (ÖZELSEL, 1987b) konnte gezeigt werden, daß die Dimensionen des ‚Fremdseins' mit weitaus größerem intrapsychischem Konflikt einhergehen als neutralere, politische Dimensionen (ÖZELSEL, 1987c). Die Elemente „türkisch/islamische Lebensformen in der BRD" und die „sexuelle Rivalität zwischen Türken und Deutschen" zeigte für beide ethnischen Gruppen die höchsten Konfliktbelastungen des kognitiven Feldes (s. graphische Darstellung II). Für die türkischen Probanden gingen die „türkisch/islamischen Lebensformen in der BRD" mit einem Ausmaß an psychischer und somatischer Stressreagibilität einher, das weit über allen anderen lag (s. graphische Darstellung III).

Wie sehr die kulturell/religiöse Fremdartigkeit der hier lebenden türkischen Mitbürger als störend empfunden wird, zeigen die Ergebnisse einer Untersuchung zur sozialen Distanz, (ÖZELSEL, M. 1987a) in der unterschieden wurde zwischen ‚Türken, die an ihren Traditionen festhalten' und ‚Türken, die sich an deutsche Sitten anpassen'. Die Bogardusskala-Werte der Rubrik der größtmöglichen sozialen Nähe („bereit, durch Heirat in die engere Verwandtschaft aufzunehmen") zeigt, daß die kulturelle Fremdartigkeit (‚traditionelle' Türken) für den Wunsch nach großer sozialer Distanz noch ausschlaggebender ist als die rassische Fremdartigkeit (farbige Amerikaner):

Schweizer   83%
Engländer   75%
weiße Amerikaner   54%
‚anpassungswillige' Türken   50%
Italiener   42%
farbige Amerikaner   29%
‚traditionelle' Türken   8%

Der intrapsychische Konfliktwert ist kein Maß für ‚Schwierigkeit' sondern ein Anzeiger relativer kognitiver In/Konsistenz. Dennoch deutet die parallel gemessene extrem starke Stressreagibilität bei dem Thema „türkisch/islamische Lebensformen" und deren Ablehnung seitens des ‚Gastlandes' (s. oben) verbunden mit dem stark ausgeprägten – und offensichtlich ‚akkulturationsresistenten' – Bedürfnis der Türken, sich normgerecht zu verhalten, darauf hin, daß hier einer der Hauptfaktoren des migrationsbedingten – und vielleicht auch ‚kränkenden' – Stresses der türkischen Mitbürger zu sehen ist. Eine diesbezügliche Sensibilisierung der ansässigen Bevölkerung wäre im Interesse eines gegenseitig bereichernden, ‚gesünderen' interethnischen Zusammenlebens wünschenswert.

Anmerkung

* In dieser Untersuchung (N = 315) wurden folgende Meßinstrumente eingesetzt: Personal Conflict Questionnaire (ÖZELSEL, 1990); Ethnologiefragen II Questionnaire (ÖZELSEL, 1990) (beide basierend auf der Konflikttest Konstruktionsmethode, LAUTERBACH, 1989); Stressverarbeitungsfragebogen für Situationen (JAHNKE et al., 1983); Situations-Reaktions Fragebogen (ERDMANN & JANKE, 1978); Attributions-Coping Skala (KOLOCZEK et al., 1981). Für alle Fragebögen wurden türkische Versionen erstellt.

Literatur

BERKANOVIC, E. /KROCHALK, P. (1977) Occupational Mobility and Health 1977 in: Advances in Psychosomatic Medicine, Vol. 9, S. Karger, Basel, München, Paris, London, New York, Sydney

CASSEL, J. (1970) Physical illness in response to stress, in: Levine and Scotch: Social Stress, Aldine, Chicago

FERTSCH-RÖVER, Ch. (1985) Körperliche Leistungsfähigkeit, Angst und Angstbewältigung bei Herzneurotikern, unveröffentlichte Diplomarbeit, J. Gutenberg Universität, Mainz, Psychologisches Institut

GALLISCH, M. et al. (1987) Vortrag auf der 26. Arbeitstagung der DKPM in Bad Durkheim

GALLISCH, M. (1982) Materialien zum gemeinsamen Kolloquium der Abteilung des Zentrums für Psychosomatische Medizin No. 2

LAUTERBACH, W. (1989) The Measurement of Intra-Personal Conflict in Social Cognitions: Theoretical Bases and Methodology, Arbeiten aus dem Institut Psychologie der Johann Wolfgang Goethe Universität

LEYER, E. (1987) Praxis Psychotherapie Psychosomatik, Springer Verlag, No. 32, 301-313

ÖZELSEL, M. (1987b) Entwicklung und empirische Überprüfung eines Fragebogens zur Messung von ‚Konflikt' im Verhältnis zwischen Türken und Deutschen. Unveröffentlichtes Diplomarbeitsäquivalent in deutsche Sprache, J. W. Goethe Universität, Frankfurt

ÖZELSEL, M.(1987c) Konfliktschwerpunkte im Zusammenleben von Türken und Deutschen, Informationsdienst zur Ausländerarbeit, ISS, Frankfurt, No. 3-4, S. 76-83

ÖZELSEL, M. (1988) Konfliktschwerpunkte im Zusammenleben von Türken und Deutschen. In: Forschung und Praxis im Dialog, Deutscher Psychologen Verlag GmbH, Bonn, Band 1, S. 239-241

ÖZELSEL, M. (1990) Gesundheit und Migration – Eine psychologisch-empirische Untersuchung an Deutschen sowie Türken in Deutschland und in der Türkei. Profil Verlag, München

PRIOR, I. (1977) Migration and Physical Illness, 1977, in: Advances in Psychosomatic Medicine, Vol. 9, S. Karger, Basel, München, Paris, London, New York, Sydney

SELIGMAN, E. (1975) Gelernt Hilflosigkeit, München, Urban & Schwarzenberg
TAFOYA, T. (1989) persönliche Mitteilung
UEXKÜLL, Th. / WESIACK, W. (1981) Organismus - Modell und Information, in: Uexküll, Th. v., (Hrsg.) Lehrbuch der psychosomatischen Medizin, Urban & Schwarzenber, München, Wien, Baltimore
ZIEGELER,G. / HOCK, B. (1982) Ein Leben zwischen Anpassung und Isolation - Aspekte von psychischen Erkrankungen bei Gastarbeitern, Psychosozial, No. 16